DONE RIGHT
AT THE FIRST TIME

一次做对
质量变革手记

零缺陷落地的奥秘

秦邦福 ◎著

U0347312

机械工业出版社
CHINA MACHINE PRESS

本书重点讲述主人公唐风以咨询顾问的身份，指导企业通过一次做对质量文化变革项目，在不到两年的时间里实现企业质量的突破性提升。全书分为三篇：认知篇、实践篇和反思篇。书中故事均取材于实践，可为广大的企业领导者、管理者和质量工作者提供关于"如何在系统层面实现一次做对？"这一问题的有效指导，也可让众多的职场人士正确理解把工作一次做对的底层逻辑，从而实现工作零失误的目标。本书可作为企业中高层管理者及质量人员的自学参考书，也可作为企业管理的内部培训教材。

图书在版编目（CIP）数据

一次做对质量变革手记：零缺陷落地的奥秘 / 秦邦福著 . -- 北京：机械工业出版社，2025. 3. -- ISBN 978-7-111-77267-5

I. F273.2

中国国家版本馆 CIP 数据核字第 2025K85N79 号

机械工业出版社（北京市百万庄大街 22 号 邮政编码 100037）
策划编辑：张竞余　　　　　　　　责任编辑：张竞余　孟宪勐
责任校对：孙明慧　马荣华　景　飞　　责任印制：李　昂
河北宝昌佳彩印刷有限公司印刷
2025 年 3 月第 1 版第 1 次印刷
170mm×240mm・19 印张・1 插页・254 千字
标准书号：ISBN 978-7-111-77267-5
定价：79.00 元

电话服务　　　　　　　　　　网络服务
客服电话：010-88361066　　机 工 官 网：www.cmpbook.com
　　　　　010-88379833　　机 工 官 博：weibo.com/cmp1952
　　　　　010-68326294　　金 书 网：www.golden-book.com
封底无防伪标均为盗版　机工教育服务网：www.cmpedu.com

一次做对模型

产品质量和服务质量

过程质量
（过程能力、管理成熟度）

质量竞争力
（组织能力）

质量领导力
（质量认知、治理机制、经
营理念、愿景使命、驱动
变革、激励改进）

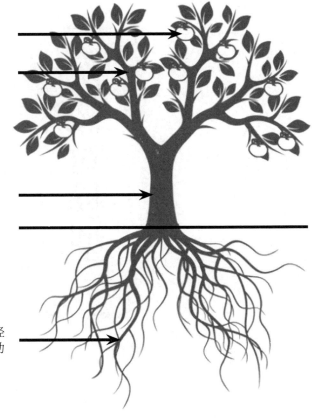

相逢于一次做对质量文化变革

聘请秦邦福老师来郑州煤矿机械集团（以下简称"郑煤机"）指导实施一次做对质量文化变革项目，我认为是一件极为正确的事情，这从前面三期项目取得的成果中可以得到验证。

初逢"炼成记"

与秦老师的相逢纯属偶然。几年前，我任郑煤机煤机板块总经理时，有一天在《企业管理》杂志上看到了关于《质量总监炼成记》（简称"炼成记"，作者是秦邦福老师）一书的介绍，当即就买来学习，看完后深有感触。

这本书用小说的形式讲述了一次做对质量文化变革在企业中的实战落地，有理念、有方法、有案例，通俗易懂，让我受益良多，这是我读过的最好的一本质量管理类图书。

质量管理对我来说并不陌生。1986 年，我在大学毕业参加工作的两年后，作为新教员讲授了"全面质量管理"这门课程，在20世纪80年代的普通国企分厂，这样的培训无疑是新颖而深刻的，质量管理提升的效果也是非常明显的。

这段经历让我在接下来30多年的职业生涯中始终相信，运用科学的理念和方法来解决生产制造中的问题，是非常有效和必要的。

于是，我在全公司范围内组织干部和员工对这本"炼成记"进行全面学习和研讨，在此过程中我有了一个想法：一次做对是可以实现的，但过程是艰难曲折的，仅靠公司自身的努力是很难实现的。郑煤机在1964年诞生了中国第一台煤矿液压支架，在21世纪初通过技术和产品升级，实现了跨越式发展，成为全球规模最大的煤矿综采技术和装备供应商。像我们这样一家长期处在高速发展中的企业，有许多问题都需要持续寻找更好的解决办法。

开启三年之约

就这样，在2022年，我邀请秦老师前来授课。秦老师来到现场后，基于克劳士比质量管理成熟度模型，对郑煤机的质量管理现状做了一个诊断，诊断的结果是郑煤机总体处于第二阶段（共5个阶段），即觉醒期。

我问秦老师："如果我们要成为世界范围内的行业质量标杆，需要达到哪个阶段？"

秦老师告诉我，至少需要达到第四阶段，即智慧期。在这个阶段，全员一次做对质量文化已树立，过程管理水平相当高，预防工作基本到位，员工完全掌握了预防问题发生的方法。

我又问秦老师："基于我们公司的现状，需要多长时间才能达到这一水平？"

秦老师回答我："三年可有小成，但需要进行一场系统层面的变革。"

基于对秦老师的信任，我们开启了三年之约。

2023年3月25日，郑煤机正式启动一次做对质量文化变革项目，目前已进展到第三期。之所以将此项目命名为一次做对质量文化变革，是我和秦老师讨论后达成的共识：要实现系统层面的一次做对，文化变革是基础，要先做心上功夫。

第一期项目，我们选定了5个试点，成功地树立了标杆、导入了理念、培养了人才。

在项目开始前，秦老师告诉我们，产品质量问题的背后原因是过程管理的缺失。在秦老师的指导下，我们采取了过程模式作业表和一次做对六步法为每个项目制订和实施消差计划，来弥补过程管理上的漏洞。

要将过程管理做到位，除了做好过程管理，还必须让员工具备一次做对的理念，否则再好的方法和工具也无济于事。因此，在项目开展的过程中，文化建设始终是重点，我们要求各单位的领导层，必须亲自实施感召方案和文化宣传方案，结合质量文化建设14步法，把一次做对的理念灌输给每个员工。

第二期项目，我们将一期的经验进行推广，实现了育人造物、文化根植，建立了长效机制。

第二期共实施了19个项目，绝大多数项目都达成了预定目标。由于我们将目标设定得较高，基本上都是在现状的基础上改善80%，这给项目成员带来非常大的挑战。例如，冶炼铸造项目实施完成后，铸造的整体成本降低了近10%，其中氧化末期终点碳含量指标大幅提升，有史以来首次达成100%合格率且已持续10个月，仅此一项，每月即可节省成本几十万元，所以我们的改进效果是非常明显的。

第一期和第二期项目已经为公司节约的直接成本约为5000万元，其中，第一期项目可以统计到的节约的成本大概为1200万元／年，第二期项目初步测算节约成本3800万元／年。

第三期项目，我们以组织能力提升、理念意识深化、削减成本为导向，开始在公司层面落实平台建设。

通过对前两期一次做对项目的复盘总结，我们发掘出了制约过程能力提升的系统性问题——质量竞争力不足，无论是员工能力、员工思维，还是员工治理平台，都存在很大的改善空间。我认为员工能力是影响一次做对的一个重要因素，尤其是管理者的思想和认知水平是决定组织能力的天花板，要让一次做对理念发挥作用，必须打造一批有思想的管理者，从整体上提升组织能力。因此，在第三期项目中，我们首先切入的是员工能力建设。我们的目标是打造一个能打硬仗的团队，并将这一目标贯穿于正在进行的第三期项目的全过程之中。

为了顺利推进管理平台的优化，我们还选择了三个单位作为建设质量竞争力平台的试点，推动组织能力提升，把一次做对的理念、理论持续落地，旨在打造一个从产品质量到过程质量，再到质量竞争力和质量领导力的一次做对运行系统，让郑煤机成为世界范围内的行业标杆。

截至目前，这三期项目的推进都很顺利，项目成果在公司范围内得到普遍认同，并且培养了约150名能实战、能培训的一次做对推进师。在我看来，一次做对质量文化变革项目只有起点，没有终点，必须要持续地去做。如果每位员工都能把工作一次做对、次次做对，就会给公司带来巨大的价值。

共建"钻石模型"

通过将一次做对的方法理念与企业的现状实际相结合，我们打造了一次做对钻石模型，包括基于一次做对的四大体系。

第一个是项目管理体系，以项目制推行所有过程。

第二个是质量文化体系，如果没有文化的落地，项目是很难做成功的。

第三个是组织能力体系，该体系包括员工能力、员工思维和员工治理，实际上是从全方位推进。

第四个是变革管理体系，变革要落到实处必须聚焦于文化的变革。第三期项目中运用杨三角模型来打造我们的组织能力建设。

为了让公司高层领导者完全理解一次做对的底层逻辑并积极参与项目，秦老师组织我们公司的高层做了一次关于"基于零缺陷核心理念和落地方法的一次做对钻石模型"的研讨，我也参加了这次研讨会。

秦老师将核心理念总结为"一二三四一"。

"一"是指"一个中心"，即第一次把正确的事情做正确。

企业是一个营利性的组织，想要盈利，首先就是要做正确的事情，确保方向对；其次就是正确地做事情，确保运营做对；最后是把事情一次性做对，这是竞争力的来源。

如何实现第一次把正确的事情做正确呢？

首先就是要做正确的事情。

对于高层管理者来说就是要选择正确的战略，包括发展战略、竞争战略，因为对我们这类企业来说，时刻都会面对竞争。

对于其他员工来说，什么是正确的事情？我认为关键是要定义清楚他们的工作成果，确保他们的工作输出是企业的目标客户和企业自身所需要的。

其次就是正确地做事情。

对于某个部门，如质量部或者总装厂来说，就是要求它要达成运营目标，而且能完美支持企业战略目标的实现。

对于个人来说，就是用最优的流程做事情，做的过程中没有浪费，成效最佳。

最后是把事情一次性做对，简单来说就是三句话：一次做对，次次做对，不返工不折腾。

"二"是指两块基石。 管理者必须要打造"有用的"和"可信赖"的组织,这个组织以客户为中心,以结果为导向,实现成效,且能说到做到,次次做到。

"三"是指三种需要。 我们要帮助客户成功,我们要帮助员工成功,我们要帮助供应商成功。

"四"是指四项原则, 即什么是质量?如何获得质量?工作的标准是什么?如何衡量质量?

第一项是质量要符合要求,而不是"好"。"好"是没有客观标准的,符合要求是有客观标准的。所以做事前必须先明确要求,然后努力地满足这个要求。

第二项是解释质量是如何产生的。克劳士比强调,一个预防问题发生的系统才能产生质量,而不能依赖检验来产生质量。

第三项是什么样的工作标准才能带来质量。每个人必须用一次做对的标准来进行自我要求,而不是差不多就行。

第四项是用不符合要求的代价即金钱来衡量质量,而不是用经过妥协的指数来衡量质量。

最后一个"一"是指所有的工作都是一个过程。 只要每个过程都实现一次做对、次次做对,就能实现结果的零缺陷。

在这次研讨会上,秦老师还问了大家一个问题:"一个 100 分的结果中,意愿和方法的占比各为多少?"

对此问题,大家讨论得很激烈,答案也是各有千秋。

最终,秦老师给出的答案是意愿 100%,方法为 0,这让在场人员很是意外。

秦老师解释道:"这是把我们的项目命名为一次做对质量文化变革项目的根本原因。我们很多项目的目标定得非常高,确实有很大难度,一开始大家都认为是不可能做到的。

"后来我对所有项目成员说,你先去做,不要说你做不到,你只要拿出最大的努力我就认可，结果事情真的做成了。

"所以我们第一期和第二期项目做得比较成功、比较顺利，核心原因是意愿足够。这就是当时我要求总经理带头进行质量承诺的原因。"

秦老师的这场研讨会给了我很大的启发，让我更深刻地理解了一次做对的底层逻辑。希望通过一次做对项目的推进，让我们的员工都能做长期主义者，把一次做对、次次做对落到实处，打造郑煤机的核心竞争力，实现基业长青、永续经营。

相信秦老师的这本《一次做对质量变革手记：零缺陷落地的奥秘》会像前两本书一样，以丰富的质量管理知识、通俗易懂的写作风格、具体深刻的实际案例，让广大读者阅读后可以结合自身的工作加以实践应用，获得能力的提升，做专业上的明白者、工作上的启航者、事业上的前进者，像秦老师一样做一个专注、执着、向善的人。

预祝秦老师的《一次做对质量变革手记：零缺陷落地的奥秘》获得社会范围内的广泛认同，将科学的质量文化理念带给更多需要的人，帮助他们取得更快的成长。

郑煤机集团煤机板块党委书记

{ 自序 }
如何把工作一次做对

"如何让产品和服务完全满足客户需求，让质量成为我们的竞争利器，为公司的发展保驾护航？"这是许多企业领导者关心的问题。

"如何快速提升质量管理水平，从而彻底摆脱质量问题的困扰？"这是质量工作者们一直在探讨的话题。

"如何确保部门的工作一次做对，从而顺利达成质量、成本和交付目标？"这是管理者们共同的疑问。

"我如何才能把工作一次做对，从而免受处罚并提升自己的职场竞争力？"这是众多职场人的心声。

这些问题归结起来只有一个：如何让每位员工把每一次工作都做对？

因为一次做对意味着质量最优、成本最低、交付最快、客户满意度最高，读完本书，您将得到解决此问题的答案。

15 年前，我因为一次偶然的机会，通过一家咨询机构正式接触到了零缺陷管理。

从此以后，"产品如何才能实现零缺陷？工作如何才能一次做对？"这两个问题始终萦绕在我的脑海中。

为此我选择成为这家机构的一名零缺陷咨询顾问，希望通过亲身参与咨询项目来找到这两个问题的答案。

然而，参与的项目越多，我的困惑越大，越感觉自己对零缺陷管理的理解不足，仅仅通过培训学到的知识，难以有效指导客户实施零缺陷管理。

正所谓，纸上得来终觉浅，绝知此事要躬行。

于是，我决定离开这家咨询机构，将自己学到的零缺陷管理理论用于实践，在实践中探索这套理论的应用之道，提升自己解决问题的能力。

带着这种想法，我回到深圳，加入了一家民营企业 M 公司，担任质量总监。

这份工作给了我巨大的挑战，零缺陷的理念和巨量的客诉每天都在撕裂着我的神经。

在冥思苦想了半年后，有一天，我终于领悟了零缺陷管理的核心落地工具即过程模式作业表，并理解了零缺陷落地的底层逻辑，那就是通过全过程的一次做对来实现最终产品和服务的零缺陷，因为所有的工作都是一个过程，过程质量决定着产品质量和服务质量。

无论是制造业还是服务业，这个规律都适用。

在此过程中，特别要感谢杨钢老师和邵凤山老师给我的帮助，正是他们提供的材料给了我启发。

在随后的半年时间里，我用这一工具指导手下的 IQC（进料检验）主管对进料检验这个过程进行了优化，取得了显著成效，检验的质量、效率和速度都得到了快速提升。

这对我来说是一个巨大的突破，此后，我又运用此方法指导质量工程师和工厂的主管们对其他过程如前加工、测试、包装等进行了优化，同样成绩不俗。（具体过程见拙著《质量总监成长记》。）

带着这种经历，我跳槽到 S 公司任质量总监。入职后的第一年，在得到授权后，我将这种理念和方法运用在供应链系统中，通过对生产、外协等过程的优化，取得了不错的成果。在一年时间里，将公司主力产品有源滤波器的年度返修率从 8% 降到 0.3%，得到了公司领导层和各部门的认可，这让我信心倍增。

然而，当我正准备将这些经验在全公司进行推广时，却发现困难重重。公司的治理结构和文化并不支持这种一次做对理念的实施，公司三大股东都在公司中任职，彼此之间互不相让、明争暗斗，导致公司内部形成了三个山头，公司中其他员工基本上也选边站队。

这种治理机制给我的工作带来了极大的困扰，我的精力被无穷无尽的争吵和扯皮所耗尽。产品零缺陷和工作零失误到底需要一个什么样的领导层和管理平台来支持？我陷入了沉思。

我深深地感受到，一个缺乏领导力的企业，单靠质量总监的努力，是无法彻底改变质量状况的。即使再高妙的过程管理方法，如果没有管理平台的支持，也难以落地。

几年下来，我身心俱疲，却成绩寥寥，在 S 公司的职业生涯呈现高开低走之势。

正在这时，深圳市 A 公司通过猎头找到了我，邀请我担任其质量总监。

这是一家从事 LED 显示屏研发生产和销售的上市公司，公司重视质量，但始终不得其法，深陷质量困扰。

这对我来说的确是一个机会，我很想借这个平台，将我理解的零缺陷理念进行全面实施，帮助该公司解决质量上的难题，同时验证我对零缺陷的理解是否正确。

在深入了解公司在质量管理上的突出问题后，我启动了质量变革项目。

因为"零缺陷"这三个字，很多人都不接受，他们认为没有缺陷的东西是不存在的，尤其是 LED 显示屏产品，一个屏出现一定数量的死灯是客户允许且必然会发生的，于是我将这个项目命名为"一次做对质量文化变革项目"，强调零缺陷的核心就是一次做对，从而使变革项目更容易被大家接受。

经过近 3 年的努力，公司的质量损失率下降到项目启动前的20%，质量水平上了一个台阶。在这段时间里，我也弄懂了零缺陷管理的其他核心工具和方法，如质量管理成熟度模型、质量文化建设14 步法，于是我将这段经历写成了第二本书——《质量总监炼成记》。

从 A 公司离职后，我再度成为一名质量顾问，为企业提供质量文化变革和质量竞争力建设方面的咨询服务。

同时，我将研究了 12 年的零缺陷管理的理念、方法和工具梳理整合，输出了一个模型，我将之定义为"一次做对模型"，该模型诠释了如何从系统层面将工作一次做对。

在研究零缺陷管理的道路上，我终于形成了自己的理论体系，这也是本书要介绍的核心主题。

同年 12 月，我正式成为 Z 公司的质量顾问，指导其实施一次做对质量文化变革项目。我终于有机会运用一次做对模型指导企业实施全面的质量变革，内容不仅针对产品质量，还针对工作质量。

要成功实施此项目，树立标杆至关重要，按质量文化建设的方法，我们在一期项目中选择了五家颇有代表性的单位进行试点，其业务涵盖生产制造、研发和技术配套 BOM（物料清单）制作等，既涉及产品质量的提升，又涉及工作质量的提升，还涉及质量文化的打造。

经过半年多的努力，五个试点项目全部结项，均达到了业绩指标改善80%的预定目标，其中进步最大的两个项目，其改善幅度超过了90%，在公司内形成了良好的示范效应，项目顺利进入了二期拓展阶段。

又经过半年多的努力，二期项目中绝大多数项目达成了业绩指标改善80%的预定目标，尤其是几个获奖项目的改善幅度相当惊人，输出的结果完全达到了行业标杆水平，无论质量、成本还是交付，都得到了大幅改善。

于是公司正式启动了三期项目。

在此过程中，Z公司的客户也发生了显著的改变，以前他们派出的监理人员到现场抽查时，总会发现各种各样的问题，于是他们频繁要求整改。

项目开展一年后，这些监理人员去现场，基本发现不了问题，因为所有的生产过程均按一次做对的要求进行了优化，对影响输出结果的要素进行了识别，并制定了严格的管控要求，于是监理人员经常当面对Z公司提出表扬。

所有这些经历，让我对这套一次做对的理论信心倍增，于是决定将此过程用小说的形式写下来，供企业领导者、各级管理者、质量工作者和众多的职场人士学习参考。

本书的九大主题是"如何运用一次做对六步法和过程模式作业表把工作一次做对？""如何打造一次做对质量管理系统？""如何通过员工的自主管理实现工作质量全达标？""如何从战略层面定义质量？""如何运用质量竞争力模型推进质量竞争力平台的建设？""如何运用质量文化建设14步法打造一次做对质量文化？""如何运用质量管理成熟度模型指导供应商快速实现质量提升？""如何通过过程优化降低产品市场故障率？""总经理和质量总监如何认清自己的质量管理职责？"

如同我的前两本书《质量总监成长记》《质量总监炼成记》一样，

本书仍以小说的形式编写，为了不给所涉及的企业和个人带来困扰，书中所述企业和人名均为虚构（克劳士比、杨国安等少数人物除外）。

本书的故事主线，源自我给 Z 公司指导实施的一次做对质量文化变革项目。

文中所列举的案例，全部来自我在此项目实施过程中的真实经历。

如何让质量成为中国企业的竞争优势，而不是变成阻碍企业成功的问题？如何快速提升质量管理水平，从而彻底解决质量困扰这一难题？其中的关键就在于让领导层形成正确的质量认知，理解一次做对的底层逻辑，并在此基础上打造一次做对系统，锤炼一次做对质量文化。

如何把部门的工作一次做对，从而顺利达成工作目标？关键在于部门管理者理解工作一次做对的方法，并有效地加以运用。

如何把工作一次做对，从而免受处罚并提升自己的职场竞争力？解决问题的核心在于理解过程一次做对的工具并结合自己的工作成功实施。

愿本书能帮助中国的企业领导者和质量工作者们彻底解决质量的困扰这一难题，也能帮助企业的管理者顺利达成部门工作目标，还能帮助众多的职场人士正确地认识自己的工作，突破职场成长的天花板。

"让一次做对成为中国人的工作习惯"，这是我的毕生追求，大家在阅读本书时如有疑问，可添加我的微信号"qinbangfu1004"进行交流。

秦邦福

2024 年 8 月写于深圳

{作者简介}

　　秦邦福，畅销书《质量总监成长记》《质量总监炼成记》作者，深圳市一次做对管理顾问有限公司创始人，现为公司的首席顾问。

　　秦邦福于 2000 年加入华为电气（后被艾默生电气收购，改名为艾默生网络能源），两个月后成为一名质量工程师，因工作表现突出，半年后荣获公司绩效改进一等奖，一年后被提拔为产品检验部经理。2003 年，秦邦福再次因为绩效突出，被提拔为供应链 UPS（不间断电源）工厂厂长。

　　2005 年艾默生网络能源公司推行精益生产，秦邦福率先在 UPS 制造工厂中导入一个流生产模式，在质量、效率和反应速度等方面实现了突破性的改善，为精益生产的成功导入树立了一个良好的标杆，并荣获年度精益改进一等奖。

　　2009 年，秦邦福通过某咨询机构正式接触到了美国质量大师克劳士比的零缺陷管理理念，并立志成为零缺陷管理专家，于是在

2010 年加入该咨询机构，成为一名零缺陷推进师，指导客户导入零缺陷管理。

在此过程中，他深感从国外传入的零缺陷方法论难以成功落地，于是决定重回企业，在实践中研究零缺陷的落地之道。

2010 年底，秦邦福加入深圳某民企任质量总监。经过近一年的实践和思考，他终于掌握了零缺陷过程方法即过程模式作业表的运用，并理解了零缺陷落地的底层逻辑。

在随后 10 年的时间里，他以质量总监的身份，先后在三家企业中用零缺陷的理念和方法解决了企业的实际问题。

在此过程中，他终于悟透了零缺陷理论中的质量管理成熟度、质量竞争力模型等方法论，并提炼出一次做对模型。

运用这套模型，他为多家中小型民企提供了咨询服务，取得了显著的成果，并为中石油、西飞、阳光电源等数十家企业提供了一次做对专题培训，得到了客户的赞誉。

2022 年 12 月，秦邦福开始为某大型集团 Z 公司提供咨询指导，担任一次做对质量文化变革项目的指导老师。

项目开展近两年后取得了丰硕的成果，无论质量、成本还是员工的精神面貌，均有显著的改善，Z 公司目前正将一次做对和精益推进相结合，全面实施一次做对精益变革。

在此过程中，他与 Z 公司的一次做对推进团队还开发出多门培训课程，如"一次做对质量变革讲座""零缺陷核心理念及落地方法""质量文化建设 14 步法""如何促使员工一次做对？""如何实施质量竞争力建设？""如何运用一次做对六步法和过程模式作业表实现一次做对？""特殊过程如何实现一次做对？""如何运用一次做对模型帮助供应商快速提升质量？""基于过程优化的市场质量提升""PONC 统计方法""如何正确分析产品质量问题？""解决产品质量问题的七有方法"。

这些课程对一次做对质量变革项目的推进起到了良好的作用。

{ 书中主要人物角色简介 }

唐风：

振中科技一次做对质量文化变革项目的指导老师，研究零缺陷管理十几年。他以自己总结的一次做对模型为指导，通过质量管理成熟度诊断、管理层达成共识和做出承诺、试点项目的推进、过程模式作业表与一次做对六步法的运用、质量文化与质量竞争力的建设等工作，成功帮助振中科技实现了质量的快速提升，而他也找到了为不同行业、不同规模、不同文化背景的企业解决质量困扰的方法。

郑仁刚：

振中科技集团总经理，在他看到作为行业龙头的振中科技在国内的市场上面临同质化竞争严重、增长空间有限等问题后，决定实施国际化战略，向海外市场发展。

但振中科技的产品质量与国际头部竞争对手有差距，出海的第一个大订单就遭到投诉，待发货的产品被客户要求整改，这对海外市场产生恶劣影响并造成重大损失。

为快速提升集团整体质量管理水平，成为行业质量标杆，以此来打造振中科技的核心竞争力，郑仁刚亲自策划并参与了一次做对质量文化变革项目，通过公开的一次做对承诺、定期听取项目汇报、大会小会宣传一次做对、对一次做对项目中表现优秀的人员及时进行奖励等方式，在不到 2 年的时间内，让振中科技的质量出现了突破性的提升，也得到了国际客户的认可，大幅降低了质量损失。

张彤彤：

由振中科技质量部体系专员提升为一次做对质量文化变革项目管理办主任，她希望掌握一次做对的精髓，提升自己的职场竞争力。通过全程参与项目，她理解了一次做对的底层逻辑，掌握了"把工作一次做对、次次做对"的秘诀，成为一名推进专家。

巩固：

振中科技集团质量部部长兼一次做对质量文化变革项目总监，负责全集团的质量管理。

振中科技集团拥有多家独立运营的子公司，这些子公司的规模与管理水平参差不齐，且分属于不同行业，虽然都有自己的质量部门，但质量管理水平不高，导致市场质量事故频繁发生。这让巩固极为苦恼，他希望快速彻底消除重大客诉，而通过主导一次做对项目的实施，他成功地实现了目标。

银多多：

振中科技集团下属单位结构件公司总经理，在集团第一个海外出口大订单项目中，因为结构件焊接质量不达标，引来了客户重大投诉，带来巨大质量损失。因此他希望通过一次做对项目培养员工掌握一次做对的工作方法，打造一次做对工作文化，提升员工质量意识，降低生产不良率和生产成本，提升交付速度，彻底消除客诉。

通过亲率团队积极参与项目，并运用过程模式作业表和一次做对六步法等工具方法对过程进行优化，他实现了部门的工作目标并理解了一次做对的底层逻辑，成为一名优秀的一次做对推进师。

{目录}

实践篇　一次做对质量变革之路

反思篇　一次做对难在哪里

认知篇

Cognitive
section

{ 如何实现一次做对 }

—

{ 第一章 }

质量战略性思维

如何从战略层面定义质量？

一天下午，唐风正在家中看电视，突然手机响了，是曾经的下属、现在爱必胜公司的质量总监徐铮打来的。

徐铮说："最近出了几起客户投诉，我感觉压力很大，想向您请教一下如何进一步把质量做好。"

唐风说："自从 13 年前成为质量总监后，就有个问题一直困扰着我，促使我不断反思。

"如何在不同行业、不同规模、不同文化背景下的企业中，快速把质量做好？

"这就是我思考的问题。"

徐铮说："这个问题有点儿复杂。"

唐风说："你知道的，到爱必胜公司担任质量总监前，我先后在两家企业中担任质量总监，几乎每天都被弄得痛苦不堪，这个质量总监的工作真的是不好做啊。

"在爱必胜公司这三年多的时间，我自认找到了这个问题的答案，也取得了不错的成果。

"去年我离开爱必胜公司，成为一名质量管理咨询顾问，接触了不少企业，对于这个问题，有了一些新的看法，今天想和你讨论一下。

"我认为，质量工作很难做好，不是因为领导不重视质量。实际上这么多年我接触的老板和高管，绝大多数都很重视质量，是愿意投入资源和精力去把质量做好的。

"但结果却是这些企业的质量状况并不好，具体表现就是客户投诉多、产线异常多、来料问题多，产生的直接后果就是质量总监为此担责，'阵亡率'高。"

徐铮说："是啊，自从您离职后，我接替您的位置一年多了，公司的质量状况虽说还不错，能维持您以前创下的局面，但最近遇到了一些麻烦。公司导入了一些高端客户，这些新客户对质量的要求近乎苛刻，对于一些低级问题如下错单、混料等零容忍。

"我思考良久，一直找不到良方，所以才打电话向您请教。"

唐风说："你面临的这些问题，有的是产品质量问题，有的是工作质量问题，但归根结底还是工作质量问题，本质上就是没有把工作一次做对。

"我认为，质量管理的终极目标就是实现全员全过程的一次做对，而要实现这一目标，有两点至关重要。"

徐铮问："哪两点？"

唐风说："第一，要梳理清楚质量和战略的关系，这一点如果没有达成共识，企业就会缺乏足够的动力去做好质量，也会缺乏明确的标准去衡量质量，所以质量负责人要正确理解公司的业务和发展战略，确保质量工作的方向与之相匹配；同时也要了解其他部门的业务流程，知道它们为实现公司战略目标所做的关键事项，并给予相应的支持。

"质量总监要站在战略全局的高度来定义质量，我将之称为质量战略性思维。

"我认为，如果质量工作有力地支持了公司战略目标的达成，在宏观层面上就实现了做对，反之则没有做对。"

徐铮说："这一点我认可。"

唐风说："第二，企业领导层必须正确理解质量变革的方法和思路，知道如何在系统层面把质量一次做对。要实现这一点，质量总监自身必须要理解系统一次做对的底层逻辑，我将之定义为质量系统思维。

"只有质量总监做到了这一点，他才有可能去影响和感召领导层，让他们正确理解质量，从而支持自己的工作。"

徐铮说："完全认可！对于第二点，这几年在您的言传身教下，我自认为基本理解。但对于第一点质量与战略的关系，我没有完全想明白。"

唐风说："我认为，对于企业来说，只有一个战略，就是公司战略，我们平常说的质量战略、产品战略、营销战略、供应链战略、人力资源战略，虽然带'战略'一词，但其实都是策略，它们都是为公司的战略目标服务的。

"一家企业也只有一个目标，就是战略目标，各个职能部门的目标必须围绕战略目标来展开，这里面当然包括质量部门的目标。

"三年前，爱必胜公司启动了战略优化项目，聘请外部专家来指导梳理公司战略，并且给管理层培训了做战略规划的方法和技巧。"

徐铮说："我听说过这个项目。"

唐风说："当时所有的中高级管理者都参加了培训，我也全程参加了这个项目，这给了我很多启发。这几年，我一直在思考一个问题，就是质量工作如何支持公司战略目标的达成。

"打个比方，当年爱必胜公司销售收入不到50亿，公司领导层要求三年后做到200亿，这是公司的战略目标。"

徐铮说："我记得公司每年都对目标有调整。"

唐风说："如何实现这个目标呢？通过研讨，公司将目标分解到五条产品线。比如商显产品线，这条产品线是主打性价比的，公司要求它在三年内将销售额由目前的 10 亿做到 40 亿。

"如何才能实现这个目标？我想无非是从两方面入手。第一是存量客户，要想办法增加存量客户群体的销量。第二是增量客户，就是找到目标客户的痛点，把生意做进去。

"你去找一找这条产品线的总监王峰，他一定是通过战略解码制定了实现目标的关键举措，你再基于这些关键举措来制定你的质量目标。"

徐铮说："好的，我拿到这些信息后再和您讨论。"

一周后，徐铮发来一个 PPT，第一页的内容如图 1-1 所示。

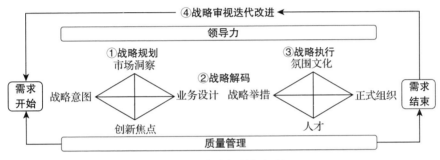

图 1-1　战略规划与解码

两个人开始视频讨论。

徐铮说："上周与您讨论后，我整理了一下我的思路，同时去找了王峰，向他请教商显产品线的发展战略。

"他告诉我，从市场的视角来看，商显产品线的确有很大的成长空间。他的主要竞争策略是提高性价比，因为目标客户对于商显产品的质量要求是稳定可靠，同时对价格比较敏感。

"为了提升商显产品线的性价比，他明年有几项关键举措，比如说，对于成本占比较大的灯珠、PCB（印制电路板）、箱体等部件，他计划导入 10 家左右性价比高的供应商。同时在山东或者河南找一个代工厂来组装显示屏，给北方的客户供货，这样可降低物流成本。"

唐风说："如果把质量部定义为一个能力中心，那么你的目标就清晰了。

"如果王峰导入的这 10 家供应商，或者这个代工厂，在市场上出了批次性质量问题，那他的战略目标能实现吗？"

徐铮说："肯定实现不了。"

唐风说："这就对了，你们质量部明年的目标应该增加一项：商显产品线新导入的重点供应商与代工厂批次性质量问题为 0。

"我想除了商显产品线外，其他几条产品线应该也有类似的关键战略举措，你据此来制定质量目标，并努力去实现，这样就有力支持了公司战略目标的达成，也就能体现出质量部门的价值。"

说到这里，唐风若有所思，继续说："前年有一个客诉，给我的印象很深刻。当时是法国客户的一个订单，这个订单金额不大，才 20 万元人民币左右，正常情况下对于这种小订单，我们质量部是不会投入很多精力的，因为小订单即使有客诉，对质量部的整体绩效指标影响也不大。

"但恰恰是这个订单的客诉，在公司内受到了广泛关注，因为这是市场部花费了巨大力气才获得的一个试用订单，这个客户是公司定义的战略客户。

"这些信息我们质量部事先不知道，结果这个客诉一出，对法国市场的拓展负面影响巨大。"

徐铮说："我知道这个事情，当时的客诉就是我处理的。我们都不知道这么个小订单居然会产生这么恶劣的影响，如果我们知道它的重要性，一定会全力以赴保证它的出厂质量。"

唐风说："这就是质量部的目标与公司的战略目标出现了偏差的结果，质量部的关注焦点没能跟上公司的战略目标。

"我再举一个例子，在公司组织的这个战略管理培训课上，老师讲了一个案例，对我颇有启发。他说，A 公司的主打产品是磁性元器件，它做了一个 3 年的规划，计划在 3 年后实现销售额翻倍。"

徐铮说："很多公司都有类似计划。"

唐风说:"这个计划实现的关键点是一年后成为B公司的正式供应商,但B公司是外资企业,对于供应商的导入有严格的流程。

"因此,A公司制订了一个详细的业务计划,这个计划有几个关键节点,分别是在未来3个月内与B公司的采购部建立正式关系,达成合作意向,6个月内完成第一款产品送样,8个月内样品测试合格,12个月内完成供应商资格审核。"

徐铮说:"这个业务计划的确需要质量部参与。"

唐风说:"在这个过程中,质量部要为这些目标的实现提供协助,尤其最后一个节点,供应商资格审核必须一次性通过,这是质量部全年的重点工作目标。

"所以说,质量目标,有数字性的,也有非数字性的,关键是围绕公司或者事业部的经营目标来制定。

"质量部的工作,一定要上承战略,下接业务,才能体现出其应有的价值,正确的质量目标对于质量工作的成败至关重要。

"可惜很多质量总监对质量目标与战略目标的一致都不够重视,试问,如果目标都是错的,我们的努力能得到好结果吗?"

徐铮说:"这下我彻底明白了,这些以前真的没有想过,但是除了您讲的这些外,还有哪些应该作为质量目标呢?"

唐风说:"根据我十几年的质量总监工作经验,结合公司的经营目标,我认为**质量目标应该从以下六方面来制定**。

"第一,把质量部定义为一个能力中心,支持公司或者事业部的关键战略举措顺利实现,可以依此来制定质量目标。

"第二,从客户角度来看,作为质量担当,质量部门要保证战略客户对质量满意,因此战略客户的质量满意度可以作为质量目标。

"但是,很多企业在做客户满意度调查时,往往流于形式,一是调查时找不到做决策或掌握真实信息的人;二是客户把你作为边缘供应商或者备选供应商,本身对你期望不高,给你的反馈往往是照顾一下你的面子与情绪;三是你压根儿就不想听到真实的声音,很多客户多次反馈的问题仍然重复发生。"

徐铮说:"您说的是事实。"

唐风说:"客户满意度这个指标作为参考是可以的,但是客户的重复购买率、我们在目标客户的采购份额中的占比等指标也许意义更大。

"爱必胜有一家供应灯珠的主力供应商,有一次我去这家公司交流时,发现这家公司对爱必胜的灯珠用量十分清楚。回来后一调查,得知原来这家公司派来爱必胜工厂的售后人员经常去现场搜集这方面的数据,掌握自己在爱必胜的份额,并做出相应的商业决策,这一招很高妙。"

徐铮说:"还有哪些指标可设置为质量目标?"

唐风说:"第三,从产品和订单角度来看,质保期内的订单质量投诉率或者故障率应该成为质量目标。

"比如国内某知名的机械设备厂家,就把其设备的无停机故障率和平均无故障工作时间作为质量目标,这两个指标对客户满意度的影响巨大,同时数据统计起来也比较容易,可以得到比较客观的结果。"

徐铮说:"指标的统计方便与否也要考虑进来吗?如果不方便统计,也不宜设置为目标,是吗?"

唐风说:"是的。

"第四,从成本角度来看,质量损失率应该成为质量目标,其分子为质量事故造成的成本损失金额,分母为销售额。但这样做的前提是公司有质量损失统计系统,能将客诉、返工、报废、维修等质量成本统计出来。

"第五,一些过程质量指标也可以成为质量目标,比如产品直通率、来料合格率、重大质量事故数量等。"

徐铮说:"您说的大多数是数字性目标,还有非数字性目标吗?"

唐风说:"这就是我要说的第六点,公司的一些重点质量改进项目,如关键产品的质量改进、质量体系建设的推进、质量IT项目的成功实施等。

"当然，这些目标的制定有一个前提，就是公司的战略比较清晰、流程和IT系统比较完善，能方便地统计数据，这些是质量目标能正确制定的基础，但是许多小企业根本不满足这些条件，所以其质量成果注定无法有效衡量，这也是这些企业中质量工作难做的重要原因。"

徐铮说："这下我明白了，我们12月份有一个明年的目标汇报会议，在会上我要拿出新的方案，努力让质量目标贴合公司的经营目标。

"但是我还有一个问题，质量目标制定了，如何才能有效实现呢？"

唐风说："这个问题说起来有些复杂，它涉及质量管理的核心课题：如何建立有效的质量管理系统，在系统层面把工作一次做对？

"过几天，我们约一个时间，你来我家，我们把这个问题当面讨论一下。"

徐铮说："好的，谢谢唐总。"

—— 本章点评 ——————————————————————

● 如何从战略层面定义质量？

基于战略和经营目标，结合客户的质量满意度，以及过程质量指标和公司领导关注的重点质量改进项目，制定合理而正确的质量目标是质量工作的出发点，因此质量战略性思维解决的是质量管理的方向和目标问题，它定义了什么是"对"。

{第二章}

质量系统思维

如何在系统层面提升质量，实现一次做对？

几天后，徐铮来到唐风家里，闲聊一番后，两个人对着电脑，开始讨论如何在系统层面提升质量。

唐风说："13 年前我就开始研究美国质量大师克劳士比的零缺陷管理理论，这个过程比较曲折，我对它的认识也是由浅到深的。

"刚开始我认为零缺陷只是一个洗脑的工具，在这个世界上，怎么可能有没有缺陷的东西呢？

"后来，在仔细研读了克劳士比的书籍后，我发现零缺陷不是要把产品做到完全没有缺陷，而是要实现工作的一次做对。"

徐铮说："这怎么理解？"

唐风说："打个比方，某个生产电子元器件的厂家老板向客户承诺，要将产品在质保期内的失效率从目前的万分之一下降到十万分之一以下，最后他带领团队，通过努力成功地在指定期限内将新供货产品的失效率降到了二十万分之一。

"我认为，他的做法是符合零缺陷的要求的，他实现了一次做对，尽管这个厂家的产品还存在一定的缺陷率。

"一次做对这个理念在各行各业中，应该都是适用的，无论是制造业还是服务业，没有哪个企业的领导希望他的员工在工作中出差错。"

徐铮说："这个我认可。"

唐风说："在过去这13年中，我首先学习了零缺陷的理论知识，再以质量总监和咨询顾问的身份去实践，以此来获得感性认识，然后将之升华为理性认识，最终形成自己的理论。

"接下来，又将理论用于实践，通过产出的效果来验证其有效性。

"这13年的工作都基于这样一个套路：通过实践获得感性认识，升华为理性认识，再去实践获得感性认识，再升华成系统的理论。

"苍天不负有心人，我终于有所收获，现在我们交流的，就是我这13年来的研究成果。"

说完后，唐风停了一下，对徐铮说："很多质量人员，在面对质量改进工作难以推进时，总是下意识地认为公司领导不重视质量，不支持自己的工作，把自己放在领导的对立面。

"其实，这是不对的，我发现其实绝大多数的老板和高管都是重视质量的，但是不知道如何才能把质量做好，缺乏这方面的质量认知。

"事实上，我们大多数的质量人也不知道如何才能系统地做好质量，更不知道如何影响和感召领导层来支持自己去做好质量。"

徐铮说："这个我深有感触。"

唐风说："10多年前，我从北京的一家咨询机构离职，回到深圳，加入了民企康利得，任质量总监。

"刚开始，我认为以我的资历和能力，把这样一家企业的质量工作做好应该不是难事。因为之前我在跨国企业中工作了近十年，历任工艺工程师、质量工程师、检验部经理、工厂厂长、大型建设项目总监、供应链质量总监等多个岗位，在质量管理、精益生产、项目管理、团队管理等方面有比较丰富的实战经验。

"后来，又在咨询机构中研究零缺陷管理，参与实施多个零缺陷咨询项目，自认为对零缺陷管理颇有造诣。"

徐铮说："您的经历的确闪亮。"

唐风说："但是要做好这种中小型民企的质量管理，对质量总监的能力要求极高，我当时的能力实在不足以应对这种情况。

"康利得这家公司的核心团队成员都来自我以前工作过的 EE 公司，按理来说，应该是很容易沟通的。

"但实际上情况恰恰相反，公司老板和总经理有一个根深蒂固的观念，就是质量是盯出来的，质量出问题就是质量部没有盯好。

"我记得总经理对我说过一句话：'我怎么管公司和你怎么管质量无关，你只要带领你的质量部把质量问题盯住就行！'

"领导层的这种认知，让我的质量改进工作几乎寸步难行。"

徐铮说："我以前似乎听您说过这个故事。"

唐风接着说："爱必胜公司教导我们，遇到问题要向内看。所以，从另外一个角度来看，遇到这种困境的原因是我的影响和感召等能力不足，无法影响公司领导层和核心团队，帮助他们正确认识质量，以达成质量共识，从而来支持我的工作。

"最近我读了一本书，《如何系统思考》，书中介绍了一个著名的冰山模型，让我很受启发。"

唐风指着电脑上的图片（见图 2-1）说："这个模型适用于社会系统的现象研究，对于系统来说，它由三个基本要素构成，分别为实体、连接、功能或目标，三者缺一不可，书中还介绍了一个社会系统通用模型。"

说完唐风打开下一页 PPT（见图 2-2），继续介绍："我常说，企业就是一个小社会，通过这个模型，我们可以看到它符合社会系统的各种特征。

"它包括多个能动的实体，如客户、员工和供应商，这些实体通过某种方式进行连接，同时又有各自的目标和利益诉求。同时，它有订单和供应商的交货等各种输入，也包括多种输出，还有来自各个方面的信息反馈。"

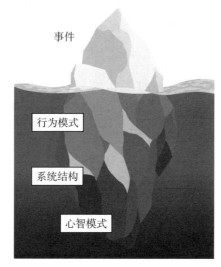

事件

行为模式

系统结构

心智模式

图 2-1　冰山模型

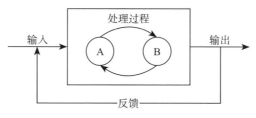

处理过程

输入　　A　　B　　输出

反馈

图 2-2　社会系统模型

　　徐铮说："这个冰山模型我也听说过，但不知道如何运用。"

　　唐风说："这个冰山模型揭示了人们看待这个世界的思维层次，可以指导我们增加思考的深度，透过现象看到其背后的本质。

　　"我认为，一个社会事件发生的深层逻辑，往往由民众的心智模式所决定。

　　"下面我用这个冰山模型中不同层面的几个关键概念，来分析质量问题发生的底层逻辑。"

　　见徐铮听得很专注，唐风继续说："最上面的是事件，它是冰山顶部露出水面的部分，是可以观察、感知、经历的事件或活动。

"引申到质量管理，这可以理解为产品质量异常、客诉事故。

"为什么质量事故会发生？要回答这个问题，就需要更加深刻地了解这个系统，于是我们需要再深入地想下一层：这些质量事故的本质是什么？它们的发展趋势是什么？未来可能还会发生哪些事件？"

徐铮说："估计大多数人都不会思考得如此深入。"

唐风说："如果要得到这些问题的答案，你要做的不仅仅是对具体的质量事故，即某一个事件进行分析，因为那样还是局限在某一个点上。

"按系统思考的方法，你需要把握事件的本质，也就是事件发生的行为模式，通过识别出其中蕴含的关键变量或衡量指标，防止自己迷失在复杂的表面细节中。"

说到这里，唐风停了一下，似乎在回忆过去。他接着说："20多年前，我就开始从事质量管理工作，处理产线异常和客户质量投诉。

"我发现，每一起质量事故的背后，都存在一个或多个过程管理的漏洞。

"比如，我刚才说的这家康利得公司，当时规模不大，年销售额7亿元人民币左右，但是几乎每天都有客诉。

"其原因也很简单，公司的质量管理体系形同虚设，过程管理完全没有做起来，老板要求质量部'盯住'每一个质量问题。

"因此，我认为质量问题的本质是过程管理不到位，或者说过程能力不足、过程管理成熟度低。"

徐铮点点头说："这个我认可。"

唐风说："按系统思考的方法，在明确了相关事件背后的行为模式之后，我们需要进一步分析和梳理这些模式背后的因果关系，也就是有哪些影响因素，它们之间存在哪些相互关联和反馈作用，这些被称为系统结构。

"这就是我要问你的问题，为什么很多企业的老板重视质量，但过程管理仍然漏洞百出，从而不断引发质量事故？"

徐铮说："原因似乎很复杂。"

唐风说："一点儿也不复杂。

"我认为，过程能力不足的背后原因是企业的组织能力欠缺。

"这种组织能力体现在质量管理上面，克劳士比将之称为质量竞争力。"

徐铮说："这个概念我似乎第一次听说，如何才能打造质量竞争力呢？"

唐风说："经过多年的总结，我觉得，企业的质量竞争力建设需要从员工能力、员工思维和员工治理三个方面去打造相应的管理平台。

"员工能力指的是员工是否掌握了把工作一次做对所需要的知识和技能，员工思维指的是员工是否具备把工作一次做对的决心和意愿，员工治理指的是公司的管理平台和资源能否支持员工把工作一次做对。"

徐铮说："您能说得更详细一点儿吗？"

唐风说："譬如康利得公司，我入职时员工人数在 1000 人左右，公司没有人力资源部，只有一个人事专员，负责处理招聘、薪资等事项。

"公司没有专人负责员工培训和上岗考核，员工培训采取的是师傅带徒弟的方式。

"这种方式的后果就是员工的能力不稳定，如果师傅认真负责，其徒弟的水平尚可，否则就问题百出。"

徐铮点头称是。

唐风说："再比如，康利得公司领导对待质量的基本逻辑就是，质量是质量部盯出来的，所以出了客诉，第一个挨板子的就是质量部，这造成的直接影响就是做错事的员工不需要对自己的工作输出结果负责，而是由质量部来承担后果。

"在这种文化氛围下，有多少员工会认真做事？他们追求的是尽快完成任务，这样看质量事故频频发生就丝毫不意外了。"

看徐铮频繁点头，唐风对着电脑继续说："在冰山的最底端，隐藏着我们根深蒂固的一些信念、规则、假设或成见，这些叫作心智模式。

"为什么很多企业规模已经很大，但是质量状况不佳，质量竞争力很弱？

"核心的原因是领导层对于质量的认知不足且缺乏共识，我将之称为质量领导力不足。"

接着，唐风打开下一页PPT（见图2-3），说："冰山模型让我对质量有了更清晰的认知，总结出来就是这棵树，我把它叫作一次做对模型。"

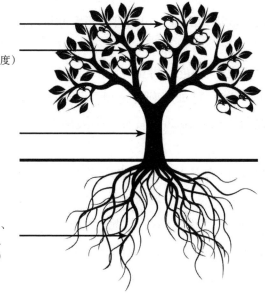

产品质量和服务质量

过程质量
（过程能力、管理成熟度）

质量竞争力
（组织能力）

质量领导力
（质量认知、治理机制、
经营理念、愿景使命、
驱动变革、激励改进）

图2-3　一次做对模型

见徐铮有些困惑，唐风继续说："20多年前，自从我进入质量管理行业后，一直在致力于研究质量管理的本质，这张图就是我这20多年的研究成果，我认为它就是质量管理的底层架构，通过它我们可以从质量事故中寻找本质，把复杂的事情简单化，从而更好地分析和解决问题，提高质量管理的效能。

"**决定产品质量和服务质量的直接要素是过程质量**，我接触过数十家产品质量问题频发的企业，它们共同的特征就是没有一套适用的流程体系，过程管理混乱，过程输出物异常很多。

"通过任何一个客户投诉或生产异常，我们都可以找到企业在过程管理方面存在的漏洞。

"这种情况出现的主要原因是流程管理的成熟度低下。"

看徐铮有些疑惑，唐风接着说："比如，有一些企业，管理比较规范，流程比较成熟，但是它们也有产品质量问题，这是某些过程的能力不足造成的。

"比如，研发设计人员的技术能力不足，虽然他严格按流程来作业，该做的评审都做了，但最终输出的结果还是不达标。

"我把这种情况定义为过程能力不足。

"《航天产品质量问题归零实施要求》和《装备质量问题归零实施指南》对产品质量问题的分析处理有明确要求。"

徐铮说："我好像听说过。"

唐风说："质量问题归零，就是对已发生的质量问题，从技术、管理上分析产生的原因、机理，并采取纠正措施、预防措施，确保从根本上消除问题，避免质量问题重复发生的活动，质量问题归零可以分解为技术归零和管理归零。"

徐铮说："什么是技术归零和管理归零？"

唐风说："**技术归零**就是针对发生的质量问题，从技术上逐项落实'**定位准确、机理清楚、问题复现、措施有效、举一反三**'这五条要求，并形成技术归零报告、相关的技术文件和证明材料的活动。

"什么是**管理归零**呢？就是针对发生的质量问题，从管理上逐项落实'**过程清楚、责任明确、措施落实、严肃处理、完善规章**'这五条要求，并形成管理归零报告、相关文件和证明材料的活动。

"克劳士比创立的零缺陷理论中，指导过程管理的核心工具是过程模式作业表，它还能用来分析质量问题产生的原因。"

徐铮说："您能否举个例子来说明？"

唐风说："3年前，我刚进爱必胜公司，给质量部做第一场培训时，引用了一个案例。这个案例讲述的是当时的一款LED产品A10在日本市场上出了批量性质量问题，屏体安装好后模组不断死灯，一个模组死灯超过30颗，最后公司不得不给客户进行整屏更换。"

徐铮说："我听说过这个案例。"

唐风说："问题产生的技术原因是面罩设计的尺寸偏小，造成面罩在低温下遇冷收缩时，推挤在面罩边缘的灯珠，导致灯珠剥离焊盘造成死灯。

"后来，在零下20℃的实验环境中，这种现象被复现了，这就是技术归零。

"但是，对于这种批量性产品质量问题，仅仅做技术归零是不够的，必须做管理归零。"

徐铮说："对。"

唐风说："面罩设计的尺寸偏小仅仅是个现象，经过我的调查，更深一层的原因是爱必胜公司的结构设计过程管理混乱。

"比如，面罩设计规范模糊，重点不突出，对灯孔与灯的间隙没有明确定义，此类问题比比皆是。"

说完，唐风打开下一页PPT（见图2-4）。

唐风指着PPT说："为了优化结构设计过程，我们当时成立了专题小组，对过程的6个要素都进行了优化，首先是明确定义了过程输出的要求，然后是控制输入，最后对过程的四个支持要素进行了全面整改，这四大要素就是程序、设施与装备、培训与知识、工作标准，确保它们能有效支持过程的运作，尤其是工作标准这个要素，它强调研发设计人员必须以一次做对的工作态度去对待自己的工作，这是过程管理的核心。

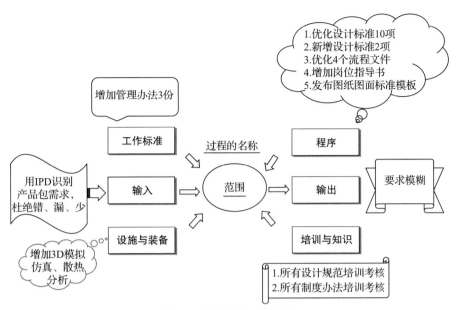

图 2-4　结构设计过程优化

"而以前研发人员认为,设计是创造性的活动,出问题在所难免。"

徐铮说:"做完这个结构设计过程优化项目,这种面罩、箱体的批次性设计不良问题几乎都得到了彻底的解决,这个案例我很了解。"

唐风说:"所以说,产品质量问题的更深层原因就是过程质量不达标。"

徐铮说:"这个我认可。"

唐风说:"这个规律不仅适用于制造业,同样适用于服务业。我用一个生活服务的案例来说明吧,比如我去一家餐馆,点了一个爆炒仔鸡。

"在这样一个就餐过程中,餐馆要如何提升它的服务质量呢?"

徐铮说:"顾客最关心的应该是菜的口味吧。"

唐风说:"对。但菜品质量如何才能保证?"

徐铮回答:"主要取决于厨师的水平吧。"

唐风说:"大部分人应该都是这样想的,但实际上做菜也是一个过程。

"要做出一道让顾客满意的菜，首先得明确过程的输出要求。比如从辣这个维度看，有不辣、微辣、中辣和重辣等可选项。

"因此，餐馆得针对不同的目标客户，对菜的口味偏好进行定义，并传达给服务员和厨师，确保输出的菜能满足顾客的要求。

"明确了输出的要求，接下来，要管理好输入。"

徐铮问："有哪些输入呢？"

唐风说："输入一般包含实物和信息两大类，顾客点菜时，服务员一定要上前询问。

"他要问清楚顾客的口味，比如我以前喜欢中辣，现在喜欢微辣，但我太太不吃辣，所以我们一起外出吃饭时，都点不辣的菜。

"顾客的口味偏好就是做菜这个过程的一个重要输入，必须要明确。

"另外的一些输入，比如主材和辅材，还有油盐酱醋等调味品，它们的质量对菜品也很重要。"

徐铮说："输入的重要性我理解了，但作业程序这个要素，在做菜这个过程中怎么管到位呢？"

唐风说："要想保证顾客的口味需求正确传递给厨师，就需要让服务员和厨师明确好交接流程。

"另外，做菜过程中洗菜、切菜等动作，也需要有明确的作业要求。

"有些菜洗两遍即可，有的要洗三遍才能保证质量。

"一个管理规范的餐馆，应该有明确的作业要求。"

徐铮说："这个我明白了，其他还有哪些要素需要管理呢？"

唐风说："做菜需要灶台，需要锅铲，需要厨房，这些要素必须满足炒菜这个过程的要求。

"还有，厨师的知识和技能水平，对菜品的质量影响也很大。"

徐铮说："就这些吗？"

唐风说："如果厨师今天的心情不好，他做出的菜品质量会不会一如既往地稳定？"

徐铮说："肯定会有影响。"

唐风说："影响很大，如果厨师热爱这份职业，他会认真学习，打磨做菜技能，成为厨师中的高手，所以厨师的工作态度是影响菜品质量的核心要素。

"因此，无论是产品质量还是服务质量，其本质还是过程管理水平的体现。

"在克劳士比的零缺陷理论中，从宏观上评价质量管理水平的工具是质量管理成熟度模型。"

徐铮说："质量管理成熟度模型我似乎听说过，但不知道它有什么用。"

唐风说："克劳士比根据企业的质量管理水平，将企业的成熟阶段分为不确定期、觉醒期、启蒙期、智慧期和确定期。

"在不确定期和觉醒期，企业的质量问题很多，但是其领导层并没有从质量文化和过程管理的维度去分析产品质量问题产生的原因。

"从启蒙期开始，企业领导层统一了质量认知并从过程管理这个角度去解决产品质量问题。"

徐铮问："有些初创的小公司，其领导是从大公司中出来的，对于质量有一定的认知，但是其过程能力严重不足，产品质量问题多，这是为什么呢？"

唐风说："这就涉及产品质量问题发生的第二层原因——质量竞争力不足。"

说到这里，他反问徐铮："你见到过不想把质量做好的企业老板吗？"

徐铮说："好像没见过。"

唐风说："有一次，我去走访一家生产电缆的供应商，我问这家供应商的老板：'刘总，去年贵司交付给我司的产品，有8批不良，

今年你希望有多少批？'他回答：'我当然希望是零批，但是做不到啊！'

"企业领导层希望把质量做好，但实际上又做不好，因为质量管理能力是一种组织能力，产品质量状况是组织能力的体现，产品质量问题绝非某些一线作业员工的个人问题。"

说完唐风打开下一页 PPT（见图 2-5），说："这是杨国安教授提出的杨三角模型，在他《组织能力的杨三角》一书中有详细阐述。

图 2-5　杨三角模型

"他认为，企业组织能力的建设，要从员工能力、员工思维和员工治理这三个维度来实施。

"我对他的观点很认可，组织的质量竞争力也离不开这三个维度的建设。

"比如说，我在考察供应商的质量管理水平时，很重视员工流动率这个指标。背后的考量是，如果一家企业的员工流动率过高，至少会带来两方面的负面影响。"

徐铮问："哪两个方面？"

唐风说："首先，员工能力得不到保证，无论有多么完善的上岗培训系统，都无法在员工大面积流失的情况下，保证员工具备足够的工作能力。

"其次，这反映出士气不足，也就是员工按要求做事的意愿较低。"

徐铮说："这个我理解，因为产品是由人做出来的，如果制造产品的人能力不足，且没有把工作一次做对的意愿，那么过程管理就没有了基础，产品质量必然得不到保证。"

唐风说："从宏观的层面来看，产品质量就是组织能力的一种体现。

"决定产品质量的，绝非个别人员的能力，而是一个团队甚至全体员工的工作表现。"

徐铮说："您说得对。"

唐风打开一页 PPT（见表 2-1），说："为了方便理解并提高实用性，我将克劳士比定义的质量竞争力用杨三角模型进行分解后得到了这个表，这就是我优化后的质量竞争力模型。

"对于一些规模较小的企业来说，质量问题为什么频频发生？原因很简单，除了核心人员外，大多数员工都存在能力不足的问题。"

表 2-1　质量竞争力模型

维度	内容
员工思维	管理层沟通与意识教育、质量政策（含质量方针）、质量文化建设、绩效考核与激励（质量 KPI，也就是关键绩效指标）、薪酬制度、晋升淘汰制度、PONC（不符合要求的代价）统计、一次做对率统计
员工能力	任职资格管理、人员招聘和培训、解决问题的能力、团队建设和后备力量培养、员工职业生涯规划、技术平台管理、项目管理能力
员工治理	领导力培养、组织架构优化（流程型组织建设）、流程管理（流程意识培养、管理职责、流程设计）、质量组织的定位、权责分配、供应商管理、软硬件设施建设、5S 管理、信息获得、知识管理

徐铮说："确实如此。"

唐风说："前些天，有一家公司的总经理来找我，希望我给他做个质量辅导。这家公司是生产储能变流器一类产品的，年销售额不到 1 亿元。

"我到现场后，他介绍说，客户经常反馈他们发货的产品存在螺钉没拧紧、机箱内掉螺钉等低级质量问题，为此他很苦恼。"

徐铮说："这个问题我也想知道答案。"

唐风说："通过调查我发现，他的工厂里只有 18 个操作员工，其中有 13 个是临时工，做满半年的只有 5 个人，员工技能严重不足。

"另外，由于大多数员工是从外包公司请来的临时工，按计件的方式发工资，这造成员工只关注产量，不注重质量。

"同时，公司没有专门的工艺工程师，导致工艺规范不完善，几乎没有书面的文件来指导员工作业。"

徐铮说："许多中小型民企的现状就是如此。"

唐风说："因此我认为，这些**低级质量问题发生的核心原因就是员工态度和能力存在问题**，当然公司的管理平台能力弱也是一个因素。"

徐铮说："我明白了，**过程质量不达标的深层原因是组织的质量竞争力不足**。"

唐风说："**决定企业质量竞争力高低的是什么？我认为是企业的质量领导力**。对于许多企业来说，规模小的问题只是暂时的，领导层对于质量管理的认知不正确才是必须要解决的问题。"

"那么，到底什么是质量领导力呢？"唐风若有所思地问。

徐铮说："很多人都讲质量领导力，但似乎一直没有讲清楚。"

唐风说："按我的理解，**质量领导力就是领导层组织制定正确的质量目标，并且带领团队达成质量目标的能力**。

"具体来说，包括以下几个关键因素：**质量认知、治理机制、经营理念、愿景使命、驱动变革、激励改进**等。

"康利得公司的这份质量总监的工作让我痛苦不堪，你知道为什么吗？"

徐铮说："愿闻其详。"

唐风说："在这家公司中工作了两年多的时间，我几乎每天都在煎熬中度过。

"每天要处理大量的客诉，还得面对数不清的质量异常。我去和董事长说，质量的本质是管理，应该统一质量认知，建立过程管理体系，这样才能彻底解决产品质量问题。

"听了我的话，他对我说："我们康利得的产品比较简单，不需要这么复杂的理论，你只要做好四个字，就能管理好质量。'"

"哪四个字呢？"

唐风说："就是'盯住'加'勤快'，要求质量部把所有的质量问题都盯住，不要让它们影响到的产品流向客户。

"最后他告诉我：'你不要一天到晚对我提这个要求提那个要求，我如何管公司与你如何管质量毫无关联！'"

徐铮说："估计很多老板都有这种想法。"

唐风说："这就是康利得领导层对于质量的认知，不管是客户投诉，还是产线异常，或者是来料不良，他们都会指着我说：'为什么公司的质量问题这么多，你这个质量总监是干什么吃的！'

"因为他们认为，公司质量问题多的根本原因是我负责的质量部没有盯住，我这个质量总监才是质量问题多的根源，有一次直接骂我，说我要把公司搞死。

"在领导层的这种质量认知下，公司的质量能改善吗？"

徐铮说："不可能。"

唐风说："我再谈谈经营理念对质量的影响，有一个故事很能说明问题。"

说到这里，唐风的思绪回到了12年前，这天唐风在和采购经理许聊天。

许对唐风说："我们老板和老板娘是多么精明的人，供应商想通过和我们公司做生意赚到钱，太难了！

"有一天，一个供应商找我要货款，催了很久，财务部就是不付。在忍无可忍的情况下，这个供应商的老板把我拉到董事长孙总的办公室，把我们拖延货款的事情向孙总投诉。

"孙总听完后，当着供应商的面把我臭骂了一顿，说：'人家供应商辛辛苦苦配合我们，赚点儿钱容易吗，你怎么能拖欠人家的货款呢？'

"在老板说这话时，我低着头一声不吭，等到供应商走后，老板立马拍拍我肩膀，对我说：'以前是怎么干的，以后还怎么干！'"

讲完这个故事后，唐风说："康利得公司的来料质量问题很多，我认为导致这一局面问题最大的就是老板和老板娘。

"老板娘主管财务，她最大的'爱好'就是找理由扣供应商的货款，有几次，一个供应商打电话给我，质问我为什么借质量问题扣他们的货款。"

徐铮说："民企中借质量问题扣供应商货款的事情并不罕见。"

唐风说："原来是老板娘听别人说，这个供应商出了质量问题，还未得到我这个质量总监的确认，她就下令把人家的货款给扣了。这样一来，这个供应商基本上不愿意配合我做质量改善。

"面对客户催促我们改进质量，公司一些高层管理者经常对我说，避重就轻，把问题糊弄过去就行了。"

徐铮说："我理解您当时的困境。"

唐风说："前些天，有家青岛的企业让我过去做调研，它的老板希望推行零缺陷管理。

"在与他交流后得知，他希望他的企业能成为中国制造的标杆，因此他愿意花费巨资来激励大家做质量变革，并且承诺要亲自参与。

"所以说，质量认知、治理机制、经营理念、愿景使命、驱动变革、激励改进这些因素决定了质量领导力，这些才是影响企业质量水平的最关键因素。"

唐风说："**产品质量如同前面所说的那棵树上的苹果，我们用苹果的大小来表示产品质量状况**，大苹果代表产品质量状况良好，反之，小苹果则代表产品质量状况不佳。

"那么，**直接决定苹果大小的要素是树枝的粗壮程度，树枝太细的话，无法承载大苹果，这个树枝就对应着企业的过程管理水平**。"

徐铮点头说："您说得很形象。"

唐风说："为什么有的公司产品质量问题频发？最直接的原因就是过程管理混乱。

"树枝为什么这么细？原因就是树干太细，无法支撑树枝的生长发育，这个树干就对应着组织的质量竞争力。"

徐铮说："这个容易理解。"

唐风说："组织的质量竞争力又取决于质量领导力，包括领导层的质量认知等多种因素。

"我的老东家 X 公司是著名的民企，获得过中国质量奖。"

徐铮说："我听说过，但我不知道它是如何把质量做到这一水平的？"

唐风说："事实上，20 年前我加入这家公司时，它的质量管理水平并不高，市场质量问题频发，老板说我们卖得越多亏得越多。

"当年公司搞了一个质量反思会，把因设计不良导致市场退货的产品当奖金发给研发人员。

"后来，在老板的推动下，公司发起零缺陷质量文化变革项目，要求每位员工把工作一次做对。

"这一切的改变，都是一把手亲自推动的结果。"

徐铮说："这个案例我在网上看过。"

唐风说："产生这个成功结果的因素是多方面的，公司的很多高管都说 X 公司的成功不是依靠技术，也不是依靠市场，更不是依靠资源，而是依靠领导层对人性的洞察和驾驭的成功。

"我认为，这一切都是领导力带来的。

"对于这棵质量树来说，质量领导力相当于这棵树的根，根系不发达，就难以给树干提供充足的营养，最终导致无法结出硕大的果实。"

徐铮说："太形象了。"

唐风说："这个框架揭示了质量管理的底层逻辑，作为一名质量负责人，要扭转质量状况，必须建立过程管理体系，提升过程管理的质量，而要做到这一点，则必须有组织地实施质量竞争力的建设。

"而要打造组织的质量竞争力，必须从根本上改变公司领导层对于质量的认知，提升质量领导力，否则即使有再好的质量改进工具和方法也无济于事。"

徐铮说："这个我有切实体会。"

唐风说："很多民企的老板会对质量总监说：'我把公司的质量工作全权委托给你了，你放心大胆去干，我会在后面全力支持你。'

"但是，这样的企业，其质量管理肯定是做不好的，因为质量是一把手工程。老板的这种做法，就像把自己的孩子交给别人去培养，如何能保证成材？"

徐铮说："您的比喻很形象。"

唐风说："20多年前我刚进入质量行业时，六西格玛质量管理在中国企业中很热门。

"我也花了大量时间去研究这些工具和方法，如SPC（统计过程控制）、FMEA（失效模式与结果分析）、DOE（试验设计）、MSA（测量系统分析）等，现在回过头来看，我觉得六西格玛的工具和方法是有用的。我在指导客户实施一次做对项目时，也会用到这些工具和方法，但是单靠这些工具和方法难以解决企业的质量困扰。"

徐铮说："我也有过类似的经历，但是不知道原因。"

唐风说："原因很简单，这些工具和方法只能解决过程管理层面的问题，不能解决质量竞争力和质量领导力这两方面更深层次的问题。

"但是我们众多的质量同行把主要的时间和精力用到工具和方法的研究上，而不去研究质量管理的系统逻辑，提升个人的影响力，研究方向错了，怎么能带领企业突破质量困境？"

说完，唐风打开下一页PPT（见表2-2）。

表2-2　零缺陷核心理念

零缺陷核心理念	内容
一个中心	第一次把正确的事情做正确
两块基石	成为有用的及可信赖的组织

零缺陷核心理念	内容
三种需要	财务是组织的血液，质量是组织的骨骼，关系是组织的灵魂，要帮助客户成功、帮助员工成功、帮助供应商成功
四项原则	质量是什么：质量是符合要求，而不是好
	如何获得质量：质量是由预防产生的，而不是检验
	工作的标准是什么：工作的标准是零缺陷，而不是差不多就行
	如何衡量质量：用财务结果即金钱来衡量质量，而不是妥协的指标
一个落地模式	所有的工作都是一个过程，过程的零缺陷带来结果的零缺陷

唐风接着说："我认为，在克劳士比的理论中，指导质量领导力建设的就是零缺陷核心理念，以及质量管理成熟度模型。

"一个中心指的是第一次把正确的事情做正确，这是企业的商业核心，也是推行零缺陷的目的和关注的焦点。

"我认为，一次做对包含三个层面的意思，首先是做正确的事情。

"爱必胜公司上市融资成功后，想收购一家企业。

"当时有两个选项，一个是 R 公司，专注于高端 LED 显示屏市场，另一个是 W 公司，专注于 LED 显示屏定制品市场。

"爱必胜的竞争对手 Z 公司，也参与了对这两家公司的收购谈判。

"最后爱必胜收购了 W 公司，Z 公司收购了 R 公司。"

徐铮说："我听说过这个故事，但是不了解前因后果。"

唐风说："五年以后，效果差异很大。

"爱必胜与 Z 公司的产品都面向中端品牌的客户，二者竞争激烈。

"爱必胜收购了 W 公司后，发现这是一件错误的事情，因为它与 W 公司无法形成品牌协同效应，无法产生 1 加 1 大于 2 的效果。因此，5 年后爱必胜不得不将 W 公司关闭，并支付员工的遣散费。

"反观 Z 公司，在收购了 R 公司后，形成了品牌高中配的局面，5 年后 R 公司成了 Z 公司的主要利润来源。

"因此，做正确的事情最重要。"

看徐铮在点头，唐风接着说：

"其次，是正确地做事情。"

徐铮说："这个问题太大了，请您解释一下。"

唐风说："如何正确地做事？对于一个组织，比如质量部、生产部、人力资源部这些职能部门，就是达成运营目标且完美支持公司战略目标实现。

"举例来说，今年公司的战略目标是成为某高端客户的供应商，对于质量部门来说，正确地做事就是要把质量水平提高到能满足这些高端客户的要求，从而支持业务部门实现公司的战略目标。"

徐铮说："这个我理解，但对个人来说，如何才算是正确地做事呢？"

唐风说："对于个人来说，就是用最优流程做事，在做事的过程中没有浪费且时效最高。

"最后是第一次就做对，且能次次做对，不返工不折腾，这是企业竞争力的来源。"

徐铮说："这个我认可。"

唐风说："两块基石指的是要成为有用和可信赖的组织，这是企业能够生存的基本条件，也是零缺陷能实现的基础。

"什么叫有用？就是以客户为中心，且以结果为导向。

"什么叫可信赖？就是说到做到且次次做到。

"要实现零缺陷，必须要有组织能力来保障，各级管理者必须持续打造本部门的组织能力。"

说到这里，唐风思考了一下，似乎在回忆往事，他接着说："9年前我入职一家企业，当时它的规模很小，我是厂长兼质量总监。

"手下的职员加起来不到20人，我每天非常忙，而且心里特别焦躁，因为异常太多了。"

徐铮说："为什么会这样？"

唐风说："这些职员来自五湖四海，能力参差不齐，没有共同的价值观。

"因为交付异常多，所以每天早上都要开会协调。

"会议经常是在平静中开始，在争吵中结束，有时还会拍桌子，双方把问题撂在那里不管，把我气坏了。

"这就是组织能力缺乏带来的恶果，别说是一次做对，就是完成基本的交付都很困难，客户说我们不值得信赖。"

徐铮说："这个我理解，对于客户来说，他们关注的是结果，你如果每次都能及时输出正确的结果给他们，他们就认为你有用且可信赖。"

唐风说："零缺陷实现的关键是将每一个业务过程都一次做对，那么如何做到这一点呢？零缺陷核心理念的四项原则就是过程一次做对的指导思想。

"但是员工为什么要去实现零缺陷呢？作为企业，必须要满足利益相关者的诉求。

"所以必须要帮助客户成功、帮助员工成功、帮助供应商成功，这是客户、员工、供应商的需要，也是企业发展的三大原动力。"

徐铮说："有的员工不干活却想要拿高工资，有的供应商交来的是不良品也要把钱拿走，这些不合理的诉求难道我们也要满足吗？"

唐风说："这当然不可能，我指的是要满足客户、员工和供应商的合理要求，实现互利互惠、互相尊重、关系融洽，核心思想是要处理好利益分配，这关乎组织文化建设的问题。

"一家企业没有文化，就如同人没有灵魂。"

徐铮说："我似乎明白了。"

唐风说："作为企业来说，经常会遇到一个问题，就是如何面对质量和交付、成本的冲突。"

徐铮说："这个冲突几乎是随时出现的。"

唐风说："交付和成本的背后是利润，是财务指标。"

徐铮说："对。"

唐风说："按零缺陷的理念，财务是组织的血液，质量是组织的骨骼，关系是组织的灵魂，三者都很重要。

"我在 X 公司时，老板经常说一句话，就是'质量是我们的尊严'。所以质量达标是原则和基础。没有质量，企业就患了软骨病，不可能走得远。

"质量不达标，即使实现了成本和交付的目标，也没有意义。"

徐铮说："零缺陷的这些核心理念我听明白了，那么质量管理成熟度模型为什么能有效指导质量领导力的建设？

"我以前听说过这个模型，但是没有彻底搞明白。"

唐风说："质量管理成熟度模型是克劳士比在 20 世纪提出来的，在他的《质量免费》一书中有详细的阐述。

"我认为，这个模型最大的作用，就是告诉企业的领导者，对于**处于不同成熟度阶段的企业，要采取不同的质量改进策略**。"

说完，唐风打开 PPT（见表 2-3），说："这是我优化后的质量管理成熟度模型。"

说到这里，唐风叹了口气，接着说："12 年前，在经历了 10 年的跨国企业 EE 公司的职业生涯后，我空降到康利得公司担任质量总监。

"当时 EE 公司的质量管理在电力电子行业中处于领先水平，我总想把 EE 公司那一套优秀的理念和方法在康利得公司中推行，通过优化过程管理来扭转公司的质量状况，但结果却是碰一鼻子灰，几乎所有部门领导都不支持我。"

徐铮说："我也有过类似的经历。"

唐风说："许多从大公司跳槽到中小型民企的质量总监，可能会跟我有同样的想法和做法，但肯定不会成功。

"质量管理成熟度模型，起到的是一个诊断和开药方的作用。"

见徐铮有些困惑，唐风说："当时的 EE 公司，其质量管理成熟度接近智慧期的水平，而康利得公司当时处在不确定期的水平，公司没有规范的流程和制度，纯粹采用游击队模式来管理质量。

"我想把智慧期企业的成功做法导入不确定期的企业，想法很好却不现实。

表 2-3　质量管理成熟度模型

评估项目	第一阶段：不确定期	第二阶段：觉醒期	第三阶段：启蒙期	第四阶段：智慧期	第五阶段：确定期
领导者的质量认知和对待质量的态度	不理解质量的本质是管理，将质量问题归咎于质量部门，只要不出大问题就不会关注质量	认识到质量有许多价值，但不愿亲自参与	参加质量改进活动，对质量管理有较多认识，并支持帮助项目团队实施质量改进项目	参加质量改进活动，完全了解质量管理基本原则，并充分认识到个人在质量持续改进中的角色	认为质量管理是公司管理系统中的基本部分
质量部在组织中的地位	质量部隶属于制造部门或工程部门；质量部的主要职责注重产品的评估和分类	任命强有力的质量负责人，但他的基本任务仍是保证生产顺畅，质量部的主要职责仍然是检验和救火	质量部直接向最高管理者汇报工作，所有评估行结果由其纳入正式报告，质量经理在公司管理层中有一定的地位	质量经理成为公司重要的一员，报告有效的工作情况，采取预防措施，参加与客户有关的事务及被指派的特别指示	质量经理在公司中的地位崇高，预防成为基本重点，质量被认为是公司的重要竞争手段
问题处理及流程建设	基于经验工作，没有质量管理体系，头痛医头、脚痛医脚，无法解决问题，也没有清楚的质量标准，组织内各部门扯皮，互相推诿责任	组织质量工作小组来解决重大问题，但却没有长远的整体处理问题的策略和方法，公司开始认真建设流程体系	建立通畅的纠错活动沟通渠道，公开面对问题并有计划地以目标思维进行解决，持续推动端到端流程优化	流程管理成熟度高，过程管理比较到位，问题在其发展初期就能被及时发现，所有部门都采取改进管理能力的行动	流程管理是行业标杆，过程管理能力极强，除了极少的例外，绝大多数问题都已被预先防范了
质量成本及质量目标管理	无质量报表，质量损失未知，质量目标还在嘴上	有质量成本报表，但数据只反映了小部分的质量损失，质量目标进行了分解和考核	质量成本报表持续改进，基于报表中的数据进行管理，质量目标设置较合理，且基于质量过程进行管理	质量成本报表接近真实结果，基于报表中的数据进行了有效管理，质量目标设置合理，且基于质量过程能力开展改进管理	质量成本报表真实反映质量损失，过程报表中的数据进行了有效管理，质量目标水平设置，且基于过程能力进行管理
质量改进活动	没有组织质量改进活动，也不了解这样的活动	"兴趣所致"时会尝试一些短暂的改进活动	完全了解并着落实每一个质量改进步骤，实际执行14个质量改进步骤	继续实施14个质量改进步骤，并开始向确定期迈进	质量改进是日常目标持续进行的活动
公司质量心态总论	"我们不知道为什么总是有质量问题，但是现状还可以接受。"	"如何改变现状，彻底解决这些乱七八糟的质量问题？"	"经过管理层达成共识，做出承诺和质量改进活动，我们已经能够确定并开始解决问题。"	"缺陷预防是我们日常工作的一部分。"	"我们知道为什么我们没有质量问题。"
质量管理特征	重视交付，成本和规模	重视产品质量及质量体系建设	重视质量文化建设与员工参与	重视过程改进与客户满意度	重视管理质量与客户体验

"一个高明的质量总监如同一个老中医，要精于号脉，只有号对脉才能开对药。

"否则，要么是药不对路，病人吃了没有效果，要么是病人不能坚持吃下去，同样没有效果。"

徐铮说："您比喻得很形象。"

唐风说："对于众多的中小民企来说，照搬照抄一些大公司的做法是不可取的，它们应该研究这些大公司的成长过程，了解它们的领导层在不同的阶段做了哪些事情，从而带领公司突破到下一阶段，这样的经验才具有借鉴意义。

"作为一名咨询顾问，我在为客户制定质量改进策略时，有一个基本的原则，叫实事求是。"

徐铮说："实事求是，我听得太多了。"

唐风说："毛泽东主席在《改造我们的学习》一文中解释了实事求是的内涵，'实事'就是客观存在着的一切事物，'是'就是客观事物的内部联系，即规律性，'求'就是我们去研究。

"我认为，质量管理成熟度模型能帮助企业认识质量改进的客观规律，并指导企业在不同时期制定合理的质量改进策略，从而踏踏实实去改进质量，而不是高谈阔论后胡乱变革，最后搞得一地鸡毛。"

徐铮说："您能否举个例子来说明？"

唐风说："还是说我的老东家 X 公司，它曾经获得了中国质量奖。

"但这绝非一朝一夕所能做到的，在 2000 年前，X 公司就导入了 ISO 9000 质量管理体系，认真制定了质量目标。

"当然，当时的质量管理水平不高，产品质量问题还很多，质量目标难以实现，质量管理成熟度总体处于不确定期的水平。"

徐铮说："他们后来做了什么？"

唐风说："在 2000 年，公司召开了一场质量反思会，老板问大家：'为什么我们卖得越多，亏得越多？'

"当时公司对于质量客诉有一条政策，就是谁造成的问题谁去市场处理，让责任人去感受来自客户的压力以及处理客诉过程中的艰辛。"

徐铮说："这个政策好。"

唐风说："在会上，老板让人把工程师处理客诉过程中产生的住宿、交通费发票裱起来颁给当事人。

"通过这一场场类似的活动，公司成功向全体员工传达了一个信息：公司非常重视质量，一定要把质量做好，目前的质量现状是公司不可接受的。

"这就是典型的觉醒期的表现。"

徐铮说："后续他们还有什么大动作？"

唐风说："为了持续提升质量，后来公司导入了 IPD（集成产品开发）、CMM（软件能力成熟度模型）、ISC（集成供应链），力图从流程体系建设的层面实现质量提升。"

徐铮说："这就够了吗？"

唐风说："后来公司意识到，如果员工对工作缺乏高标准的自我要求，再完善的流程体系也难以发挥其应有的作用。

"于是在 2007 年，公司启动了零缺陷质量文化变革项目，要求所有的中高级管理者必须参加研讨，达成共识，最后决定将零缺陷思想作为公司质量文化的核心，全面推进质量文化建设。"

徐铮说："这个我听说过。"

唐风说："此举帮助公司从觉醒期进入了启蒙期，后来又通过三化一稳定，即生产自动化、管理 IT 化、人员专业化、关键岗位人员稳定等项目，帮助公司进入质量管理的智慧期，向终极目标确定期迈进。

"因此，我认为 X 公司的每一步，都契合了质量管理成熟度进阶应有的节奏。"

徐铮说："原来如此。"

唐风说："做到这一切的关键，是老板亲力亲为地推动。

"因此我认为，**要做好质量管理，企业领导层必须要理解质量管理成熟度这个模型的背后逻辑，这样才能找到正确的质量提升道路。**"

徐铮说："这套质量管理成熟度理论是什么时候提出来的，今天还适用吗？"

唐风说："这个质量管理成熟度模型是 20 世纪提出来的，讲述质量管理的发展规律，这个理论提出的时间距今已有数十年之久，当时的情形与今天的企业管理现状应该有不小的差别，但经过几年的实践，我认为其核心思想放在今天仍然适用。

"如果一家企业没有明确的质量目标，或者为了应付客户，随便列出一些质量指标来凑数，也不做质量数据统计和衡量，老板对于质量的要求就是不要太差，也没有一套适用的流程管理体系来支持质量目标的实现，那么这家企业应该处在不确定期这个阶段。"

徐铮说："不确定期意味着质量状况一定很差吗？"

唐风说："如果其生产的产品工艺复杂，技术难度高，其产品质量问题一定比较多。反之，如果产品工艺简单，产品质量相对容易控制，其产品质量问题也不一定很多。"

徐铮说："我理解了，产品越复杂，对质量管理成熟度的要求越高。"

唐风说："我接触了太多的中小型民企，遇到这些民企的老板时，我喜欢问他们一个问题：'你们公司统计过订单客诉率，或者由于产品质量事故造成的质量损失吗？'

"让人遗憾的是，大多数的老板都告诉我没有统计。

"至于流程和体系，情况就更糟糕了，虽然这些企业大部分有 ISO 9000 证书，但是根本没有适用的流程体系，往往写的是一套，做的是另一套。"

徐铮说："这是事实。"

唐风说："从不确定期到觉醒期，再到启蒙期、智慧期和确定期的不断进阶，最核心的改变因素是领导层的质量认知、质量战略、质量文化建设、过程管理和流程端到端优化。

"古希腊哲学家亚里士多德提出，在任何一个系统中，都存在第一性原理，他指的是有一个基本的命题和假设，不能被忽视，也不能被违反。"

徐铮说："第一性原理，好多名人都推崇。"

唐风说："透过我 20 多年的质量生涯，我觉得前面所说的质量树，也就是我定义的一次做对模型，就是质量管理的第一性原理。

"要改变公司的质量状况，首先要改变领导者的质量认知，提升他的质量领导力，这是前提和基础。

"对于这些，你在工作中仔细去体会吧，这对一个质量负责人很重要，因为认知的层次决定你的人生高度。"

徐铮说："好的。"

唐风说："另外，关于质量管理与公司管理的关系，很多人都弄不明白。就像我以前在康利得公司时，老板甚至直接对我说：'我怎么管公司和你怎么管质量无关。'

"对于这个问题，我的看法是，质量管理是公司管理的一部分，质量竞争力说到底来自公司的组织能力。"

徐铮说："中国有句古话，大河有水小河满，是不是这个意思？"

唐风说："对，如果一家企业的战略方向不清晰，运营管理混乱，造成公司盈利能力弱，产品没有竞争力，那么质量管理一定无法做好，因为没有成功的基础。

"比如说，我在几家中小企业任质量总监，发现管理这些公司的供应商质量是令人头痛的事情。"

徐铮说："对此我也头痛。"

唐风说："原因很简单，供应链上的企业之间是以利益为纽带来实现合作的，企业的规模太小，能提供给供应商的利益就不多，人家凭什么要配合你的要求改变自身呢？

"但是很多老板在面对供应商的来料质量低下等问题时，很少从这方面来考虑问题，而只是一味地指责质量部门没有做好对供应商的管理，这就是质量领导力不足的表现。

"我认为，决定公司质量管理水平的核心要素是领导层对于质量的认知。

"网上有一个观点认为，一个组织的能力与其管理者的能力是正相关的，对此我很认可。"

徐铮说："这下我全明白了。"

唐风说："质量管理与其他业务，如战略管理、市场营销、研发管理、财务管理、人力资源管理、供应链管理等密不可分，因此我们不要人为地将质量管理与其他业务割裂开来。

"质量部门最大的优势在于对企业运营全局性的认知，对业务流程的理解，它应该用过程管理这种方法去给其他业务部门赋能，用一次做对的理念指导其他部门建立正确的工作文化，实现全员全过程的一次做对。"

最后，唐风说："作为一个质量顾问，我计划用这套理论去指导客户推进一次做对质量文化的建设，打造一次做对管理系统，目前手头正好有一个咨询项目，振中科技已与我签订了合同，计划两周后正式启动，这正是我最想要的试验场。"

―― 本章点评 ―――――――――――――――――――――――――

● 如何在系统层面提升质量，实现一次做对？

系统层面一次做对的核心是过程能力建设、质量竞争力建设和质量领导力提升，质量系统思维解决的是如何实现质量目标、如何实现全员全过程一次做对的问题。

实践篇

Practice
section

一次做对质量变革之路

一

{第三章}

育 人 造 物

如何制订一次做对质量文化变革实施方案？

两周后，唐风来到了振中科技，与质量部部长巩固等人讨论一次做对质量文化变革项目的试点项目选择方案，讨论结束后他回到酒店，回想起这个项目一路走来的历程，他百感交集。

半年前的一天，唐风接到一个电话："请问您是唐老师吗？我是振中科技集团人力资源部的冯洋，之前加了您的微信。

"最近我们的总经理读了您的书，很受启发，想邀请您到振中科技给管理层做一个培训，讲讲一次做对质量管理落地方法，不知您是否方便？"

唐风问："贵司多大规模，主要生产什么产品？"

冯洋回答："我们是装备制造行业，产品主要用于采矿，集团的员工数量大约 5000 人，年销售额近 200 亿元。"

唐风说："好，我很乐意来贵司交流。"

一个月后，唐风来到了振中科技，在质量部部长巩固的陪同下，见到了总经理郑仁刚。

一见面，郑仁刚就拿来一本书，对唐风说："我喜欢读书，也去做过全面质量管理的宣讲，您的这本炼成记是我读过的质量管理方面最好的书，有理念、有方法、有案例，给了我很大的启发，几乎每一页内容都让我受益匪浅。"

说完，他一页一页地翻开书，每一页上都画满了各种颜色的线条，并且还在边上做了大量的批注。

唐风笑着说："谢谢郑总的认可，看来您真是我的铁杆粉丝啊。"

巩固对唐风说："郑总要求我们公司所有的管理者都要读您的书，我们公司总共有数百人购买了您的书，并在读书会上分享了读书心得。"

郑仁刚问唐风："唐老师，您现在主要从事什么工作啊？"

唐风说："我从去年8月起又转回来做咨询了，这也是我多年来的夙愿。

"13年前，通过北京一家顾问公司，我第一次正式接触到了美国质量大师克劳士比的零缺陷管理理念。

"我非常认可这个理念，我认为工作就应该一次做对，这样成本最低，客户满意度最高。

"但是如何将这套理念与企业的实际情况相结合，在企业中落地呢？"

见郑仁刚听得很专注，唐风继续说："对于这个问题，我当时并没有答案，后来我去北京的这家顾问公司担任零缺陷咨询顾问，希望通过项目实践来深入理解零缺陷管理的运行逻辑，但是由于各种原因，这个目标并没有实现。零缺陷管理对我来说，依旧是雾里看花。

"离开这家顾问公司后，我先后在三家企业任质量总监，将学到的零缺陷管理理论与企业实践相结合，解决企业面临的实际问题。历经13年，我自认为已经得偿所愿，掌握了零缺陷管理的内在运行逻辑，于是重出江湖，再度进入咨询管理行业。"

郑仁刚说："欢迎您来给我们公司当老师，指导我们推动一次做对质量文化变革。麻烦您针对我司的情况，做一个推进方案，具体需要可与质量部的体系工程师张彤彤对接。"

回到家以后，唐风要求张彤彤提供以下资料：

公司组织架构图及质量部组织架构图、人员配置清单；

基于产品实现的过程关系图；

近期的质量月报 3 份；

重大质量事故的处理报告 3 份；

本年度的质量目标达成情况及 1 份质量成本报表；

3 份典型的供应商来料质量问题改进报告。

又过了 1 个月，唐风再度来到振中科技，这次他的目的不是培训，而是向巩固等人讲解一次做对质量文化变革推进方案。

唐风打开 PPT，开始讲解："通过对我两本书的集体学习，目前振中科技员工认同一次做对的理念，但是未能掌握落地的方法。核心问题就是过程管理比较粗放导致过程能力不足，表现出来就是研发可靠性设计、BOM（物料清单）及变更问题较多，生产问题重复发生率较高、来料存在较多的质量异常。

"这些是我从贵司提供的质量月报中发现的。"

讲完后，唐风问大家："对于我的观点，大家有不同的意见吗？"

"没有。"在场人员均点头。

唐风接着说："所以，本项目的核心是将一次做对的理念融入每位员工的工作，让员工掌握一次做对的方法并落实到位，实现全员全过程一次做对，在此过程中形成公司的质量文化。"

张彤彤说："我们都很想把工作一次做对，但是一直找不到落地的方法，所以请您讲解时详细一些。"

唐风打开下一页 PPT，说："我们这个项目的总体思路有四点。

"第一，以质量问题点及绩效数据的分析为牵引，将问题回归到初发地。

"也就是说，要将问题和质量损失进行定位，找到产生问题和损失的业务过程。

"通过问题和数据分析汇总，我们就能找到那些能力严重不足的瓶颈过程，这些过程是改进的重点。"

巩固说："这个我理解。"

唐风说："第二，突出重点，以项目梳理关键业务过程，以零缺陷过程方法来提升过程能力，取得成功后全面推广。

"基于过程能力和过程管理成熟度来提升质量，是我们一次做对质量文化变革项目推进的重要抓手。"

唐风接着问大家："有疑问吗？"

下面的人回答："没有。"

唐风说："第三，通过高层参与、管理层承诺推进一次做对质量文化的建设，让一次做对成为振中科技全体员工的质量文化。"

唐风停顿了一下，说："文化的变革如同扫楼梯，是自上而下的。创建质量文化，管理层的公开承诺和亲自参与至关重要，而且必须是持续的参与。

"第四，通过员工能力、员工思维和员工治理三方面推进质量竞争力的建设，进而提升企业核心竞争力。

"这三个方面具体如何做，我稍后会介绍。"

说到这里，唐风问大家："针对这四点，大家有没有不同意见？"

巩固说："自从去年郑总读了您的炼成记后，公司的运营管理部就组织我们着手进行过程能力建设，但是对于如何运用零缺陷的理念和方法来做这个事情，我们还有些困惑。"

唐风说："没有关系，通过试点项目，大家就会明白怎么做了。"

看大家没有疑问，唐风继续说："质量文化是个看不见的东西，如何判断它是否成功变革了呢？

"这就是我下面要说的内容：项目关注的焦点。

"我认为焦点有三个，第一个是过程能力提升和管理成熟度改善。"

说完，唐风打开PPT，对着PPT中的表格（见表3-1）进行讲解："这是我从一本书上摘录下来的内容，它对过程管理的成熟度级别做了界定。

表 3-1　过程管理成熟度级别

过程管理 成熟度级别	定义
经验级	企业管理没有采取系统方法，没有结果或结果不好，处于非预期结果阶段，充满突发性错误，危机四伏，管理人员"忙"而"盲"
职能级	能对管理运作过程中遇到的问题做出反应，但处于就事论事阶段，只是基于问题来反应，改进的结果很少以数据或总结形式来反映解决的方法和过程
规范级	管理系统基于过程方法的应用，管理体系有相对完整的规划性，但处于系统改进的初级阶段，可获得是否达成目标的数据和反映改进趋势方面的信息
绩效级	分析、确认上下游工作的需求，并对过程进行不断改进，保证结果良好且保持改进趋势
标杆级	改进已经成为全体员工的习惯，最佳的综合改进过程，证实达到了最好的结果

"根据我和贵司前期的交流，我觉得贵司目前应该处于职能级和规范级之间，大家认可吗？"

看大家还有些疑惑，唐风解释道："贵司有质量月报，对质量问题和损失做了统计，但是解决问题的方式还是就事论事，没有把问题和损失进行过程定位，进而找到待改进的业务过程，通过提升过程能力来彻底解决这些问题。"

巩固说："我认可您的意见，我认为我们的质量问题重复发生率高，是我们解决问题的方式造成的，我们目前的确处于职能级和规范级之间。"

唐风说："焦点之二就是质量文化建设，这对于管理者和员工的要求有些许不同。"

唐风指着 PPT 说："作为一名管理者，对于每一件工作，都要做到以下 4 点。

"1. 接到任务时认真识别要求，安排工作时明确说明要求，确保自己和自己部门的工作输出满足内外部的要求。

"2. 高度重视过程管理，认真识别和管理自己部门负责和参与的每一个业务过程，主动识别过程风险，预防问题发生。

"3. 不害怕错误、不接受错误、不放过错误，力求一次做对。

"4. 对自己和自己部门的工作输出负责任，出现问题时认真分析，找出原因，避免再犯。"

唐风解释："**一次做对质量文化变革的核心在于管理者的思想转变**，如果我们的管理者能做到这 4 点，工作中出问题后向内看，找到根本原因并彻底解决，实现不二过，一次做对就不是空话。

"对于一线的作业员工和工程师们，我也有 4 点要求。"唐风打开下一页 PPT 进行解释。

"1. 接到任务后，仔仔细细识别要求，确保对工作要求完全理解。

"2. 主动识别可能导致自己无法一次做对的风险因素，及时报告给主管，并制定相应对策，预防问题发生。

"3. 不害怕错误、不接受错误、不放过错误，力求一次做对。

"4. 对自己的工作输出负责任，出现问题时认真分析，找出原因，避免再犯。"

唐风念完后，接着又说："梁晓声先生有段关于文化的精彩阐述，原话是'根植于内心的修养、无需提醒的自觉、以约束为前提的自由、为别人着想的善良'，我对此很认可。如果每一位员工都认可且在日常工作中做到了这 4 点，我相信贵司的质量文化会真正建立起来，产品质量问题也会得到彻底解决，大家认可吗？"

"认可。"在场人员均点头。

唐风说："焦点之三就是质量竞争力的建设。"说完后打开下一页 PPT 进行讲解："质量竞争力的建设，要从员工思维、员工能力和员工治理三个维度来开展，这部分内容比较多，我简单介绍一下。"

唐风接着说："举个例子，我在爱必胜公司担任质量总监时，遇到过一个非常棘手的问题。

"爱必胜是一家专业生产 LED 显示屏的公司，显示屏有种缺陷叫阴阳色，比如白屏时从左边看过去感觉屏比较暗，而从右边看过去感觉比较亮。

"这个问题是随机出现的，我们一直没有弄明白它的形成机理，遇到问题时要么让步放行，等着售出后客户来投诉，要么把产品报废，这会造成巨大损失且无法按时交付。"

说完后唐风见大家理解了，继续说："后来，在我的组织和推动下，工程师终于弄清了形成机理，最后通过优化焊盘设计和锡膏印刷解决了这个问题。

"一句话，这个问题的核心是 LED 灯珠焊接的技术能力不足。

"为什么许多企业质量问题频发？员工能力不足是一个重要原因。"

唐风打开下一页 PPT，说："变革成功的关键是各级领导层不仅要口头支持，而且需要参与以下事务。

"第一，目标设置和衡量。

"一次做对质量文化变革是以项目的方式开展的，有一个正确的目标很重要。

"第二，关键的准备工作，包括奖励、资源提供和考核方案制定。

"第三，沟通和教育，领导层要带头参加培训，以此推动全员参与。

"第四，审查批准改进计划，而不是放任下面人随意去做。

"第五，实施过程中的监控，不达标时要及时采取措施。"

巩固说："这个我们认可。"

唐风打开下一页 PPT（见图 3-1），指着 PPT 进行讲解："这套方案总共有 14 个步骤，分为两个阶段来开展。

"第一阶段是前面六个步骤，着眼点是目前的一些重点质量问题，将零缺陷四项基本原则和过程方法运用到实践中，解决这些重点问题，形成改进样板。

"第二阶段是从第七个步骤到第十三个步骤，第十四个步骤是从头再来，如同铺路，一块砖挨着一块砖，不停地往下铺。

"这个活动循环往复，只有开始，没有结束。"

巩固说："也就是说，质量文化变革是一个长期项目。"

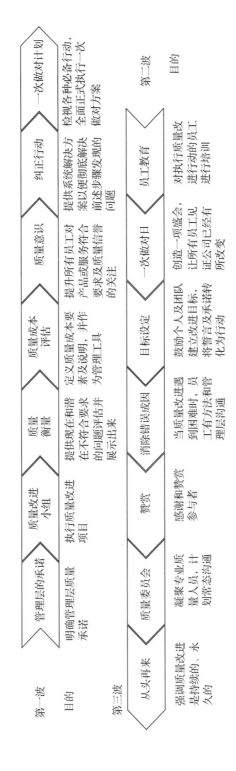

图 3-1 质量文化建设 14 步法

唐风说："对，所有步骤可归纳为三类。

"第一类是决心，包括管理层的承诺、一次做对计划、一次做对日和从头再来。

"第二类是团队，包括质量改进小组、质量意识、员工教育、目标设定、质量委员会这几个步骤。

"第三类是制度，包括质量衡量、质量成本评估、纠正行动、消除错误成因、赞赏。"

巩固说："如何才能落地？"

唐风说："具体每个步骤如何实施，在项目启动后我会详细讲解。

"第一轮和第二轮项目以解决产品重点质量问题和提升过程能力为主，第三轮项目开始提升组织的质量竞争力，在此过程中培养干部及员工的质量意识，并提升过程管理的水平。

"还有，我们这个项目以克劳士比的 4P 模型为指导，具体就是：根据公司政策制定项目目标、目标推动人的态度和能力提升，进而提升过程能力，最后实现绩效的提升。"

唐风见大家仍有些困惑，于是说："比如，我在爱必胜公司推动一次做对项目时，我们所有项目目标的设置都有一个原则，就是在原基础上至少改善 50%，不与参与人员讨价还价，这就是政策的威力。"

看无人提出异议，唐风打开下一页 PPT（见图 3-2）继续介绍："一次做对质量文化变革项目是一个群众性项目，我们使用的工具非常简单，就是过程模式作业表，**通过把每一个过程一次做对、次次做对，来实现产品和工作的零缺陷。**

"这个工具据说是克劳士比亲自开发出来的，我对它的研究使用已经超过 10 年了，绝大多数的产品质量问题都可以基于这种方法来解决。

"这个工具的特点是简单、可行、易传播，它也是零缺陷管理落地的核心工具。"

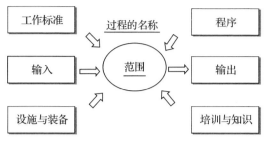

图 3-2　过程模式作业表

　　接下来，唐风又介绍了项目的详细计划，得到了与会人员的认可。

　　会议结束后，巩固将唐风带到了总经理郑仁刚的办公室中。

　　郑仁刚对唐风说："唐老师，我请您来指导我们公司推动一次做对质量文化变革项目，并不是因为我们公司的质量做得不好。

　　"事实上，我们是行业龙头企业，我们的产品质量赢得了众多国内外客户的赞誉，我们采用差异化的市场竞争策略，从不搞低价中标。

　　"我希望通过这个项目进一步拉开我司与其他竞争对手的差距，增强我司的质量竞争力和成本竞争力，因为**一次做对意味着成本最低、客户满意度最高**。"

　　唐风说："您真是我的知音啊。"

　　郑仁刚说："我的要求，就是要实现销售一次做对、产品一次做对、服务一次做对。

　　"这样一来，我们才能进一步得到客户的认可，成为一个有用和可信赖的供应商。

　　"只有这样，客户才会给我们订单，我们的员工才能拿到工资，养家糊口。"

　　唐风说："您说得很实际。"

　　郑仁刚说："要做到这些，必须进行过程管理能力建设，让过程有标准、有责任人、有结果、有竞争力。

"在过程能力建设的过程中，人是我们关注的焦点。

"我想通过这个项目，让员工理解一次做对的精髓，认同一次做对的理念，掌握一次做对的方法，成为对家庭、对企业、对社会都有用的人。"

接着，他话锋一转，继续说："因此，我们这个项目的核心目标是**育人造物**。

"如果我们把一次做对的文化氛围营造好，教会了员工一次做对的方法，为员工提供自我提升的通道，让一次做对成为振中科技的质量文化，那么我们的产品质量问题自然会得到解决。

"对于这些困扰我们的产品质量问题，员工会找到更好的方法去解决，毕竟相对我们这些管理者，一线员工更了解现场的实际情况。"

唐风说："我完全认可您的意见，我们接下来的每一期项目，除了实现目标外，还有一个重点，就是**项目组主要参与人员要通过一次做对推进师的毕业答辩，确保他们具备独立推动一次做对项目的能力**。

"另外，经过这段时间的走访调研，我对贵司的质量管理成熟度做了一个诊断，在此向您做个汇报，希望与您达成共识，这对我们这个项目的整体规划很重要。"

说完，唐风打开电脑投屏（见表3-2）并开始解释："这个模型是从7个维度来对企业的质量管理水平进行诊断的。

"第1个维度是领导者的质量管理认知和对待质量的态度，这是7个维度中最重要的一个。

"许多企业在更换领导者后，质量水平出现了倒退，根本原因就是这个。

"通过我们前期的沟通，我觉得您作为公司一把手，对质量管理有较多认识，主动参加质量改进计划，支持和协助项目团队实施质量改进项目，这一项得3分。"

郑仁刚点头："我认可。"

表 3-2 质量管理成熟度诊断结果

评估项目	第一阶段：不确定期	第二阶段：觉醒期	第三阶段：启蒙期	第四阶段：智慧期	第五阶段：确定期
领导者对的质量管理认知和对待质量的态度	不理解质量管理，将质量问题归咎于质量部门，只要不出大问题就不会关注质量	认识到质量管理或许有价值，但不愿意亲自参与	参加质量改进计划，对质量管理有较多认识，并支持和协助项目个人在质量改进项目	参加质量改进活动，完全了解质量管理基本原则，并充分认识到个人在质量持续改进中的角色	认为质量管理是公司管理系统中的基本部分
质量部在组织中的地位	质量部隶属于制造部门或工程部门，质量部门的主要职能是检验，比较注重产品的评估和分类	任命强有力的质量负责人，但他的基本任务仍是保证生产顺畅，质量部仍然注重产品的评估和分类	质量部直接向最高管理者汇报工作，所有评估结果纳入正式报告，质量经理在公司管理层中有一定的地位	质量经理成为公司重要的一员，报告有效的工作情况，采取预防措施，参加与客户有关的事务及指派指派的特别的活动	质量经理在公司中的地位崇高，预防成为基本重点，质量被认为是公司的重要竞争手段
问题处理及流程建设	基于经验主义工作，头痛医头，脚痛医脚，无法解决问题，也没有真正的质量标准，组织内各部门互相推卸责任	组织解决质量工作小组来解决重大问题，但却没有长远的质量管理方法，公司开始建设流程体系	建立通畅的纠错活动沟通渠道，公开面对问题，并有计划地以过程维以持续推动端到端流程优化	流程管理比较成熟度高，问题在其发展初期就能被及时发现，所有部门都基于过程能力采取改进行动	流程管理是行业标杆，过程管理能力极强，除了极少的例外，绝大多数问题都已被预先防范了
质量成本及质量目标管理	无质量成本报表，质量损失在成本报表上难以体现	有质量成本报表，但质量数据只反映外部的质量损失，对质量目标进行了分解和考核	质量成本报表持续优化，基于报表中的数据设置行管理，质量目标较合理，且基于过程能力进行管理	质量成本报表接近真实结果，基于报表进行了有效管理，质量目标设置合理，且基于过程能力进行管理	质量成本报表真实反映质量损失，基于报表进行了有效管理，质量目标水平设置过程能力进行管理
质量改进活动	没有组织质量改进活动，也不了解这样的活动	"兴趣所致"时会尝试一些短期的改进活动	完全了解并落实每一个质量改进步骤，实际执行14个质量改进步骤	继续实施 14 个质量改进步骤，并开始走向确定期	质量改进是日常目持续进行的活动
公司质量心态总论	"我们不知道为什么总是有质量问题，但是现状还可以接受。"	"如何改变现状，彻底解决这些乱糟糟的质量问题？"	"经过管理层达成共识，做出承诺和质量改进活动，开始解决我们的质量问题。"	"缺陷预防是我们日常工作的一部分。"	"我们知道为什么我们没有质量问题。"
质量管理特征	重视交付，成本和规模	重视产品质量及质量体系建设	重视质量及质量文化建设与员工参与	重视过程质量改进与客户满意度	重视管理质量与客户体验

唐风接着说:"第 2 个维度是质量部在组织中的地位,通过调查质量部的组织架构和人员配置,我感觉贵司质量部的主要职能还是以救火为主,目标是保证生产顺畅并快速处理客诉,这一点我与张彤彤沟通过,她认可我的意见,所以这一项得 2 分。"

郑仁刚说:"您说得很对。"

唐风说:"第 3 个维度是问题处理及流程建设,通过分析质量月报和问题处理报告,我发现贵司很少从过程能力这个维度来定位和解决质量问题,公司整体流程没有梳理清楚,流程管理水平不高,因此这一项我给 1 ~ 1.5 分。"

见郑仁刚点头,唐风接着说:"第 4 个维度是质量成本及质量目标管理,贵司对质量目标进行了分解和考核,有质量成本报表及质量月报,对重大问题进行了分析,但数据只反馈了小部分的质量损失,此项得 2 分。

"第 5 个维度是质量改进活动,我通过张彤彤了解到,贵司偶尔会搞一些质量月之类的改善活动,但没有系统性也没有持续去做,此项得 2 分。"

郑仁刚点头:"您说得对。"

唐风说:"第 6 个维度是公司质量心态总论,总体来说,贵司的高中层管理者都有改进的欲望,但对于如何行动既没有共识,也没有承诺,此项得 2 分。

"第 7 个维度是质量管理特征,总体来说,公司还是重视质量的,也愿意做质量体系建设。

"7 个维度平均下来,贵司总体得 2 分,处于典型的觉醒期。"

郑仁刚点头:"我认可您的结论。"

唐风说:"按我的经验,要将质量做到让客户满意,贵司的质量管理成熟度至少要达到 4 分,如果要成为世界范围内的行业标杆,则需要达到 4.5 分以上,这就是我们努力的方向。"

郑仁刚说:"唐老师,您真的很专业,用这么短的时间,能将我们的问题定位得这么清楚，真不容易。

"我大学一毕业就来到了振中科技工作，迄今为止已经39年了。

"我对这个企业非常有感情，希望在退休之前能为它做点儿什么。

"我希望借助这个项目把我们振中科技打造为一个具备一次做对工作文化的企业，实现基业长青，成为国内本行业质量的标杆。所以这个项目对我们很重要，拜托唐老师了。"

唐风说："您放心，我一定会尽心尽力去做好这个项目。接下来，我们需要选择第一期的试点项目，我说说试点项目的选择原则，供您参考。

"首先，项目必须具备一定的示范效应，也就是说项目的输出成果有较大的经济价值。

"**其次，项目周期不能太长，项目成果易于统计，反馈时间短。**如果我们通过某个项目解决了一个问题，但其成果几年后才能在市场上验证，则该项目的选择不合适。

"另外，试点项目以优化管理为主，需要在短期内完成，因此不宜选择技术难度太大的。"

—— **本章点评** ————————————————————

● **如何制订一次做对质量文化变革实施方案?**

以一次做对模型为指导，以质量文化建设14步法为实施指南，从产品质量、过程质量、质量竞争力和质量领导力四个层面来制订。

{第四章}

启 动 大 会

如何让管理层以身作则推动质量文化变革？

唐风进驻一个月后，振中科技举行了公司历史上的第一次质量文化变革项目启动会。

唐风作为指导老师，与振中科技总经理郑仁刚一起上台为项目启动进行剪彩。

剪彩结束后，郑仁刚留在台上发表主题演讲。

他说："振中科技在国内外市场上乘风破浪，产值、产量也屡创新高，市场份额多年蝉联第一。为了达到下一步的发展目标，公司确立了成套化、智能化、国际化和服务化的发展战略，这就需要我们打造强势质量竞争力，与竞争对手拉开差距，为实现目标提供保障。参与建设质量强国、打造质量强企，是振中科技的历史使命。

"我们在行业内实现了量的第一，但是不敢拍着胸脯向客户保证我们是质的第一。"

说到这里，郑仁刚清了清嗓子，继续说："从最近一些海外客户的质量投诉来看，产品的质量问题严重制约了公司国际化发展战略的实现，在质量这一方面，我们与世界范围内的行业头部竞争对手还有差距。

"我们第一个出海的重大项目就因为焊接质量不达标，被客户勒令整改，给公司造成了重大损失，并且后续有可能进一步带来商务风险，这是一个严重的警告。"

他扫视全场，接着说："因为国内市场发展空间有限，要实现经营目标，公司必须往海外发展，所以快速提升质量管理水平是我们公司的一项战略性工作，是促进公司战略目标实现的重大举措。

"唐老师最近在一线调研，与各单位沟通后发现，我们的员工在质量意识上存在以下七个突出的问题。

"1. 一线员工认为如果小问题不影响客户使用的话，你们质量部迟早会让步放行，所以出点儿小错不算什么；管理人员认为只要不影响产品可靠性，都可让步放行，形成相互依赖的心理。

"2. 认为一点儿小问题客户发现不了，你们质量部不应该揪住不放。

"3. 口头上质量第一，实际上交付第一。

"4. 自己的工作输出有问题，但这都是别的工序导致的，所以出了问题质量部不应该来找自己。

"5. 正常情况下会按规范认真做事，但是与进度冲突时，可能会选择跳过一些流程，因为认为这样做也不会产生客诉。

"6. 产品是由质量部检验过的，出了问题不关自己的事，应该由质量部负责，至少在挨处罚的时候把质量部也一起捎上。

"7. 做工作差不多就行了，一次做对不切实际，要求太高，根本没有可能实现。

"在让步放行上，去年全年共开单办理880起，还有很多质量问题是在现场直接让步、私自返修或者通过其他途径非正常转序的，种种现象都在损害振中科技的品牌，削弱产品的质量竞争力。

"我认为这些问题不是员工的问题，而是我们管理者的问题。"

说到这里，郑仁刚朝唐风的方向看了一眼，继续说："在事实面前，我们需要有面对现实的勇气和大刀阔斧改革的魄力，在此对在座各级领导干部提出以下要求：

"1. 言行一致，不能口头上'质量第一'，实际上'交付第一'。

"2. 认真对待质量标准，面对不合格决不妥协，尤其是在会议、活动等公开场合。

"3. 旗帜鲜明地强调'一次做对'并身体力行，切实履行。

"4. 为员工提供足够的资源，帮助员工实现一次做对，对于不利于引导员工一次做对的制度进行修正。

"同时，作为公司总经理，我做出个人承诺：

"从我出发，以上四条，我在此郑重做出承诺并表达绝不妥协的立场。

"在机制变革上，让步放行原则上要全部取消。

"标准过于严格的需要修改标准。

"返修能够合格的必须实施返修。

"极少数特殊情况下让步放行的：员工态度问题造成让步放行的，追究其领导的责任；设备能力达不到需求造成让步放行的，立项予以解决。"

说完这些，郑仁刚暂停了一下，继续说道："振中科技正处于质量文化变革的关键阶段，这是一场攻坚战，也是一场持久战。我们要持续推进过程能力建设，将一次做对工作标准落实到每一项工作中，在产品设计、制造和服务中契合用户需求，践行'产品为王、质量第一、一次做对、次次做对'的文化理念。在座的各级领导干部都要起到模范带头作用，做管理上的先行者，当文化上的培育者，打造一次做对的氛围，让一次做对成为信仰。"

最后，郑仁刚当场宣读了对项目总监巩固、项目管理办主任张彤彤和其他项目成员的任命，同时宣布聘请唐风担任项目指导老师。

唐风听着郑仁刚的发言，内心百感交集："终于走上正轨了！"

往事如同电影，一幕幕闪过心头。

唐风入驻振中科技后，开始着手选定试点项目，确定了项目范围和目标，组织各小组迅速组建项目团队。

接下来，唐风给各个项目小组召开了单独的研讨会，主题只有一个："如何促使员工一次做对？"

他选择第一个和总装厂交检合格率改进小组开研讨会，因为总装厂是生产的最后一关，几乎所有的问题都在这里暴露。

唐风的第一个问题是："**员工为什么会犯错？**"

小组成员纷纷发言，最后唐风总结了大家的观点："根据大家的发言，我总结出了三大原因。

"第一是态度。如果员工采取双重工作标准，疏于律己，严于待人，出现错误后向外看，不认真分析，不努力补救，而是想方设法把责任推卸出去，那么错误一定会重复发生。

"第二是能力。许多中小企业质量问题多，其中一个重要原因是缺乏上岗培训考核体系。员工'跑步'上岗，造成能力不足，这样质量问题就难以避免。

"第三是支持。这里面的因素很多，包括直接领导的支持、公司的软硬件设施、流程设计、供应商管理等，都会影响员工的工作结果。

"在三个因素之中，态度是核心，如果态度足够，很多问题都是可以解决的。"

看到与会人员纷纷点头，唐风接着说："我举一个案例。在网上有一个死亡试验，科学家将一只老鼠丢进一个装满水的大玻璃缸中，老鼠入水后拼命想爬出去，但缸内表面很光滑，老鼠只能在缸中扑腾。

"随着时间的流逝，老鼠的体力一点一点地消耗，最后沉下去了，这个过程大约是15分钟。

"这个时候，科学家及时将它捞了出来，把它的身体吹干，喂给它食物，让它恢复体力。

"然后，又将它丢进原来的玻璃缸中，老鼠又开始扑腾，直到体力不支，最终沉入水底淹死。"

唐风问大家："请猜一猜，这次老鼠扑腾了多长时间？"

大家七嘴八舌，有的说 15 分钟，有的说 1 小时，有的说 5 分钟。

唐风公布答案："60 个小时，后者是前者的 240 倍。"

唐风接着问："为什么前后两次老鼠的表现存在如此大的差异？"

看大家一脸困惑，他接着说："原因很简单，老鼠在第二次被丢进缸后，认为一定会像第一次一样，有人来再次救它出去，所以一直在拼命游，希望有人来再次救它。

"这就是努力与不努力的区别。"

看着大家都点头，唐风问：**"影响工作态度的因素有哪些？请大家讨论。"**

说完后，他在白板上画了一个坐标轴，横轴代表不确定性，容易控制的往左排，难以控制的往右排。纵轴代表产生的影响，影响大的往上排，影响小的往下排。

经过讨论，大家发现，影响员工工作态度的因素有很多：荣誉、信念、习惯、价值观、工资奖金、权力、工作的意义、工作氛围、合理且有挑战性的目标、情绪、上级的要求、工作的难度、责任心、工作环境、上级的关爱、及时反馈、劳动强度、工作认可度。

唐风说："我认为这些因素总结起来，主要可以分为两类。

"第一类是信念，就是员工是不是相信自己能一次做对。

"第二类是动机，就是驱动员工一次做对的动力。

《魔鬼经济学》一书中说动机是现代生活的基石，理解动机或者找出人们真正的动机，几乎是解决所有问题的关键。

"作者认为，人类有三种最基本的动机。

"第一种是经济动机，就是人们不愿意损失金钱，总想多挣钱，多拿好处。

"第二种是社会动机，包含归属感、理解与被理解、权力感、被重视、被尊重这些内容。

"第三种是道德动机，就是人们不愿意去做一些自己认为错误的事情。"

看大家有些困惑，唐风接着说："我以前住在深圳宝安，我家附近有一个地点，叫零丁洋，大家应该听说过。

"因为有一首诗叫《过零丁洋》，是南宋爱国诗人文天祥写的，其中有两句脍炙人口的名句，'人生自古谁无死？留取丹心照汗青'。

"试问，为什么文天祥被俘后，在面对元朝许诺高官厚禄的诱惑时，宁愿被杀头也不投降呢？

"因为他认为，投降是可耻的行为。

"所以一次做对质量文化变革项目，最核心的就是要全员认可一次做对的理念并坚决地落实。"

见大家都点头认可，唐风又问："我们这个一次做对质量文化变革项目，目标已经很明确了，就是把一次做对文化植入每个员工的头脑中，让大家认可。那么，现状是什么呢？"

与会人员顿时陷入了沉思，看无人开口，唐风根据自己这几天的调研，抛出自己的观点："PPT中是我在其他企业做咨询时，经常遇到的质量意识上的问题，请大家看看。"

说完后打开PPT，列举了主要的七个问题：

1. 做工作差不多就行了，一次做对不切实际，要求太高，根本没有可能实现。

2. 自己的工作输出有问题，但这是别人导致的，所以质量部不应该来找我的麻烦。

3. 正常情况下会按规范认真做事，但是与进度冲突时，可能会选择跳过一些流程，因为认为这样做也不会产生客诉。

4. 产品是由质量部检验过的，出了问题不能赖我，至少也应该由质量部和我一起挨板子。

5. 小问题不影响客户使用的话，你们质量部迟早会让步放行，所以出点儿小错不算什么。

6. 这些小问题反正客户也发现不了，你们质量部没必要揪住不放。

7. 口头上质量第一，实际上交付第一。

唐风说："这些问题在我们振中科技存在吗？"

这时，张彤彤说："客观来说，这些问题在我们公司中都存在，最严重的是让步接收，遇到交期紧张时，许多工厂的管理者都会要求质量部让步放行，现在几乎每天都有好几单。"

一位生产线上的主管说："我们公司的领导大会小会都强调质量第一，但实际情况是，只要交付与质量冲突，一定是优先选择交付，把产品交出去再说。"

与各项目小组的讨论结束后，在郑仁刚的办公室中，唐风向他和巩固做了一个汇报，其主题为"振中科技一次做对质量文化变革焦点"。

唐风通报了员工质量意识最核心的七个问题，并说："郑总，员工质量意识薄弱，本质上是管理层的问题，因此在我们的项目启动会上，您要主动面对这些问题，旗帜鲜明地提出您的要求。"

"感谢郑总对于一次做对质量文化变革的指导和要求，我们项目小组一定严格按要求落实，打好这场质量文化变革的攻坚战。"大会主持人张彤彤的话，打断了唐风的回忆。

张彤彤说："下面由郑总为项目总监巩固颁发委任状。"

巩固上台接受了委任状并发言，之后张彤彤宣布："大会下一项内容是生产副总何超代表生产系统表达对一次做对项目的支持。"

何超上台后，开始演讲："作为生产系统的负责人，首先我强烈赞同并大力支持一次做对质量文化变革项目的实施，同时也感谢唐老师悉心专业的指导，感谢各位同事的深度参与。"

这时，唐风颇有点儿得意的感觉，思绪不由得回到三周前。

在"如何促使员工一次做对？"研讨会结束后，唐风向张彤彤打听到，负责生产交付的副总经理何超经常要求质量部让步放行。

张彤彤开玩笑说："在每部电影中都有一个反派，我们这个项目中何总可能扮演的就是这个角色。"

于是唐风对张彤彤说："你给我创造一个机会，我要与他谈谈，感召他支持我们一次做对质量文化变革项目。"

很快机会就来了，一天张彤彤给唐风打电话："何超这会儿正在巩部长的办公室中，你可以过来与他交流一下。"

于是唐风与张彤彤来到巩固的办公室，见到了何超。

在见到何超的第一面，唐风就确定了谈话的策略，他决定采取单刀直入的谈话方式进行感召。

于是，在寒暄过后，唐风开门见山："何总，公司请我担任一次做对质量文化变革项目的指导老师，您对这个项目的必要性和紧迫性怎么评价？"

何超说："既必要又紧迫。"

唐风说："在我这一周来的走访中，多名员工反馈您经常要求质量部让步放行，这与一次做对的要求显然不符。"

何超说："我很少这样做，总共也就只有几回而已，而且都是走的公司流程，由技术、工艺、质量等部门会签的，我可没有权力指示他们让步放行。"

看得出来，他不承认且开始争辩了，这让唐风的信心大增，因为何超的言语表明，他自己也不认可这种行为。

唐风说："最近有个海外项目，据说是振中科技的第一个海外大单，但焊接质量问题被客户方的监理发现并要求暂停出货，事故已经造成船务违约、交期违约、返工等巨大损失，后续还要面对可能出现的其他风险。

"我认为造成这个事故的根本原因是，我们以前判定产品是否可以出货的标准是不影响客户使用即可，而目前这个海外客户要求产品必须百分之百符合国际标准，否则不收货。"

何超说："是啊，我们公司要走向海外，以前以产品不影响客户使用为合格的判定基准显然是不行的了，我们要重新树立标准意识。"

唐风说："很好，您的认识很到位，今天我是过来感召您的，我要求您全力支持我们一次做对项目。"

何超点头："必须支持。"

唐风说："那好，从现在开始，您不能再要求质量部让步放行了。"

何超说："好的，但是有些产品的技术标准定得太高，我们实在做不到啊。"

唐风说："标准太高属于质量过剩，我们采取的正确方式应该是修改标准，而不是让步放行。"

何超说："好，以后我们交付要为质量让步。"

唐风说："不是交付要为质量让步，也不是质量要为交付让步，我们要的是一次做对，保证质量和交付都能满足客户的要求。

"质量与交付和成本并不矛盾，质量是交付成功的基础，质量管理的一个重要目标是实现完美的交付，员工一次做对了，返工减少了，生产自然更加顺畅，成本自然降低。"

何超说："对。"

唐风说："所谓'**问题出在前三排，根子还在主席台**'，**员工质量意识存在问题，根子还在领导身上**，所以我们会召开一次做对项目的启动会，我要求您上台承诺严格按一次做对的标准行事，不让步不放水，要实现质量变革，领导要先革自己的'命'。"

何超说："我以前确实犯了不少错误，我要上台做自我批评。"

唐风说："您今天的承诺，巩部长和彤彤都听到了，您可要说到做到哟。"

何超说："一定说到做到。"

何超走后，唐风对张彤彤说："一定要记得让何总在我们一次做对质量文化变革项目的启动会上发言。"

"针对刚才郑总提出的管理层四项承诺，我要率先垂范，在生产系统做出表率，同时要求各个生产单位步调一致，做出承诺，必须一诺千金，言必信、行必果。在每一项工作中都要以身作则，有诺必行，严格按照一次做对、次次做对的标准做事，主动变革，实现振中科技的百年大计。"台上何超的话，打断了唐风的回想。

接下来，公司总经理郑仁刚和副总经理何超上台，分别带领与会的管理人员和一线员工进行一次做对宣誓承诺。

在大会结束后，唐风给主持人张彤彤点赞："干得不错，这就是我想要的效果。"

── 本章点评 ────────────────────

● 如何让管理层以身作则推动质量文化变革？

质量文化的变革如同扫楼梯，是自上而下，需要管理层身体力行和以身作则，并对中基层干部实施感召，以此来带动全体员工实施一次做对。

在此过程中，最高管理者持续且公开的承诺，严格的自我要求，以及亲自参与项目，对项目最终取得成功至关重要。

{ 第五章 }

快速达标的银奖项目

如何运用一次做对六步法结合过程模式
作业表实现过程一次做对？

一次做对质量文化变革项目启动会开过后，在一次做对话事间，唐风与巩固、张彤彤开始针对项目的组织方式进行讨论。

唐风说："之前我在指导一次做对项目推进时，经常会遇到一个问题。

"就是一个项目组中，只有少数人积极参与，大部分的工作都由这部分人做了，大多数人则基本不关心项目的推进。

"因此，在试点项目中我想试用一套新的组织方式。"

张彤彤问："什么组织方式？"

唐风解释："每个项目必须有一个项目组长，负责计划、组织、协调和控制项目的运作，对项目目标结果负责。

"职责包括：

"1. 组织项目目标和计划方案的制订；

"2. 协调项目组成员及其他必要的资源，保证项目按计划开展；

"3. 组织并参加项目周例会，在月例会上由其本人向上级领导汇报项目进展；

"4. 制订并实施领导感召方案，组织并推动项目的文化宣传及培训工作。"

见大家都点头认可，唐风继续说："**每个项目有一个目标担当**，他有以下 5 点职责。

"1. 项目目标的分解，目标完成情况的评估，不达标时组织团队进行原因分析；

"2. 落实目标责任，动员团队为达成目标协同合作；

"3. 组织实施方案推进，并对执行情况进行监督，定期对消差计划完成情况进行评估；

"4. 小组会上汇报项目目标完成情况、制约因素和问题解决的进展；

"5. 每周五下班前在目标担当群发送目标完成情况推移图。"

张彤彤说："目标担当的工作量很大啊。"

唐风说："对，尤其是原因分析，工作量很大也很重要。"

接着又说："因为我们这个项目是质量文化变革项目，宣传的工作很多，所以**每个项目要选一个宣传担当**，他有以下职责。

"1. 参照公司质量文化宣传方案制订并落实本单位质量文化宣传方案；

"2. 组织并推动项目相关宣传工作，督促本单位各部门成员宣传并贯彻一次做对文化；

"3. 提出文化宣传工作的意见，紧密结合实际情况，采取各种有效形式，开展宣传教育活动；

"4. 定期验证一次做对理念在一线的下沉情况。"

看巩固对此表示认可，唐风继续说："事实上，在我们 5 个试点项目中，项目组长是各参与单位的一把手，平时工作很忙，他不可能事无巨细地跟进每一项工作。

"目标担当和宣传担当可以说是项目组长的左膀右臂，在项目推进过程中会起到非常重要的作用。

"除了这两个角色外，**我们还要设置一个纪律担当**，其职责有以下几点。

"1. 定期组织项目例会并向项目相关人汇报项目进展；

"2. 根据需要组织召开小组内部研讨会等会议，收集员工在一次做对活动中的诉求；

"3. 监督改进措施执行情况，处理开会迟到、旷会等违纪行为；

"4. 每周五下班前通报本周《小组成员参会情况登记表》以及本小组是否按要求完成工作，并按项目纪律进行奖罚。"

这时，唐风有些感慨地说："我以前做项目时遇到的一个困扰就是，会议组织得不好，迟到、早退、执行不力等问题经常发生，纪律担当这个角色的设置完美地解决了这些问题。

"另外，因为项目推进过程中产生大量文档，所以我们**要设置一个资料担当**，其职责有 4 点。

"1. 负责项目资料的搜集、整理、归档、管理、提交等工作；

"2. 负责项目进行过程中所需资料的收集，包括周例会 PPT 材料收集与制作；

"3. 出具小组会议纪要，在每周五下班前将会议纪要发送给一次做对管理办公室；

"4. 每月 6 日前将本小组上一月度的资料按照管理制度类、作业标准类、培训宣传类和会议纪要类建档并发送给一次做对管理办公室。"

话锋一转，唐风接着说："在项目推进的过程中，还有大量的培训工作，为此我们**要设置学习担当这个角色**，其职责也有 4 点。

"1. 在项目实施阶段开始后，制订本小组的培训学习方案，在项目实施和验证过程中落实；

"2. 深入学习并制作一次做对六步法 PPT 课件；

"3. 将一次做对六步法讲授给本小组成员；

"4. 项目运行过程中相关流程与制度的制定、落实与优化。"

此时，唐风停了一下，说："在许多项目中，学习担当的工作量也很大。

"最后介绍一个角色，**财务担当**，他主要负责三项工作。

"1. 负责项目相关的财务收支工作，统计项目改进过程产生的质量成本和效益；

"2. 绩效考核与奖励方案的制订与执行，通报奖惩收支状况；

"3. 收集绩效激励相关的建议，制订实施方案，归纳方案实施成果并如实反馈。"

看巩固在点头，唐风接着说："在每个项目中，我们还要放进质量部人员，他们全程参与项目，跟进消差计划现场执行，验证项目关键节点，确保数据的真实性，并验证措施效果和一线员工的理念下沉情况，发挥其应有的作用。"

张彤彤问："这些角色的设置听起来很不错，对我们项目管理也有利，您是怎么想到的？"

唐风说："我以前上过一个教练技术 100 天实战训练营，当时教练给所有小组的每个成员都设置了不同的角色，目的只有一个，就是所有项目成员必须全力参与项目，不能有人在一边看热闹。

"这样做的好处就是让每个项目成员都是'官'，都有事做。

"还有，我们一期五个试点项目虽然涉及的部门不同，但都有一个共同的特点，就是通过**过程质量的提升来实现产品质量的提升**，所以管理方法都是一样的。"

经过五个多月的持续推进，一期五个试点项目的所有工作均已完成。

一天，唐风叫来项目总监巩固、项目管理办主任张彤彤，三个人在一次做对话事间开会讨论下一步的安排。

唐风说："今天我们做的是克劳士比零缺陷质量文化建设 14 步法的第 7 步：一次做对计划，我管它叫一次做对全面推进计划，主要讨论三项工作。

"第一，一次做对日的安排，这是一期项目的总结会和二期项目的启动仪式。

"第二，策划并选择二期项目。

"第三，组织对二期项目的骨干人员进行培训，重点是将一期项目的成功实施经验进行总结，然后由一期项目的参与人员培训二期项目成员。"

达成共识后，三个人分头行动，三周后所有准备工作全部就绪。

振中科技一次做对质量文化变革一期项目总结会暨二期项目启动会，对于唐风来说是一件值得纪念的大事。

下午一点半，唐风一身西装早早来到了会场，他的内心非常激动。

两点钟，会议准时开始。作为会议主持人，张彤彤开始发言："各位领导、各位同事，大家下午好！历经六个多月的艰苦努力后，我们终于迎来了这一刻。现在我宣布，振中科技一次做对质量文化变革一期项目总结会暨二期项目启动会正式开始！下面请项目总监巩固上台对一期五个试点项目进行总结发言。"

巩固的发言结束后，张彤彤说："下面进入颁奖环节。首先颁发的是团队银奖，请智能液压公司的总经理王炎带领团队上台领奖，他们团队在本次试点项目中表现突出，将附件焊接漏液率在去年的基础上降低了 92.6%，超过了改善 80% 的项目目标。

"另外，根据售后的反馈，自从项目开始后，我们智能液压公司生产的产品在市场上就再也没有出现过漏液的问题，一举解决了油缸产品的这一顽疾，为公司节省了巨额成本。"

在王炎带领团队上台接过奖杯合影时，唐风在心里对自己说："王炎这个项目是让我最省心的，项目启动后第一个月就达成目标，树立了一个良好的标杆，他的总结应该很有代表性。"

果然，在后面的项目组长汇报中王炎的演讲非常精彩，他指着一张图（见图 5-1）说："降低附件焊接漏液率这个项目开始运行后，第一个月在总装的附件焊接漏液率就降低至 0.044%，运行 4 个月后，在 6 月份降至 0.017%，相对去年 0.23% 的漏液率，总体降低 92.6%。

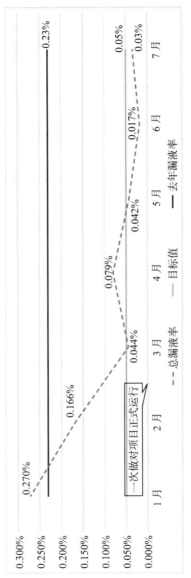

图 5-1 附件焊接漏液率月趋势图

"在这个过程中，我认为成果主要来自人员态度和认知的转变。

"在2月初确定项目目标时，唐老师和巩部长给我们定的目标是漏液率在去年的数据基础上下降80%，我认为不可能实现。"

说到这里，王炎朝唐风的方向看了一眼，继续说："为此，在接下来的2周时间内我和他们进行了激烈的讨论，我要求把目标定在0.14%，即改善40%左右。但唐老师和巩部长非常坚持，无奈之下我只能表面上同意，但心里并不认同，只抱着尝试一下的心态去做。

"当时我为了响应集团公司一次做对的号召，在智能液压公司内部组织实施了一个附件焊接零漏液挑战赛。"

这时，郑仁刚小声对唐风说："这个挑战赛很好。"

台上的王炎继续发言："刚开始，我对团队的信心不足，因此把目标定为30天不漏液。

"结果，参加挑战赛的绝大多数员工都达成了目标，拿到了奖金。

"这让我非常惊讶，于是我将目标调整到50天不漏液，并重新设置了奖金。

"情况与前面类似，50天过去后，绝大多数的员工又顺利实现了目标，做到了零漏液。

"于是，我将挑战赛的期限延长到100天，结果仍然有一半以上的员工做到了零漏液，于是我决定将比赛期限继续往下延，目标是全年无漏液。"

说到这里，王炎似乎有点儿激动，停顿了一下，继续说："这让我这个中层管理者深有感触，只要有足够的决心和信心，辅之以一次做对的方法，零漏液是完全可以实现的。

"在项目开展的过程中，基层管理者的态度也有很大的改变。

"以前大家认为一次做对不可能，现在认为一次做对完全可以实现。

"最让我感动的是一线焊工，以前大家认为漏液很正常，反正大家都在漏。但自从推动一次做对项目后，绝大多数员工都可以做到不漏液，个别员工在出现漏液时会感到很丢人。

"完成项目目标后，我们整个项目小组的 10 个人全部通过了唐老师主持的一次做对推进师考核验收。

"我认为，这才是我们这个项目最大的成果。"

王炎打开下一页 PPT，继续汇报："我们完成项目后，输出了附件焊接过程的全套管理规范，具体成果如下。

"作业标准 8 份，分别是《附件焊接作业指导书》《通液管氩弧焊焊接作业标准》《推移缸底连接套焊接作业标准》《附件焊接检验标准》《附件焊缝外观标准》《附件焊接图示化作业标准》《附件焊机点检标准》《环缝焊机点检标准》。

"制度标准 4 份，分别是《焊工技能档案》《焊机电流电压点检标准》《新员工焊接资格评价方案》《附件焊接个人考核方案》。

"实验报告 3 份，分别是控制阀座塞焊实验、推移缸底连接套焊接实验、通液管氩弧焊焊接实验，这些实验有效提升了我们的焊接技术能力。

"设备、工具类改善 4 项，我们购买了辅助光源、放大镜，并对防护面罩进行了优化，对老旧焊机升级 1 台。

"这些举措，能有效保证附件焊接项目取得的成果持续下去。"

说到这里，王炎暂停了一下，继续汇报："下面我来介绍项目思路，在这个项目启动前，唐老师给我们讲授了一次做对六步法，即明确要求、识别差距、预先防范、心行到位、衡量分析、持续改进。

"在项目执行的过程中，他结合过程模式作业表这个零缺陷落地的核心工具，全程指导项目推进，项目大致经历了以下 7 个阶段。"

他清了一下嗓子，接着说："**第一个阶段是成立项目团队**，我作为智能液压公司的一把手，担任项目组长，联合技术、质量、车间的管理人员成立了改进小组。

"**第二个阶段是确定项目目标**，我们以历史数据为参考确定项目总目标，并将目标分解给各作业区域。这里我顺便说一句，**高目标带**

来高动力。

"**第三个阶段是明确要求、识别差距**，小组成员联合特邀顾问唐老师进行项目调研，制作过程模式作业表。"

说完，王炎打开下一页PPT，指着过程模式作业表（见图5-2），开始进行讲解："为什么项目开始时我对一次做对没有信心？主要原因就是我没有理解其中的逻辑。

"在我们智能液压公司的项目启动会上，唐风老师又给我们讲解了过程模式作业表的运用方法，让我明白了一个道理。

"全过程一次做对等于结果一次做对。

"唐老师带领我们画出了附件焊接过程的过程模式作业表，讲解了其背后的逻辑。"

说到这里，他又看了唐风一眼，说："唐老师告诉我们，这个项目的总体思路就是通过优化附件焊接过程，提升过程能力来实现指标改善80%的目标。

"因此，首先要确定过程的范围。

"确定了过程的范围后，过程的输出和输入就确定了，就是这页PPT中的内容。

"接下来，唐老师又告诉我们，明确了过程的输出后，就要找到过程的客户。

"以此为基础，再识别客户对过程输出物的要求。

"明确输出和要求后，接下来就要识别过程的输入和输入的供应者，明确对输入的要求。

"也就是，向输入的供应者提出明确的要求。"

说完，王炎打开下一页PPT，继续说："基于这种思路，我们针对过程的每一个要素均明确了管理标准，并将现状与标准相对比，找出了差距，一共是40个问题点。

"**第四个阶段是预防在先**，我们对这40个问题逐一进行了分析，找出了消除差距的对策，这就形成了项目消差计划。"

图 5-2 附件焊接过程模式表

过程名称：附件焊接过程　过程担当：杨××

工作标准	制定者	要求	存在的问题
质量	管理办	一次做对	部分员工没有一次做对的决心

程序	制定者	要求	存在的问题
附件焊接作业标准	杨××	能有效指导工作	部分内容不清晰
附件焊接作业指导书	杨××	现场工作	

输入	供应者	要求	存在的问题
图纸	成套研究院	尺寸标注清晰、准确	部件干涉、标准化程度低
工艺	技术研发部	文字描述清晰	工艺不明确
缸筒	下料、调质	外圆尺寸合格、无缺陷	外圆弧度不规则、缺陷、裂纹、打磨量大

输出	使用者	要求	存在的问题
焊完附件的缸筒（体）	装缸和最终客户	焊缝尺寸符合 ISO 5817 标准	裂纹、气孔、焊缝、尺寸不符合要求、未合格
焊接记录	检验员	记录准确无误	无
转序票	检验员、调度	项目填写准确	无

设施与装备	提供者	要求	存在的问题
焊机	设备部	符合技术参数要求	电流、电压不准、冷却系统故障
拼焊工装	缸体业务部	尺寸合格、角度合格、定位准确、不松动	验证无记录、不齐套、工作台高度不合适
角磨机	综合管理部	功能完好	无

培训与知识	提供者	要求	存在的问题
附件焊接应知应会	杨××（知识培训）师傅（技能培训）	熟练掌握作业标准、作业指导书中的要求	新人水平不足
焊接资质	安环部	在有效期内	无
工艺纪律	调度	了解工艺纪律	无

王炎指着PPT（见图5-3）说："由于篇幅问题，我们通过这种方式找到的问题并没有完全在这张表上呈现出来，实质上有40项内容。

序号	存在的问题	过程要素	具体改善要素	改进措施	输出结果／完成标准	责任人	完成时间
1	变更点容易出现问题	输入、培训与知识、设施与装备	变更点管理	建立焊工技能档案	焊工技能档案	杨××	2023.3.3
				现场出现变更点按照《变更点管理制度》执行	变更点管理记录表	张××	2023.3.3
2	装缸试压漏液问题未及时反馈	输出	反馈及考核制度	每天到装缸现场查看漏液活件，及时反馈给相关员工，并每天在项目群里反馈	反馈记录	张××	2023.2.24
3	员工焊的好坏无考核标准	工作标准	制度	制订附件漏液率个人考核方案	考核方案	邓××	2023.3.17
4	员工缺乏一次做对的动机与信念	工作标准	态度	与现场员工开展一次如何激发员工一次做对动机与信念的交流会，并制订行动方案	行动方案	邓××	2023.2.24
5	新员工技能水平不稳定	培训与知识	技能水平	制订评价新员工是否具备焊接资格评价方案（实操＋理论）并输出管理规范	焊接资格评价方案	杨××	2023.3.3

图 5-3　附件焊接消差计划

"这页PPT是我列举的部分实际内容。

"**第五个阶段是心行到位**，也就是全员要认识到位、理解到位、执行到位。

"在这个阶段，我们将消差计划严格执行到位。

"比如说，我们安排了有经验的师傅对出错率较高的2名员工进行一对一的培训，对所有焊工都实施了焊接专题培训，内容涉及焊接原理以及现场的实际操作。

"另外，我们持续开展了百日零漏液挑战赛，赛后举行颁奖仪式，对达标人员发放奖金和荣誉证书。"

这时，屏幕上出现了当时王炎给员工颁奖的照片。

王炎接着说："在项目启动后，我们每周召开一次做对交流会，在向员工持续灌输理念的同时，收集员工诉求，为员工创造一次做对的条件。

"**针对员工技能不足的问题，我们决定寻找亮点来解决**。通过数据统计，发现焊工舒文杰做到了连续 150 天无漏液。

"这让我们很是振奋，我们让他把操作方法进行标准化、图示化。"

说完，王炎播放出下一页 PPT。

他对着屏幕说："针对焊前、焊中、焊后每个环节的操作要求，我们都尽可能细化。

"针对关键的设备，我们也制定了点检标准。

"作为智能液压公司的总经理，我还专门制订了领导感召方案，主持了一次做对宣誓和签字承诺活动，每周参加现场巡检，积极参加一次做对项目例会。

"我认为，这些活动对项目成功起到了积极作用。

"总之，我们在这个阶段的工作，总结起来就是五件事。

"第一，引导员工树立一次做对的意识。

"第二，通过培训，提升员工个人技能，帮助员工成功。

"第三，将一次做对融入工作的各个环节。

"第四，当行为偏离一次做对时，应以心领行，以行践心。

"第五，作为一个生产部门，我们积极贯彻三标，即标准动作、标准流程、标准接口，确保与上下游工序的工作无缝衔接。"

王炎停了一下，接着说："**第六个阶段是衡量分析**。

"在这个阶段，我们在数据统计和问题分析等工作方面做了很多改变。

"以前，我们缸体业务部的漏液率是按月统计的，现在按天统计。

"唐老师在项目启动前给我们培训时强调，**及时反馈比处罚更能改变员工的行为**，我对此深有感触。

"事实上，大多数员工也有一次做对的愿望，愿意为此付出努力。

"以前我们按业务部来统计漏液率，现在按班组和个人来统计，进行衡量对比，形成竞争机制，此举对员工触动很大。

"以前发现问题后，在月度例会上才会讨论，现在是发现问题及时反馈给员工，及时分析原因，避免再犯。

"针对每个附件焊接漏液问题，我们都做到了**七有分析**，即有原因分析、有过程及要素定位、有临时对策、有纠正措施、有预防措施、有责任人、有完成时限。"

说到这里，王炎暂停了一下，打开下一页PPT，继续汇报："**最后一个阶段是持续改进**，主要从三方面来开展。

"一是一次做对能力建设。在智能液压公司，我们将开展全员全过程的一次做对能力建设，从产品质量延伸到工作质量，全面提升质量竞争力。

"二是项目推广，以附件焊接试点项目为基础，选择多个影响立柱千斤顶产品质量的过程，对这些过程同时开展一次做对改进项目，以点带面，提升企业核心竞争力。

"三是文化宣传，通过持续开展质量文化宣传，将质量承诺落实到产品实现的每一项工作中，优化一次做对质量文化的土壤。"

此时，台下响起了热烈的掌声。

── **本章点评** ─────────────────────────

● 如何运用一次做对六步法结合过程模式作业表实现过程一次做对？

用一次做对六步法的思路，即明确要求、识别差距、预先防范、心行到位、衡量分析、持续改进，结合过程模式作业表，将影响过程输出的所有因素识别并管理到位，以员工的工作态度为出发点，实现过程一次做对。

{第六章}

历经挫折的金奖项目

如何通过过程一次做对实现产品零缺陷？

"下一个要颁发的是团队改善金奖，这是本期项目中分量最重的一个奖，由集团总经理郑仁刚为结构件焊接项目团队颁发，请结构件公司总经理银多多带领团队上台领奖。"

听到张彤彤的话，唐风感慨万千："银多多这个团队绝对值得这个奖项，过程太曲折了！"

唐风知道银多多这个团队为达成目标而付出的努力，也知道他们曾经面临的挑战，他很想听一听银多多在这个项目过程中的心路历程。

颁奖过后，银多多留在台上，开始进行项目汇报。他首先汇报的是项目目标达成情况，他指着一页PPT（见图6-1）说："试点区域9A工区从7月第3周到8月第3周，连续5周探伤不良率达到低于0.5%的目标，其中8月第3周结构件公司所有拼焊工区整体探伤缺陷率为0.4%，整体缺陷率首次迈进低于0.5%的门槛。"

说完了目标达成，接下来他说："下面我来介绍第二项成果，就是人才培养。

9A工区探伤不良率趋势图

日期	3月 第4周	3月 第5周	4月 第1周	4月 第2周	4月 第3周	4月 第4周	5月 第1周	5月 第2周	5月 第3周	5月 第4周	5月 第5周	6月 第1周	6月 第2周	6月 第3周	6月 第4周	7月 第1周	7月 第2周	7月 第3周	7月 第4周	8月 第1周	8月 第2周	8月 第3周
每周目标值	9.33%	7.46%	5.96%	4.77%	3.82%	3.05%	2.44%	1.95%	1.56%	1.25%	1.00%	0.80%	0.64%	0.51%	0.50%	0.50%	0.50%	0.50%	0.50%	0.50%	0.50%	0.50%
周实际值	9.33%	15.13%	7.50%	5.00%	3.59%	3.28%	3.03%	4.20%	2.98%	3.45%	2.52%	1.95%	1.85%	1.12%	1.09%	1.46%	1.74%	0.43%	0.32%	0.28%	0.24%	0.38%
试点区域目标值	0.50%	0.50%	0.50%	0.50%	0.50%	0.50%	0.50%	0.50%	0.50%	0.50%	0.50%	0.50%	0.50%	0.50%	0.50%	0.50%	0.50%	0.50%	0.50%	0.50%	0.50%	0.50%

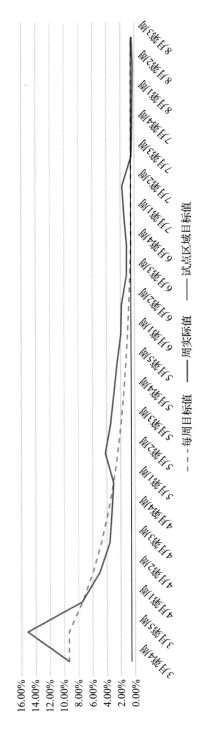

- - - 每周目标值　——周实际值　——试点区域目标值

图6-1　9A工区探伤不良率趋势图

"在管理和技术人员方面，通过本次项目，我们输出了 10 名一次做对推进师，其中包括 3 名优秀推进师，他们都是下一期项目的主力军。

"我们还输出了 1 名一次做对推荐官，负责输出我们的成功经验给其他单位。

"以上人员深刻理解并认可一次做对的理念，掌握了一次做对的推进方法，并具备预防问题发生和解决具体问题的能力。"

说到这里，银多多似乎有些得意，唐风知道，他本人也获得了优秀推进师的称号。

银多多接着说："在一线员工方面，员工态度显著改变，理论水平及实操技能大幅提升，主动意识增强，对工作标准的理解变得更加清晰并掌握了一次做对的方法。"

这时，银多多有点儿感慨："前几天有人告诉我，我们有些员工在更衣室里讨论如何把工作一次做对，这让我很有感触。

"因为许多员工在结构件公司刚推行一次做对时是持否定和反对意见的，他们认为把工作一次做对要求太高，不可能实现。在这次的试点项目中，我们还评选出 5 名一次做对战士，他们在此次活动中表现优异。

"接下来我汇报的是第三项成果：标准输出。"

银多多指着 PPT（见图 6-2）说："通过我们项目组对从下料到焊接、探伤整个过程的梳理，我们输出了作业标准 11 项、制度规范 11 项、方案规定 12 项、作业指导及结构优化 8 项、设备及工具类改善 15 项。

"这些输出成果对过程输出的稳定作用巨大。

"在整个项目实施的过程中，我们基于过程模式作业表发现了 122 项重点问题，后面在执行的过程中又在现场发现了 48 个改进项目。

"我们把这 170 项工作全部完成后，焊接不良率的改进目标就实现了。"

作业标准 11项

《结构件公司机器人焊接全流程作业规范》《结构件公司手工焊焊接全流程作业规范》《结构件接头刨修标准》《结构件关键部位控制点及控制措施标准》《结构件公司技术员排料作业规范》《手工打底焊作业标准》《拼装间隙标准》等

制度规范 11项

《结构件公司探伤管理规定》《结构件公司技术室审图作业规范》《结构件公司工区班组巡检制度》《侧定位使用规范》等

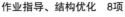

方案规定 12项

《探伤零缺陷激励方案》《焊接质量擂台赛执行方案》《上序来料复检管理规定》《易损件更换管理规定》《UT探伤复探管理办法》等

作业指导、结构优化 8项

《底座小面焊接作业要领书》《钢板料头材质标识的移植要领书》《钢板切割作业要领书》《ZG-2023-001结构件焊缝超声波探伤作业指导书》、底座后盖板宽度公差优化等

设备、工具类改善 15项

等离割枪夹持器改造、顶梁柱窝垫板测量工装改造、1000吨折弯机后定位改善、防飞溅液及清枪工具改善、分流罩更换改善、国产焊枪工艺改进

图 6-2 结构件焊接项目小组输出成果

说完了项目成果，接下来银多多继续汇报："下面我来介绍项目的整体思路。"

听到这里，唐风的思绪不由得回到几个月前。

唐风来到振中科技后，迅速启动了一次做对质量文化变革项目。

对于结构件焊接项目，他与银多多、巩固确定了项目目标：结构件焊接后的产品 UT（超声波检测）探伤不良率在去年的基础上下降80%，这也是集团总经理郑仁刚对所有项目的改进要求。

接下来，唐风让银多多组织项目组所有成员对整个结构件生产过程进行了梳理。

通过梳理，唐风发现决定 UT 探伤不良率的主要过程是二焊，于是组织大家画出了该过程的过程模式作业表。

大家基于过程模式作业表中识别出来的问题项，开始制订消差计划。

由于唐风对此类二氧化碳保护焊的工艺并不了解，无法为项目成员的工作输出成果进行把关，所以在得到巩固的允许后，他外聘了懂质量管理的焊接专家姜武加入项目组。

适逢此时，振中科技正好发生了一件大事。

振中科技从海外客户获得了第一个大订单，但在生产的过程中被客户派来的监理人员发现了多处焊接缺陷。

客户得到此消息后，对刚收到的第一批产品进行了探伤检查，发现了类似的问题，于是客户勒令整改并通知振中科技在整改完成前暂停发货。

这让质量部部长巩固发现，如果按以前的探伤判定标准，公司生产的产品根本无法满足海外客户的要求。

无奈之下，质量部只好组织成套研究院、工艺院、结构件公司等相关单位，将探伤标准进行优化。

按新标准，他们发现产品的平均探伤不良率在 2.5% 左右，相对原标准，不良率提升了近一倍。

于是结构件焊接项目的目标被调整为：项目结束后，所有产品的 UT 探伤不良率低于 0.5%。

经过一个月的努力，项目消差计划初稿终于完成，进入了实施阶段。

然而，问题很快出现了。

在实施了近一个月后，UT 探伤不良率不仅没有降低，反而快速攀升到 9% 左右，最高的时候甚至接近 15%，这让唐风很是焦虑。

经过调查，发现其实原因也很简单，就是在调整探伤标准后，检验员最初对新的探伤标准并没有掌握到位，他们探测出来的不良率数据是 2.5%，但实际不良率约为 15%，后来项目开始后，他们严格按标准探伤，真实数据才暴露了出来，这让结构件焊接项目小组的组长银多多很是抓狂。

"探伤不良率从 15% 下降到 0.5% 以下，这怎么可能实现？"

银多多先后多次找到唐风和巩固，要求将探伤不良率的目标上调到 1%，但被唐风和巩固坚决拒绝。

他俩对银多多说："这个探伤不良率低于 0.5% 的目标是由郑总签过字的，如何能轻易修改？"

一天，开过项目周会后，唐风叫上银多多、巩固和姜武，在银多多的办公室开了一个短会。

唐风说："从前面这几周的结果来看，情况很不好，我认为按这种思路我们很难达成目标，必须做出改变。

"从现在的情况来看，有两点急需改变。

"第一，项目选择的范围太宽，往往是今天底座的不良率太高，明天顶梁的不良率失控，后天掩护梁不达标。

"这造成我们项目组无法聚焦精力去分析原因，因此我建议从产品这个维度，将试点项目的范围缩小。"

银多多说："我支持唐老师的建议，我建议将项目范围缩小到底座。

"因为底座的焊接难度最大，如果它的不良率能实现目标，我们就可以将成功经验推广到顶梁、掩护梁等其他零部件，从而实现结构件所有产品探伤不良率降到低于 0.5% 的目标。"

大家对此都做出了肯定的回应。

唐风说："第二，焊接是一个特殊过程，造成产品不良的原因很多，除了焊接过程本身的因素外，输入的因素也影响很大。

"因为是特殊过程，所以我们很难通过已经出现的不良现象来找到产生问题的原因。

"因此，从产品实现的过程来看，我建议将项目的范围扩大，从下料开始，到切割坡口、零部件压型、拼装，直到焊接和探伤。

"运用过程模式作业表这个工具，将影响焊接质量的每个过程进行梳理，识别每个过程要素的要求，与标准对比找出差距，通过结构件生产的全过程一次做对实现焊接的零缺陷。"

其他三个人均同意唐风的意见，于是项目的范围重新得到调整。

"文化宣传、意识转变贯穿了我们这个项目的整个过程。"台上银多多的话将唐风的思绪拉回现场。

银多多指着PPT（见图6-3）继续说："如果没有思想意识的转变，再好的质量工具和方法也得不到落地。

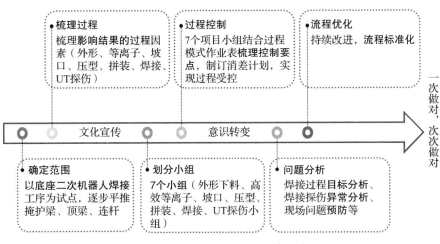

图6-3　结构件焊接项目整体思路

"在项目前期，我们犯了一些错误，主要问题是项目选择的范围过大，导致精力无法聚焦。

"后来，在唐风老师的指导下，我们将项目的范围做出调整。

"通过部件对比，我们发现底座部件结构复杂，过程不易管控，故以底座为抓手确定范围，因为焊接的输出结果受坡口、压型、拼装精度等多因素影响，于是我们运用过程模式作业表识别出现状与标准要求的差距。

"这是一次做对六步法的第一步和第二步：明确要求、识别差距。

"我们把结构件公司焊接项目所涉及的7个过程，分成7个小组来运作。"

银多多打开下一页PPT，说："在小组工作中运用过程模式作业表这个零缺陷落地的核心工具，对每一个过程的输出、输入、程序、设施与装备、培训与知识、工作标准这六大要素进行认真分析，找到每一项的差距与不足。

"在此基础上，制订过程消差计划，通过各项消差计划的完成，实现过程消差、过程管控、预先防范的目的，当时制订的消差计划共122项。

"这是一次做对六步法的第三步：预先防范。"

说完这些，银多多暂停了一下，接着说："一次做对六步法的第四步是心行到位，说白了，就是心到位、行到位。

"我们在结构件公司专门开了一次正式的项目启动会，会上进行了全员宣誓，并采用标语宣传、全员培训、10分钟班前会教育、过程管控、标准制定、奖优罚劣等方式，在项目实施过程中实现了心行到位。

"通过一次做对项目的持续跟进，我们对人员技能进行了等级划分，实施了焊接过程跟踪、缺陷位置追踪、异常问题分析、设备点检维护、首件换产流程等机制，对焊接过程进行了系统性分析，确保异常、波动等问题快速得到解决。"

说到这里，银多多长吸一口气，接着说："焊接是一个特殊过程，从不良结果去找产生原因非常困难，比如，产生气孔这个不良现象的原因就有30多种。

"在这里，要感谢姜武老师的指导，在他的指导下，我们通过记录焊接过程中的各种信息，找到了不良率超标的原因。

"这是一次做对六步法的第五步：衡量分析。

"针对焊接过程中的异常，我们通过问题分析、改善提案、教育培训等多种手段，持续按照一次做对六步法改进提升，循环往复，直至实现零缺陷。

"这是一次做对六步法的第六步：持续改进。

"整个项目，就是按唐风老师的一次做对六步法实施的。"

说完后，银多多打开下一页PPT（见图6-4）继续说："下面我汇报的是项目达成的五个阶段。

结构件焊接项目目标达成的五阶段

日期	3月第4周	3月第5周	4月第1周	4月第2周	4月第3周	4月第4周	5月第1周	5月第2周	5月第3周	5月第4周	5月第5周	6月第1周	6月第2周	6月第3周	6月第4周	7月第1周	7月第2周	7月第3周	7月第4周	8月第1周	8月第2周	8月第3周
每周目标值	9.33%	9.33%	7.46%	5.96%	4.77%	3.82%	3.05%	2.44%	1.95%	1.56%	1.25%	1.00%	0.80%	0.64%	0.51%	0.50%	0.50%	0.50%	0.50%	0.50%	0.50%	0.50%
周实际值	9.33%	15.13%	7.50%	5.00%	3.59%	3.28%	3.03%	4.20%	3.45%	2.98%	2.52%	1.95%	1.85%	1.12%	1.09%	1.46%	1.74%	0.43%	0.32%	0.28%	0.24%	0.38%
试点区域目标值	0.50%	0.50%	0.50%	0.50%	0.50%	0.50%	0.50%	0.50%	0.50%	0.50%	0.50%	0.50%	0.50%	0.50%	0.50%	0.50%	0.50%	0.50%	0.50%	0.50%	0.50%	0.50%

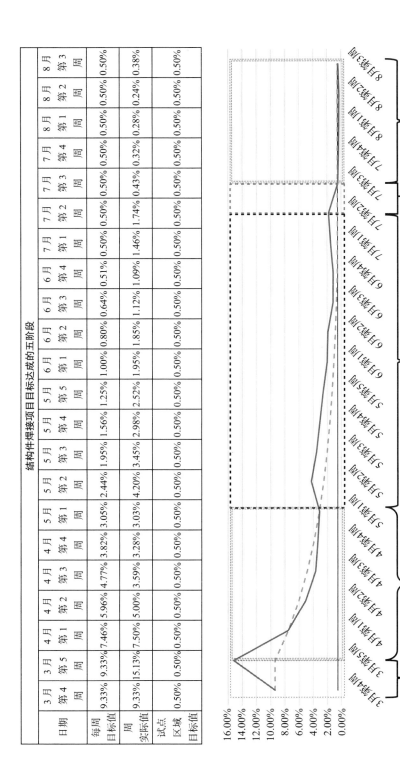

- - - - 每周目标值 　——周实际值 　——试点区域目标值

疑惑阶段　成效阶段　瓶颈阶段　攻坚阶段　稳定阶段

图6-4 结构件焊接项目目标达成的五个阶段

"第一阶段典型的特征是疑惑。

"项目目标是基于前期探伤不良率平均值制定的,但随着探伤标准的改变,以及项目范围的调整,前两周不良率数据分别是9.33%、15.13%。整个团队包括我在内,突然意识到目标遥不可及,难以达成。

"我当时多次找巩部长和唐老师,要求将项目的目标从低于0.5%上调到低于1%。

"结果巩部长和唐老师坚决不答应,这让我的内心百感交集。

"既然无法改变目标,那我们只能往前走。"

这时,银多多说话的语气似乎有些变化,他接着说:"在这一阶段,我们以底座为试点,持续提升全员一次做对质量意识,将整个项目拆分成7个小组来运作,结合过程模式作业表对各个小组进行过程梳理,并制订了消差计划。

"随着计划的实施,项目进入了成效阶段。

"通过一次做对质量文化变革项目的持续开展及过程管控,项目小组突破疑惑,重新获得自信,每周都能完成既定的阶段目标。

"在这个阶段主要采取了3项措施。"

银多多停顿了一下,继续汇报:"1.制定每周降低探伤不良率20%的阶段目标;

"2.引入过程分析方法,对过程焊接参数进行标准化管理;

"3.落实探伤结果的跟踪,锁定影响结果的人员、机位,快速采取措施。

"在这一阶段,我们将探伤不良率从14%左右降到3%。"

他清了一下嗓子,接着说:"接下来项目进入了下一个阶段,瓶颈阶段。

"通过试点区域缺陷问题追踪机制的建立及分析,我们发现人员、机位、结构因素即缺陷位置是造成两个月来未达成阶段性目标的主要因素。

"于是，我们采取了以下措施。

"措施1：对试点区域人员进行理论加实操培训，进一步提升全员知识和技能水平。

"措施2：对试点区域人员进行理论答辩及实操考核，对人员技能进行等级划分，在内部形成无形的良性竞争力。

"措施3：引入机器人工序点检维护作业审核表机制，在作业前对机器人设备全面检查及整改。通过罗列关键审核项，比如除锈打磨、间隙标注、接头修磨等，对过程每周进行定常审核，确保焊接过程的稳定性。

"措施4：导入焊接问题分析方法，深入现场，对焊接过程、刨修过程进一步跟踪与分析，制定措施，持续改进。

"在这一阶段，我们将探伤不良率从3%左右降到了1%。"

说完这些，银多多似乎想起了当时的情景，他继续说："为什么我将此过程称为瓶颈阶段？因为我们发现，无论我们如何努力，都很难突破1%这个大关。

"后来，在焊接专家姜老师的指导下，项目团队开始攻关，进入了攻坚阶段。

"当时我们面对的主要情况是，人、机、料、法等因素已趋于稳定，在此阶段，结构因素凸显出来，主要表现为产品的结构层次不易于机器人焊接，如箱体深、焊缝短。

"于是，我们采取了以下措施。

"措施1：技术质量室联合试点工区机器人首席、工艺研究院、成套装备研究院、质量部等部门共同聚焦特殊结构的焊缝焊接过程、探伤刨修过程，制定特殊结构焊缝作业标准，规范特殊结构焊缝标准干法，并对标准干法进行产前培训。

"措施2：联合质量部对探伤测量方法进行改进，针对异常焊缝邀请质量部探伤首席进行复探，找出缺陷精准位置，跟踪刨修过程，共同聚焦探伤问题，提升探伤团队整体技能水平，精准探伤。

"通过这些工作，探伤不良率终于突破1%这个难关，下降到0.5%以下。

"接下来，项目就进入了稳定阶段。"

说到这里，银多多似乎有些释然，他接着汇报："在这一阶段，我们重点做了两件事。

"一是改善换产，针对换产时缺陷率波动较大，攻关小组对影响换产的因素进行专项分析，制订了《首件换产确认流程》，通过产前重点难点分析输出控制要点，做到产前预防预控。经过流程的严格执行，首件换产的连续多批次产品实现了换产探伤零缺陷。

"二是项目平推，我们把在9A工区的底座产品焊接上取得的成功经验推广到了其他工区和其他产品上，8月第3周结构件公司整体探伤缺陷率为0.4%，首次达到低于0.5%的整体目标。

"在一期项目获得成功后，我们整个团队信心大增，立即着手推进结构件公司二期项目。"

银多多打开下一页PPT，继续汇报："掩护梁探伤缺陷率降低、小件拼装一次做对项目已经成立项目小组，启动会已召开，过程模式作业表、消差计划的制作已经完成，项目已正式开始运行。

"最后，我来谈一谈心得和体会，以及我在项目推进过程中的心路历程。"

他的声音提高了一些："要成功推进一次做对项目，以下几点至关重要。

"一是树立决心，尤其是领导层的决心，非常重要。

"项目组成员及一线操作人员必须具有一次做对的决心与信心，决心的树立在项目进程中起关键性作用。

"在这里，我要感谢质量部巩部长和项目顾问唐老师，在我要求修改目标时，是他们的坚持让我下定了决心来面对挑战。

"第二是转变态度，项目组成员、一线操作人员通过领导的号召、启动会的召开、承诺的签订以及持续的文化宣传，实现了态度转变。

"种庄稼时我们首先要做的是浇水和松土，而不是一上来就播种。

"第三是识别过程，运用过程模式作业表对过程要素进行充分识别，将每一个影响输出的过程要素管控到位，确保每个过程一次做对。

"第四是预防预控，产前预先管控，提前找出问题点、难点、待改善点，做到产前预防预控一次做对。"

银多多的汇报结束后，台下报以热烈的掌声。

— 本章点评

● 如何通过过程一次做对实现产品零缺陷？

对于特殊过程，在输入因素无法通过检测手段有效控制的情况下，只有将涉及产品质量的一连串过程管理做到位，才能实现最终产品的零缺陷。

{第七章}

毕 业 答 辩

如何衡量试点项目是否成功?

各个试点项目的小组长汇报结束后，接下来是员工代表发言，主持人张彤彤对大家说："一次做对试点项目能取得成功，最关键的原因是理念能够成功落地到一线员工的头脑中。下面请听一听两位一线员工的心声，请智能液压公司的赵西中和李关伦上台谈一谈他们的心路历程，有请二位上台分享。"

赵、李二人上台后，开始了二人转式的演讲。

赵："大家好，我叫赵西中。"

李："大家好，我叫李关伦。"

赵："我2年前来到振中科技，一直在智能液压缸体4-2区域从事附件焊接。"

李："我是从今年2月份开始进入智能液压缸体4-1区域从事附件焊接工作的。"

赵："这次公司开展的一次做对质量文化变革项目以及百日零漏液挑战赛，使我深深地体会到了一次做对的重要性。在活动之初我还觉得漏液很正常，大家都会漏，也正是这种思维使我成了4-2区域漏液数量最多的员工，每次漏液分析会上领导都会提到我的名字，我自己也很想知道为什么别人能做到零漏液，而我做不到。"

李："在公司进行一次做对质量文化变革之初，我们 4-1 区域只有我一个人焊接的活件漏液，那时我对自己很没有信心，害怕漏液。每次开漏液分析会时看其他同事一根都不漏，只有自己漏，我就会在心中想，为什么别人能做到，而我做不到。"

赵："由于漏液数量多，在面对超高端的订单项目时，即使我在选拔考核中过关，也没有把握住机会参与到项目中去，漏液问题让我与超高端产品失之交臂。"

李："刚开始由于漏液太多，领导让我停岗学习并观看漏液返修的全部过程。油缸在已经装配完成的情况下需要拆掉再转回缸体车间切掉附件，并分析原因、打磨、重新焊接。正常焊接一件活大约需要五分钟，但返修一件活可能需要二十倍的时间甚至更多，不良品的产生造成了时间浪费、物流浪费等，通过这些我明白了'一次做对，次次做对'的重要意义。"

赵："为了让我的焊接技能快速提升，业务部安排了有经验的师傅舒文杰对我进行指导，让我向舒师傅学习焊接方法和技巧。由于时间紧张，我就利用自己的空闲时间去请教，舒师傅焊接时我在旁边观察。我发现我的焊接手法和他确实有不一样的地方，从而找到了自己容易漏液的原因，并更改了焊接手法。每次漏液时我都会将附件切掉，和技术人员一起分析漏液的原因，制定改进措施。亲自参与原因分析和返修过程让我意识到返修真的很麻烦，是对时间、人力、物流的极大浪费，辛苦了自己，也麻烦了他人，真不如自己细心点儿一次做对，慢慢地我从之前的 3 个月漏 8 件到现在已经连续 80 天零漏液。"

李："为了让我的焊接技能快速提升，业务部安排了有经验的师傅刘骏对我进行指导，通过跟刘师傅学习，我也发现自己的焊接手法确实存在一定的问题。通过不断地向他请教，很快我就找到了导致我焊接活件漏液的根本原因，也从之前的两个月漏 6 件到现在已经连续

108 天零漏液。"

赵:"本次活动的开展,项目小组和舒师傅对我的帮助都很大,让我在思想、技能上都有了很大的提升。在今后的工作中我也会多跟舒师傅学习,向他看齐,做到焊后零打磨、无飞溅,将零漏液保持下去!"

赵、李:"我们终将努力,不负众望,扛起油缸附件焊接一次做对的大旗,持续打造零漏液的神话!在思想和能力上完成这一场修行,达到毕业的要求,谢谢大家!"

听到这二位的对话,唐风不由得想起了智能液压公司总经理王炎毕业答辩时的情景。

由于智能液压公司的附件焊接项目进展顺利,在项目开始 4 个月后,按唐风的建议,张彤彤安排该项目小组的核心人员率先进行毕业答辩。

第一个参加答辩的是项目组长王炎,评委包括唐风、生产系统的副总经理何超、分管质量的总经理助理李进勇、质量部部长巩固以及集团人力资源部部长共 5 人。

早在试点项目开始后不久,唐风就给 5 个一次做对试点项目的全体人员出了一道试题,要求骨干成员在项目结束后每个人都要通过毕业答辩。

题目内容如下:

一、结合自身工作岗位用 PPT 论述一次做对的原理

1. 什么是一次做对?

2. 在本岗位上如何实施一次做对?

二、结合你参与的项目,用 PPT 阐述如何运用过程模式作业表与一次做对六步法对过程进行优化

1. 业务过程存在的问题。

2. 项目目标与优化思路。

3. 项目工作计划。

4. 项目实施过程中遇到的问题和困难，以及解决这些问题和困难的关键举措。

5. 项目成果。

6. 心得与体会。

上午 9 点，在集团公司办公大楼的多媒体会议室，毕业答辩正式开始。

"各位评委，大家早上好！"王炎打完招呼后，开始了他的汇报。

"很荣幸能成为振中科技第一位一次做对毕业答辩人员，我今天的毕业答辩包括三方面内容。

"第一，一次做对的原理。

"第二，一次做对的项目运用。

"第三，心得和体会。"

他对着屏幕说："什么是一次做对？就是第一次把正确的事情做正确。它包括三个方面的意思。

"一是做正确的事，这是我们工作的方向。

"二是正确地做事，这反映了我们的执行力。

"三是第一次就做正确，这体现的是我们的竞争力。"

王炎指着 PPT（见图 7-1）说："这是唐老师给我们培训的一次做对质量文化建设 14 个步骤，它分为两波进行，我们目前已完成了第一波。

图 7-1　质量文化建设 14 个步骤

"作为智能液压公司的总经理，我选择降低附件焊接漏液率作为试点项目，并亲自担任项目组长。

"3月份，我在智能液压公司内部召开了项目启动会，并率领项目团队公开进行了宣誓承诺。

"承诺的内容一是项目目标，即将附件焊接漏液率从去年的0.23%下降到0.05%以下，二是唐老师针对管理者提出的一次做对四点要求。"

介绍完一次做对原理，接下来王炎讲解了如何应用一次做对六步法和过程模式作业表来实现项目目标。

在答辩的最后，他说："在实施这个项目的过程中，我有很深的体会，具体可分为四个方面。

"第一，要敢于自我挑战。

"在2月份，唐老师和巩部长给我制定项目目标时，要求将附件焊接漏液率从去年的0.23%下降到0.05%。

"当时我坚决不同意，认为我们团队做不到。

"后来经过反复沟通，我勉强同意了这个目标，但是心里非常抵触，认为他们强人所难。

"结果，在3月份我们团队就达成了目标，而且后面连续几个月绩效指标都比较平稳，这让我非常惊讶。

"我这才明白高目标带来高动力，如果当时不是唐老师和巩部长的坚持，要达成这样的结果几乎是不可想象的。

"以前不敢想的附件漏液率低于0.05%，在这次项目中得以实现，这也证明一次做对不是不可能，使用正确的方法完全可以达到。"

说到这里，王炎停顿了一下，接着说："第二，领导参与。

"领导干部要充分参与项目，发挥模范带头作用，只有领导的重视才能引起员工的重视，促进整个项目高质量、高效率完成。

"我们这个项目完成良好，我认为一个重要的因素就是，我没有缺席过任何一次项目例会。"

听到这话，唐风回想了一下，发现情况确实如此。

王炎继续汇报："第三，脚踏实地。

"做好质量没有捷径，管理人员要按照消差计划不折不扣地执行，严执行，强落实。员工要按照标准操作，每个过程都做到一次做对，才能实现最终产品的零缺陷。

"第四，帮助员工成功。

"在要求员工一次做对的同时，公司要为员工创造一次做对的条件，此次项目中一线员工提出多个影响一次做对的因素，我们组织资源进行了有效处理，为实现附件焊接零漏液起到了关键性作用。

"在项目实施的过程中，我安排了管理办的邓主任专门负责与焊工沟通，搜集一线员工的诉求，并及时反馈问题解决的进度和结果，为员工反馈问题打开了方便之门，这一点对于项目的成功也很重要。"

接下来是评委提问，在其他评委提问结束后，唐风最后一个发问："对于一次做对，一开始你是不相信的，但最后你终于认可了。那么，从怀疑到相信的转折点是什么？"

王炎回答："当您用过程模式作业表对附件焊接这个过程进行了分析，并找出了以前漏液产生的原因后，我突然觉得，如果用这种方法将每一个业务过程管理到位，一次做对不就可以实现了吗？

"您以前在培训时阐述了一个观点，即所有的工作都是一个过程，所有过程的一次做对等于最终结果的零缺陷。

"开始时我对此没有太多感触，直到我用过程模式作业表分析完附件焊接缺陷的产生原因并输出消差计划后，我的思想有了突破性的改变。

"从这时起，我开始相信，如果我们足够努力，是可以实现一次做对的。"

唐风说："也就是说，当你没有找到一次做对的方法时你不相信自己可以一次做对，反之，你就相信可以做到。"

王炎回答："是的。"

唐风说："一次做对质量文化变革 14 步法为什么要分为两波来进行，先做试点项目，然后再推广，而不是一上来就大干快上？"

王炎回答："从我们降低附件焊接漏液率的项目来看，如果没有您的持续指导这个项目是无法达成目标的。

　　"因此，在第一波6个步骤中，通过顾问老师的指导和领导层的强力推动，确保试点项目取得成功，会带来三个方面的效果。

　　"一是榜样的力量，二是思想意识的转变，三是骨干队伍的培养。

　　"这三个方面，对智能液压公司下一期一次做对项目的全面推进至关重要。

　　"如果我们一开始就大干快上，推出一大堆的一次做对项目，反而容易失败。

　　"在没有榜样支持，没有骨干推进队伍的情况下，项目失败的风险很大。

　　"而且项目太多，您作为指导老师也难以面面俱到，必然造成项目指导的质量下降。

　　"这是我对您提出的问题的解答，不知道是否正确？"

　　唐风说："你理解得对，试点项目成功了，推广起来就轻松得多。"

　　接着唐风又发问："你知道为什么在完成第一波项目后，在接下来的每一期项目启动仪式上我们都要求管理层反复地公开承诺吗？"

　　王炎回答："员工对一次做对这个理念的认同需要持续强化。"

　　唐风说："对！我们管理人员需要不间断地强化员工的一次做对意识，要在大会上讲、在小会上讲，天天讲、周周讲、月月讲。

　　"《乌合之众》一书中有一些观点，对文化的建设可能很有帮助。"

　　他清了一下嗓子，念出一段文字："当领袖们打算用观念和信念影响群体的头脑时，有三种方法最为重要，也十分有效，即断言法、重复法和传染法。

　　"做出简洁有力的断言，不理睬任何推理和证据，是让某种观念进入群体头脑最可靠的方法之一。一个断言越是简单明了，证据和证明看上去越贫乏，它就越有威力。"

　　唐风说："这是书中的观点，我认为一次做对这个理念是具备这个条件的，它简单直接，坚决果断。"

接下来唐风继续念："得到断言的事情，要通过不断重复才在头脑中生根，并且这种方式最终能使人把它当作得到证实的真理接受下来。"

他解释道："要想让一次做对入脑入心，重复是必要的。

"如果一个断言得到了有效的重复，在这种重复中再也不存在异议，此时就会形成所谓的流行意见，强大的传染过程于此启动。

"这也是书中的观点。

"所以，我们在创建一次做对质量文化时，要想办法让优秀员工多分享，以此来带动其他员工。"

见王炎点头认可，唐风接着又问："一次做对质量文化变革项目与你们之前开展过的 QCC（质量圈）项目有什么区别？"

王炎回答："前者以理念改变为先导，后者的关注焦点主要在产品质量问题上，当然用到的方法也不一样。"

唐风问："如何保证附件焊接项目结项后效果仍然能保持？"

王炎回答："第一，项目结束后推进小组不能解散，至少每个月召开例会一次。

"第二，数据统计仍然按现在的方式进行，即每天输出结果。

"第三，小组指定一个目标担当，负责监视数据的结果，发现超标时立即组织分析处理。"

唐风说："很好。"

唐风接着问："你在项目推进的过程中是如何改变员工的工作态度，让一次做对的思想深入人心的？"

王炎回答："在项目开始前，您给我们做了专题研讨：如何促使员工一次做对？

"所以，我们就按您的意见从两方面入手，一是从信念上让员工相信一次做对可以做到，二是从动机上促使员工愿意一次做对。

"如何让员工相信一次做对是可行的？经过数据分析，我们发现车间的焊工舒文杰已经连续 150 天没有出现过漏液了。

"他就是我们要寻找的亮点，舒文杰能做到，为什么其他人做不到呢？

"对于改变员工的动机，我们做了很多工作，在 3 月份发起了百日零漏液挑战赛，通过物质和精神两方面的激励来促使员工一次做对。

"当然，还采取了许多其他措施。"

唐风点点头并强调："我们推动一次做对质量文化变革时，一定要充分考虑员工的动机，正确引导员工积极参与。"

见大家没有异议，他接着问："过程模式作业表是解决问题的核心工具，为什么要首先确定过程的范围？在运用它制订消差计划时应遵循什么顺序？为什么？"

王炎回答："确定了过程的范围，就明确了过程的输出和输入，也就是确定了我们要改进的方向。"

他指着 PPT 中的一页内容（见图 7-2）继续说："在实际运用时，我们第一步要确定过程的输出，并以此为基础，识别出过程的客户和相关方，以及他们对过程的要求。

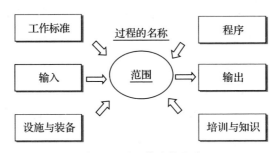

图 7-2　过程模式作业表

"如何识别客户和相关方？简单来说，谁使用过程的输出物，谁就是过程的客户；谁与过程的绩效指标如质量、成本、周期、安全等密切相关，谁就是过程的相关方。

"这个要求主要分为两类，一是对输出物的要求，二是对过程本身如周期、成本效率、安全等方面的要求。"

见唐风点头，王炎接着说："在识别输出后，第二步要识别输入因素，它一般包括两大类：实物和信息。

"我们要对每一项输入要素提出明确的要求，并识别其提供者，同时制订控制方案和纠偏计划，确保输入物能持续满足过程一次做对的要求。"

他指着过程模式作业表，继续说："在我们降低附件焊接漏液率这个项目中，输入物有三项，一是缸筒，二是工艺文件，三是设计图纸。

"比如说，待焊的缸筒因为打磨不彻底或者预热不到位，造成较大比例的焊接漏液，这就是典型的输入不良导致的输出不良。

"还有，部分产品的结构设计不合理，造成焊接困难，容易引发漏液，这也是输入性问题。"

停了一下，王炎继续说："在确定了输出和输入这两个要素后，第三步要确定的就是程序这个要素，我们有时也叫它作业方法，包括作业流程、操作规范、岗位作业指导书、产品检验标准等，它指导员工把输入转化为输出。"

唐风问："为什么在确定了输出和输入后，接下来就要确定程序这个要素呢？"

王炎回答："因为程序规定了要如何做，才能保证输出满足要求，它也规定了要使用什么设备和设施，以及加工输出的产品要达到什么标准。"

唐风问："我们对于程序有什么具体要求？"

王炎回答："每个企业都有自己的业务流程，无论是管理还是运营，都需要通过一些文件来进行规范。其中SOP（标准作业程序）就是一个重要文件，它详细描述了某一工作岗位的标准操作步骤和要求，以统一的格式呈现出来，旨在指导和规范员工的日常工作，这对企业的管理很重要。

"对于程序，我对它的核心要求就是它必须能正确指导员工操作，为过程目标的实现保驾护航。"

接着，他补充说："这里面有个大问题，就是我们以前经常和员工说，哪怕作业指导书错了，你也要按它的要求做，这种要求我现在认为是不正确的。"

这让唐风想起了20多年前，自己担任工艺工程师时也对生产线上的操作员工说过类似的话。

王炎说："实际上，我们在要求员工按作业指导书的要求作业的同时，也要求当他们遇到作业指导书存在问题时，要及时反馈给作业指导书的制定者，让制定者及时修改。"

唐风问："为什么有时员工会不按作业指导书作业？"

王炎思考了一下，说："我认为主要有以下几点原因。

"第一，**内容不够合理**，有些作业指导书写得过于简单，步骤和要求描述不清楚，导致员工看不懂。一份合格的作业指导书应该做到让普通员工都能够看懂，且要做到图文并茂。

"第二，未能充分考虑员工工作时的**舒适度**。作业指导书中的每个步骤的定义都应该有依据，不能随意确定，其中一个重要的依据就是要考虑员工操作时的舒适度。

"举个例子，某公司的员工在组装产品时需要用很大力气去拧螺栓，导致手磨损严重。虽然拧螺栓这个工作看似简单，但员工每天要完成数十台产品的相关工作，颇有难度。这样的情况可能会导致螺栓拧不到位，带来质量风险。"

这时王炎有点儿感叹，说："了解员工的心声，多为员工考虑一点儿，可以有效提高员工的舒适度。例如调整产品的装配工艺，减轻员工的体力负担，有助于减少产生不良产品的风险。

"因此，作业规范的编写应具备条理性和规范性，便于员工理解和操作，确保操作一致。

"同时，作业规范的编写需要保证内容的正确性和精确性，所描述的任务和步骤是准确、可靠的，要确保操作结果的准确性。

"另外，作业规范的编写还需要具备可操作性，即任务和步骤在正常情况下能够被操作人员实施，并且能够清晰地指导员工执行到位。

"比如，在一家医院的内科急诊室中，作业规范的任务是告诉医生如何处理急救，具体包括如何确定病情、施行急救措施、联系相关医护人员等，确保医生在紧急情况下能快速反应和正确操作。"

见唐风点头表示认可，王炎继续说："确定了程序这个要素后，第四步要确定设施与装备这个要素，它包括硬件、软件和工作环境等。

"设施与装备，主要体现的是过程中要用到的软硬件设施，这些设施如果出现问题也会导致工作无法一次做对。

"在附件焊接这个过程中，我们要用到电焊机、角磨机、拼装工装等设备。

"我们发现有一台电焊机，因为使用时间比较久，偶尔会出现电流电压显示不准确的情况，这会严重影响焊接质量。所以在这次的项目实施过程中，我们对其进行了更换，确保设施与装备这个要素能支持过程的一次做对。"

说完后，王炎暂停了一下，见无人提问，接着说："在确定了作业程序后，第五步要确定培训与知识这个要素。

"按我的理解，这个要素指的是人员的能力和数量，简称量能。

"要确保过程一次做对，人员的能力很重要，这就要明确这个岗位所需要的知识和技能，并以此为基础，制定该岗位的任职资格以及上岗培训和考核办法，确保员工具备一次做对的能力。

"同时，基于计划和预测，要做好人员的储备，确保数量也足够。

"只有这样，人员的能力和数量这个维度才能为过程一次做对打下基础。"

这时，唐风打断了他的话："为了实现一次做对，从事附件焊接的员工必须具备哪些具体的能力？请详细说明。"

王炎回答："在附件焊接这个过程中，我认为员工需要具备以下能力。

"第一，掌握二氧化碳保护焊这种工艺的基础知识和基本技能，能正确使用焊枪进行焊接。

"第二，能对焊好的产品进行外观自检，有判断区分良品和不良品的能力。

"第三，对于待焊油缸和焊丝是否合格，待焊产品要打磨到什么程度才能满足焊接的要求，他必须完全掌握。

"第四，能正确理解产品焊接作业指导书和焊接规范的要求。

"第五，能判断设备设施是否处于正常状态，比如电焊机是否正常，保护气体的流量和压力是否达标。

"第六，发现过程异常时知道该如何处理。比如当出现保护气体压力不足、焊机电流电压不稳定、待焊产品被油漆污染等情况时，他应该停下来，把问题反馈给主管，而不是勉强进行焊接，完成生产任务再说。"

王炎说："不知道我的理解是否对？"

唐风说："相当不错，请继续。"

王炎接着说："最后一步是确定工作标准，也就是员工对输出物的质量、过程的周期、成本效率、安全等要素的态度，也就是员工对工作的自我要求。

"我们要求员工对于每一项工作都是一次做对而不是差不多就行。

"比如对于输出物的质量，我们的标准是不接收不良品、不制造不良品、不传递不良品。

"对于周期，我们要求员工严格按生产计划实施。

"对于安全，我们要求生产过程中零安全事故。"

说到这里，王炎有些感触，他说："在项目开展的初期，部分员工没有一次做对的决心和信心。

"于是，我们通过培训、宣导、考核等办法，让每个员工都坚信一次做对可以实现并有意愿努力去做到。

　　"这是我对过程模式作业表6大要素的理解，请唐老师点评。"

　　唐风说："你理解得很好，不过我还有一些问题需要与你交流一下。

　　"有人说，没有变化就没有质量不良，有产品质量问题就意味着过程有变化，你认可吗？"

　　王炎说："这个说法略有夸张，因为变化是必然存在的，但是我们要管理好过程的变化点，这样才能保证其输出的结果平稳。"

　　唐风问："如何管理好过程的变化点？"

　　见王炎有些困惑，唐风说："过程的变化点管理与变更管理还有点儿区别。

　　"变更管理一般指过程的要素发生了显著改变，比如说，我换了一台关键的生产设备，或者说使用了一家新供应商的物料，关键工序的操作员工换人了等。

　　"而变化点管理一般指这些要素的状态发生了变化，比如说输入的原材料，其生产厂家没有改变，但是材料的特性发生了改变。或者说，某个操作员工没有变，但是其情绪和工作状态发生了改变。"

　　见王炎在点头，唐风接着说："变化点可能会带来质量风险，因此我们需要提前预测变化点并采取相应的措施来稳定过程输出。

　　"在我们这个油缸附件焊接过程中，输入的待焊产品最容易出现变化，另外就是设施与装备也会出现变化，比如说保护气体，有时候会出现气压不稳定的情况，在这些情况下焊接就很容易出现气孔等不良现象，针对这些易出现变化的地方我们要提前制定预案，确保其得到有效的控制。"

　　说到这里，唐风问："为什么降低附件焊接漏液率项目开始后，员工的工作态度到位了，但小组的绩效仍然出现了几次波动？"

　　王炎沉思了一会儿，回答："我认为最主要的原因就是员工能力不足，不能准确识别过程异常。

"比如说，4月份项目小组没有达成目标，原因就是有一位员工在1天内出现4起漏液，漏液的直接原因是待焊油缸被油漆污染，而他没有打磨到位就开始焊接。

"此类事故是最困扰我们项目小组的问题，感谢您的点拨，我现在终于知道答案了。"

唐风说："一次做对其实是很难的，它需要严格的条件，这也是我的下一个问题，如何为员工创造一次做对的条件？"

王炎说："其实，过程模式作业表已经给出了答案。

"我们要基于过程模式作业表招聘和培训员工，提供合格的输入和设施与装备，并激励员工一次做对。"

唐风说："很好。"

接着又说："过去，我们在谈到过程管理时强调要把人、机、料、法、环、测这些要素管控到位，这是我国的质量先驱刘源张院士提出来的。

"我们的项目在达成目标的过程中使用的是零缺陷过程模式作业表。

"请问，这二者有什么主要区别？"

王炎说："我认为，人、机、料、法、环、测的管理模式，是强调管什么。

"而过程模式作业表，不仅强调要管什么，更着眼于怎么管，前者粗放，后者精确。"

唐风点点头，并问："在本次项目中我们使用了一次做对六步法，即明确要求、识别差距、预先防范、心行到位、衡量分析、持续改进。

"这与美国的戴明博士提倡的PDCA[⊖]有何区别？"

⊖ PDCA：Plan（计划）、Do（执行）、Check（检查）和 Act（行动）四个英文单词的首字母组合。

王炎说："我认为一次做对六步法沿袭了 PDCA 的思路，但是更清晰和实用。"

唐风继续问："及时反馈结果给员工对激励员工一次做对有什么作用？"

王炎说："作用非常大，以前我们反馈给员工漏液率的频次是一个月一次，现在是每天反馈一次。

"这样做的好处有几点。

"第一，帮助员工及时发现问题，及时找到问题，及时解决问题。

"第二，表达管理层对此项工作的重视。

"第三，有效激励员工去达成目标。"

唐风点头表示嘉许，接着问："你认为项目取得成功的关键因素有哪些？"

王炎说："核心因素有两个。

"第一是领导的重视，坦率讲，我真的很重视这个项目，不管有多忙，每次项目例会我都坚持参加。

"第二是过程方法的运用，您指导我们用过程模式作业表这种结构化的方法来解决问题，效果真的很好。"

唐风说："最后一个问题，接下来你如何在智能液压公司中全面推进一次做对质量文化变革？"

王炎说："通过试点项目的推进，我们已经培养出 10 名以上的骨干人员，接下来他们会参加您主持的毕业答辩，我要求每个人必须一次性通过，成为合格的一次做对推进师。

"我要求在接下来的一年中，他们每个人至少要主持一个一次做对项目，每个项目培养 8~10 名推进师。

"这样通过骨干人员的带动，我相信一次做对很快会成为我们智能液压公司的质量文化。"

在所有评委的提问结束后，唐风说："请王总离场回避，由我们评委团讨论你的答辩结果。"

5 分钟后，王炎回到会议室，唐风代表评委团宣布："恭喜你顺利通过毕业答辩，成为振中科技第一位一次做对推进师。"

　　会议室中响起了热烈的掌声。

── **本章点评** ──────────────────────

　　● 如何衡量试点项目是否成功？

　　衡量一次做对项目成功的三个方面：

　　项目指标性的目标达成；

　　骨干人员的态度出现根本性转变；

　　骨干人员掌握一次做对工作方法。

──────────────────────────────

{ 第八章 }

二期项目启动

如何循序渐进地将一次做对项目持续深化？

"下面进行大会下一个议程：颁发二期项目目标军令状，请二期项目的 20 个小组的小组长上台，由集团公司总经理郑总颁发。"

主持人张彤彤的话把唐风的思绪又拉回会场。

二期总共 22 个子项目，其中涉及产品质量和过程质量的有 20 个。

另外 2 个，按唐风的说法，是质量竞争力提升项目，一个是质量绩效考核方案优化，另一个是质量部的人员能力建设，这 2 个项目没有数字化的考核目标。

20 个项目组长分两批上台，由郑仁刚逐个颁发军令状，这让唐风不由得又想起了二期项目规划和汇报的情景。

一期项目启动 5 个月后，5 个试点项目均按计划完成了相关的工作，其中 4 个项目达成改善 80% 的目标，另一个项目因为需要市场数据的验证，只能临时关闭，等待数据统计。

一天下午，在一次做对话事间，唐风与巩固、张彤彤等人开始规划下一期项目推进。

唐风说："从结果来看，一期项目是成功的，今天首先要总结一下主要的成功因素，然后在二期项目中推广。"

见大家都在点头，唐风继续说："第一个因素是项目选择比较合理。

"试点项目的选择，要考虑以下几点。

"1.项目有比较好的示范性，也就是说项目目标达成后效果比较显著，比如质量和效率提升、成本下降等。

"2.没有太高的技术难度，避免出现大的技术攻关，因为技术攻关需要的时间长，且风险大。

"3.效果反馈周期短，也就是见效快，最好的情况是在公司内部就能得到验证。

"4.项目小组的领导人支持度高，有较高的积极性。

"5个项目中，有4个项目的改善数据都在公司内部得到反馈，而且反馈周期很短，基本上在一个月内。

"也就是说，项目小组做了改进工作，其效果在一个月以内就能反馈出来。

"能快速衡量改进成果，这对后续的项目很重要。"

说到这里，唐风问大家："技术配套质量提升项目为什么无法与其他4个项目同时结项？"

见张彤彤和巩固在思考，唐风解释道："原因就是技术配套输出的 BOM 中的错误需要比较长的时间才能暴露出来，有的可能是1个月，有的需要一年以上。我们统计了一年的数据，发现平均暴露周期是 5.4 个月。

"所以说，从一开始选择立项时，这个项目就注定在半年内无法结项。"

张彤彤说："原来如此。"

唐风说："与之相对应的是智能液压公司的项目选择，他们一开始的选题是提升立柱千斤顶清洁度，经过与我的沟通后，改为降低油缸附件焊接漏液率。

"这个项目选得很好，因为其改进效果很快能得到验证。

"而且，附件焊接漏液率的降低对于最终用户的体验影响很大，对于内部客户即总装厂也有很大的影响，因为一旦出现漏液，处理起来就会很麻烦。

"所以，目标达成后会有比较好的示范作用。"

见张彤彤在点头，唐风接着说："反观提升立柱千斤顶清洁度这个项目，其一大半工作内容在供应商的质量管理上，要求回货的缸筒清洁度要达标。这样的项目，因为涉及供应商，周期往往比较长且不易控制。

"第二个影响成功的因素，我认为是管理层的支持和参与。"

这时，张彤彤插话："5个项目中，完成情况最好的2个项目，其项目组长几乎没有缺席过项目例会。

"在解决问题时亲力亲为，积极参与，起到了引领作用。"

唐风说："推进最艰难的技术配套质量提升项目，其项目组长在前面3个月基本上不参加例会。

"直到5月份，我使出撒手锏，在大会上逼着他承诺如果项目目标无法达成，他自愿去扫一个月厕所，从此以后他才躬身入局，项目推进才有了突破性的改变。"

暂停了一下，唐风接着说："第三个因素是管理层的公开承诺和持续感召。

"郑总作为公司最高管理者，在启动大会上公开承诺取消对不良品的让步接收，在他的支持下，后来我们还将这项要求形成了制度，由质量部监督执行，确保能持久落实。

"后来在公司的大会小会上，他都持续宣传一次做对，并要求每个干部亲自去推动一次做对质量文化变革项目。

"郑总的所作所为，对项目推进影响巨大。

"第四个因素是过程模式作业表与一次做对六步法的结合使用，这是一种结构化的方法，几乎解决了绝大多数的产品质量问题。"

张彤彤点头："是的。"

唐风说："第五个因素是资源的集中投入。

"为了保证项目能取得成功，我临时聘请来姜老师这位焊接专家，从技术上指导两个焊接项目的推进，对项目成功起到了良好的作用。

"5 个项目的所有例会我都全程参与了指导，为此集中投入了大量精力。

"如果没有试点项目的成功，就无法推动二期项目的实施。"

张彤彤和巩固点头称是。

唐风说："第六个因素是项目团队的分工。

"以前在做 QCC 等类型的改进项目时，存在的一个突出问题就是参与度严重不均衡。

"有的人很忙，有的人很闲。

"我们一期试点项目，通过组织方式解决了这个问题。

"二期项目的推进方案，要从一期项目中吸取经验教训。"

推进方案完成后，由巩固和唐风向集团总经理郑仁刚进行汇报。

在郑仁刚的办公室，唐风开始汇报。

"郑总，今天我的汇报内容包含三个方面。

"一是一期试点项目的总体完成情况。

"二是一期试点项目暴露出来的突出问题及原因分析。

"三是二期项目整体规划方案。"

郑仁刚点了点头。

唐风说："一期 5 个试点项目总体完成情况良好，达到了预期效果。

"其中 4 个项目达成目标，改进幅度最大的两个项目改进幅度均超过了 90%。

"另外一个技术配套 BOM 改进项目，其工作已按计划完成，但是其改进结果需要市场反馈的数据来验证，可能要等到年底才能正式结项。

"但是，项目主要通过领导的强力推动来实现，缺乏长期机制来使成果持续固化，存在后劲不足风险！"

见郑仁刚点头认可，唐风继续说："产品质量的水平取决于过程管理水平，目前过程管理存在的突出问题就是过程管理成熟度不高。

"主要体现有三点。

"1. 策划部门不明确，策划不到位。

"2. 规范执行不到位。

"3. 监督管理不明确。"

打开 PPT 后，唐风说："下面，我以结构件项目为例说明。

"在立项后，我们先对 UT 探伤过程进行了优化，目的是提高探伤数据的准确性。

"结果，在 3 月份第 5 周，UT 探伤不良率出现了戏剧性的变化，从过去的平均值 2.5% 直接跃升到约 15%。

"为什么产品不良率如此之高？过程管理上的漏洞太多了！"

唐风指着一张图说："上次我的搭档姜老师在结构件公司 9A 工区对机器人工序操作员工做了一次点检维护的培训，在现场发现了很多问题。

"比如，有些焊枪变形严重，培训时所用 4 把焊枪误差全部在 2mm 以上，有的达到惊人的 20mm！在这样的条件下焊出的焊缝，肯定会存在大量的未熔合缺陷！其实多数焊枪用肉眼看就可以发现明显的弯曲变形！"

接下来，唐风又结合图片进行汇报："送丝机存在严重的碰撞变形，其中有两部导丝管、送丝轮不在一条直线上，对焊丝的送进形成阻力，并损伤焊丝！

"所有送丝机都在充满烟尘的环境中处于敞开的状态，这样会有大量的灰尘落在送丝轮、齿轮内部和焊丝上，并进入送丝管，造成严重的磨损和堵塞！

"在进行 TCP（工具矢量中心点）校准时，姜老师他们用了两个工位的 4 台设备的机械臂，发现其中 2 台使用一般的刻度校准的方法，根本不能进行校准，有的误差在 2cm 以上，即在焊枪转弯时，焊枪上的焊丝的端部会离开所焊接的位置 2cm！

"由此姜老师断定车间平时基本上没有进行 TCP 校准，因为大部分员工都对这个校准不熟悉！"

这时，巩固似乎有些尴尬，但唐风还是继续说："令人惊讶的是，为什么在这种情况下还浑然不知，继续 24 小时使用该机器进行焊接作业？

"焊枪冷却水接口密封性差，导致有水进入送丝管内，造成锈蚀，进而在焊接过程中产生裂纹、气孔等缺陷。

"另外，还存在保护气体流量计形同虚设、没有对焊接电源的输出参数进行校准等问题。

"总之，所用设备基本上都是带'病'操作！"

说完车间设备设施的管理现状，唐风接着又说："还有一个严重问题，就是员工们没有耐心，不能沉下心来进行根因的分析，只会匆匆忙忙搞一些临时措施，结果问题得不到根本的解决，问题越来越多。

"姜老师试图帮大家导入正规的问题分析和解决的方法与流程，但是发现他们根本没有耐心学习和运用！都在着急处理生产任务，但是这样的结果就是欲速则不达，天天忙于救火。大家缺乏长期主义，只顾眼前的东西。"

唐风汇报时，郑仁刚在认真倾听并记录，并没有发声。

唐风继续说："为什么结构件公司的过程管理问题这么多？我认为其核心因素有两点。

"第一，员工薪酬以产量为导向。

"虽然公司拿出了 6% 的工资总额作为制造优质产品的奖励，但是实际上这部分奖励被当成了工资发放，每个人都有份，与工作质量无关，根本起不到激励作用。"

这时，郑仁刚在点头，看得出来，他似乎了解这一情况。

唐风说："第二，质量部门没有做好策划和监督的工作。

"公司对于质量部的定位就是产品质量把关，要求质量人员及时反馈问题，质量部的工资待遇位居所有部门的末尾。

"这就决定了质量部地位低，组织能力弱，没有过程策划的能力，变成了一个养老部门。"

说这话时，唐风有点儿迟疑，他担心郑仁刚不认可这种观点。

还好，郑仁刚没有反驳，反而频繁点头。

于是唐风接着汇报："为了把一次做对质量文化变革项目循序渐进地推进，扎扎实实地做下去，以下是我针对二期项目的策划。

"以产品质量和过程质量为主线，解决目前突出的产品不良率高和过程能力不足、管理成熟度低的问题。

"具体来说，就是组织前期参加试点项目的 5 个单位，进行项目拓展。

"其中重点项目 9 个，列入二期项目的管理和考核。

"除此之外，再启动 3~5 个次重点项目，由一期毕业的一次做对推进师主持，由各单位自行管理。

"新参加的 10 个单位，包含 5 家子公司和 5 个职能部门，共成立 11 个新的一次做对质量文化变革项目。"

见郑仁刚听得很认真，唐风接着说："质量文化变革的另一条线，就是建设质量竞争力也就是组织能力，针对这一目标二期重点实施两个项目。

"1. 设立一次做对绩效薪酬制度优化项目，由运营管理部主持，人力资源部和质量部参与，目标是从绩效薪酬这个维度鼓励员工在工作中实现一次做对。

"2. 设立质量部组织能力建设提升项目，通过质量文化变革，营造一次做对文化氛围，打造一个有思想的质量管理者团队。

"让质量队伍具备战略承接能力、资源整合能力、过程管理策划和问题解决能力。

"总之一句话，用项目的方式来推进一次做对质量文化建设，二期总项目数量为 22 个，其中 20 个与产品质量和过程质量直接相关，2 个是质量竞争力提升项目。"

郑仁刚点点头，对此表示认可。

汇报结束后，唐风让巩固先走了，自己留下来与郑仁刚单独沟通。唐风问了一个比较敏感的问题："郑总，您很重视质量，但为什么贵司的质量部定位这么低呢？"

郑仁刚很坦率，他回答："我们对质量部的定位的确比较低，但这是历史原因造成的。因为质量部总是不出活，所以定位低；因为定位低，所以资源投入少，进而导致其能力弱，能力弱的结果就是更加不出活。

"这样就形成了恶性循环，我也知道这个问题，后面我会逐步改变这个状态，但是关键还是质量部得出活，才能扭转公司领导层对它的看法。

"毕竟，薪酬待遇是与部门绩效考核的结果挂钩的，我也不能私自更改。"

"下面进入大会下一个议程：由一次做对质量文化变革项目的发起者，集团总经理郑总发言。"主持人张彤彤的话打断了唐风的回忆，使他把注意力集中到会场。

郑仁刚上台后，开始发表演讲："刚刚听了各小组的汇报和代表发言，首先谈几点我的感受。

"第一，试点项目小组目标的实现情况与项目本身的难度关系不大，但与项目组成员的努力程度关系很大，与一次做对理念下沉到一线员工层面的广度和深度密切相关。

"比如说，结构件焊接质量提升项目，在项目结束后探伤不良率下降幅度超过了 95%，其难度也是 5 个项目中最大的。这超出了许多人的预料，也超出了我的预料。

"这说明一次做对质量文化变革成功的关键在于各级领导层意识的转变,在于员工把理念转化为行动力,在于是否做到了层层落实,真抓实干。"

说到这里,郑仁刚清了一下嗓子,接着说:"第二,俗语有言,万事开头难,这五个试点项目的成功推进,实现了质量文化变革的开门红,各小组成员均付出了巨大的努力,事实证明一次做对的理念完全可以在振中科技成功落地、生根发芽,这为后续一次做对项目的全面推进提供了宝贵经验,在此感谢所有成员的努力!

"第三,透过这五个项目的成功实施,我欣喜地看到了中层管理干部在质量意识上的显著转变,这种转变在干部间已经呈现出星星之火燎原之势,这说明质量文化变革的局面已经初步形成,也将成为未来振中科技质量文化的强大内核。

"第四,试点项目已经培养了 52 名推进师,其中有 11 名优秀推进师,这将是未来质量文化传播的种子,为公司整体质量文化变革的成功筑下了强大根基。

"第五,虽然试点项目已经结项,但距离零缺陷的目标还有差距,需要继续努力来保持现有成果,并且持续改进以实现零缺陷!"

说到这里,郑仁刚暂停了一下,接着说:"下半年我们面临宏观需求下行势头,行业竞争日趋激烈,产品同质化严重,国际客户的质量标准要求又异常严格。希望通过一次做对项目的推进,从客户需求出发,将产品实现的各大业务过程管控到位,通过过程的完美输出来实现产品的高质量,进而打造质量差异化,最大化地拓宽振中科技的市场空间,保持振中科技的全球竞争优势。

"二期项目新加入了 10 个单位、11 个试点小组,希望大家积极学习一期 5 个试点项目的成功经验,将一次做对的理念和方法落实到每个员工的日常业务中,做到从实践中来,到实践中去,共同构建本单位的一次做对推行模式。

"二期项目中新加入了 200 位成员,希望你们通过深度参与项目,接受一次做对的理念，掌握一次做对的方法，让一次做对质量文化在心智上扎根、在行动上落地，达到会宣传、能做到的推进师要求，顺利毕业！

"试点项目小组作为桥头堡，意义重大。领导层要提高站位、躬身入局，充分发挥先锋模范带头作用，在此对各级领导干部提出要求。"

说到这里，他咳嗽了一下，用浑雄的声音说："一是旗帜鲜明地去强调'一次做对'并身体力行，切实履行；二是主动去学习，掌握推进方法和技巧；三是为员工提供充足的资源，帮助员工实现一次做对；四是对让步放行现象要坚决杜绝。作为最高管理者，我在此郑重做出承诺，以上四条铁律，首先从我出发，严格执行，绝不妥协！

"各个项目组成员要全力以赴去达成目标，在本单位内部形成良好的示范效应。以一次做对质量文化变革为契机，做到产品质量和管理质量双向提升，夯实质量竞争力，实现质量差异化。以产品实现过程为主线，在客户需求输入→开发设计→采购入厂→制造装配→产品输出到客户→售后服务这个过程链，形成整体闭环，实现振中科技可持续的高质量发展。

"现在我宣布，振中科技一次做对质量文化变革二期项目正式启动！"

随后，郑仁刚宣布了二期项目的人员任命，他自己继续担任项目支持组组长。

本章点评

● 如何循序渐进地将一次做对项目持续深化？

试点项目的选择和成功实施对一次做对质量文化建设项目的最终成功至关重要！

选择试点项目的原则有几点：

1. 项目成功后带来的影响较大，具备一定的标杆效应；

2.技术难度不宜过大，重点考虑管理优化类项目；

3.成果反馈时间比较短，最好是从公司内部的数据中得到验证；

4.项目小组的领导人支持度高。

在试点项目选定后，一定要配置优势的资源，全力将试点项目做成功。

从试点项目到全面推进，始终以解决实际问题为出发点，以问题为导向，实现从产品质量到过程质量，再到质量竞争力的全面提升。

{第九章}

姗姗来迟的首次达标

如何基于过程特性来确定项目范围和项目周期?

二期项目启动后,唐风更忙了,但他要求一次做对管理办对一期的 5 个试点项目仍然要持续跟踪推进效果,避免项目结束后绩效出现反弹倒退的现象。

一天,按唐风的要求,张彤彤组织了技术配套的项目会议。

这是一期试点项目中唯一不能在半年的项目周期内完全结项的项目,也是最让唐风揪心的项目,因为这个项目的实施过程是 5 个试点项目中最曲折的。

会议开始后,唐风开始发言:"我们这个项目在 8 月底临时结项,因为主要的工作已经完成,但是改善效果需要较长时间的验证,所以以后每个月必须开一次项目例会,检讨项目目标的达成情况,直到数据能证明可以结项为止。"

会议由项目组的目标担当赵金石主持,他先给大家看了一张表(见表 9-1),接着说:"这是我们项目组第一次达成月度目标,真是不容易啊,在此感谢大家的努力。"

听到这话,唐风很感慨,项目开展大半年来的经历一幕幕地呈现在他的头脑中。

表 9-1 技术配套项目目标达成统计表

时间	每月客诉问题数	每月质量损失（万元）	C 级以上配套事故	目标完成情况
2 月份	7	0.5	0	未完成
3 月份	12	0.2	0	未完成
4 月份	16	0.25	0	未完成
5 月份	10	0	0	未完成
6 月份	8	0.16	0	未完成
7 月份	4	20.98	1	未完成
8 月份	3	6.53	0	未完成
9 月份	3	1.48	0	未完成
10 月份	3	0	0	**完成**

　　8 个月前，在振中科技的子公司智能电控公司的会议室中，由技术副总张家福主持，技术配套 BOM 一次做对项目召开了启动会议。

　　会议开始后，张家福对项目组成员说："试点项目对于集团公司一次做对质量文化变革项目的最终成功具有非常大的示范意义，所以我要求大家一定要全力以赴，努力达成目标。"

　　接着张家福对唐风说："唐老师，我们选择技术配套 BOM 作为一次做对的试点项目其实是有原因的。

　　"前年我们公司共发生了 31 起技术配套 BOM 质量问题，还有与之相关的 4 起技术协议错误问题，最终产生 A 级质量事故 1 起、C 级 3 起、D 级 2 起，造成了较大的质量损失。

　　"我说的 D 级事故，就是单次直接损失超过 10 万元人民币的质量事故。

　　"去年初公司制订质量提升计划，设定的改进目标为 D 级以上不发生，D 级以下减少到 6 起以下。经过半年的改进和跟踪，我们发现改进效果不明显，因此我们想通过唐老师的帮扶指导彻底解决这些问题，实现一次做对。"

　　唐风说："根据我对这个项目的了解，技术配套是将前期与客户签订的技术协议转变为可以执行的 BOM，现在面临的核心问题就是全面提升这个过程的能力，通过过程能力的提升来解决那些乱七八糟的客诉问题。"

张家福说："我很认可您的观点。"

唐风说："以前我在别的公司做过类似的项目，当时我们的订单BOM问题很多，后来我组织相关人员对这个过程进行了梳理，半年后问题基本解决了。"

接着唐风反问张家福："目前有多少名工程师参加这个技术配套BOM的制作过程？"

张家福说："这个部门人数不多，只有七八个人，目前由赵金石负责。"

听到这里，唐风的心情顿时变得轻松，他问："如果我们这七八名工程师能实现一次做对，我们这个项目就能达成目标了吗？"

赵金石回答："是的。"

唐风说："看来我们这个项目的难度不大，大家只要努力很快就能达成目标。"

然而唐风犯了一个大错，他把问题想得太简单了。

3月底，项目开展一个多月后，一天唐风来到智能电控公司，参加技术配套一次做对项目例会。

在会上，有两件事引起了唐风内心的担忧。

一是项目输出的结果很不理想，而且多数出错的问题是项目开始前的几个月发生的，有的甚至是一年前的错误造成的。

二是问题产生的原因复杂，这是因为技术配套BOM是百分之百人工处理的，这些问题有的是制作BOM的工程师不小心弄错的，也有输入的信息错误导致的。

尤其是输入性的问题，很难有效控制，比如技术协议错误、现场测绘报告错误等，负责制作配套BOM的工程师根本没有可能识别和控制这些问题，他们只能相信这些输入的信息是正确的。

会议快结束时，唐风对项目组所有人员说："项目开展了快一个半月，从我掌握的信息来看，导致BOM最终出错的因素很多，比如售前输入的技术协议错误、配套清单错误、客户的需求变更信息传达不到位，还有售前工程师到客户现场完成测绘后输出的测绘报告错误等，都会导致技术配套 BOM 制作过程的输出结果错误。"

大家纷纷点头称是。

唐风接着问："对于这些输入性的错误，我们技术配套工程师有能力识别和控制吗？"

"无法识别和控制。"大家一致表示。

唐风对赵金石说："请你在会后统计两个数据，统计时间跨度尽可能长一些，至少半年以上，最好一年。

"第一，每个技术配套 BOM 出错后，多长时间才能暴露出来？

"第二，在导致技术配套 BOM 出错的众多因素中，输入性的错误占多大比例？"

一周后，项目例会再次召开，在会上赵金石向唐风展示了他的统计结果。

看过数据后，唐风的头大了。

他对赵金石说："看来我们这个项目要做一些大的调整了，无论是项目范围，还是项目实施周期，都要进行调整。

"你看，导致技术配套 BOM 出错的因素中，输入性问题占比高达 75%。

"更要命的是，对于这些输入性错误，我们做 BOM 的工程师无法识别，更无法控制。"

赵金石点点头："是的，我们不可能找客户再去复核一遍。"

唐风说："就算我们的技术配套工程师能把分内的工作做到 100% 正确，也只能解决 25% 的问题。"

赵金石说："目前的实际情况就是这样，我们也很无奈。"

唐风说："为了实现项目目标，我们需要将项目范围扩大，必须把全体售前工程师拉进来，让他们解决这 75% 的输入性问题。"

与会人员纷纷表示认可。

唐风说："除此以外，我发现，技术配套 BOM 出现错误，暴露问题的时间周期波动很大。

"有的一个月内问题就暴露出来，有的甚至一年后才暴露，为什么会这样？"

赵金石回答："技术配套 BOM 出现错误，在公司内部基本无法发现，只有在客户验收和使用时才会暴露。

"有的产品到客户现场后立即安装，所以问题暴露快。而有的现场因为各种原因，我们的产品从生产完成到客户安装使用，中间可能有一年左右的时间，问题暴露时间当然就很长。

"经过我的抽样统计，问题暴露的平均时间约为 5.4 个月。"

唐风说："也就是说，我们做的改善工作是否有效，可能要等到 5 个多月后才能从统计数据中得到反馈。"

赵金石回答："理论上是这样的。"

唐风说："看来，从项目选择的那一刻，我们这个项目就注定很难在 8 月底完成结项。"

在下一周的项目例会上，按唐风的要求，赵金石特意将售前的主管陈延飞拉过来一起开会。

唐风对陈延飞说："从统计的数据来看，售前输入的信息错误，导致技术配套 BOM 做错，占比高达 75%，这一点你认可吗？"

陈延飞说："这是事实，但我们售前人员工作内容很杂，人手又不足，不是出差与客户开会，就是在出差的路上，出错的确难以避免。"

唐风说："这个理由不成立，没有哪个部门会说自己人力很富余，你的关注点应该是如何解决这些问题。"

陈延飞说："好吧，会后我思考一下，看看如何改善。"

在下一个项目周例会上，听取了陈延飞的改善思路后，唐风很不满意，对他说："我认为你分析问题的思路有些问题，没有站在过程能力和管理成熟度这个维度来看待问题的本质，采取的对策都是针对某个具体问题的，没有触及问题的本质，要知道，几乎我们犯的每一个错误都是小概率事件。"

陈延飞回应："说实话，我也不知道怎么解决这些问题。"

唐风说："对于小概率事件，如果不能从问题的本质入手，提出的措施很难有成效。

"你是售前这个部门的主管，现在请你将售前这个大过程中所涉及的主要工作给我描述一下，在白板上画出过程关系图。"

等到陈延飞完成后，唐风说："你的售前过程实际上主要包括6个子过程，它们分别是技术协议签订、配套清单生成、客户需求变更管理、客户现场测绘、样机评议、外购件需求传达。

"从以往的数据分析来看，技术协议签订、配套清单生成、客户现场测绘这3个过程出的问题最多。"

陈延飞说："是的。"

唐风说："你先画出这3个过程的过程模式作业表，在此基础上再对前期出现过的问题进行分析，寻找过程中每个要素与管理要求之间的差距，进而制订消差计划，在项目例会上汇报。有困难的地方找金石协助，他已经接受过我的培训，有能力帮助你。"

陈延飞答应了，但是他连续几周拿出来的东西都不能满足唐风的要求。

一天项目例会开完后，在回办公室的路上，唐风和张彤彤说："我觉得陈延飞的策略就是敷衍，他根本不想投入时间去把这个问题解决。

"要解决他的态度问题，必须请领导出马。这样，下周你让项目组长张家福务必参加项目周例会。"

张彤彤说："好的，我来协调。"

在下一个周例会上，张家福终于出现了，唐风对他说："张总，自打我们这个项目启动后，您基本未参加过项目例会，我希望后面能改变这个情况。"

张家福说："唐老师，我正在处理公司的上市事宜，这是公司今年的头等大事，最近非常忙，请您谅解。"

唐风说："上市要处理的事情确实多，我能理解您的忙碌，但是我希望您能抽时间参加项目例会。毕竟我们这个是试点项目，如果不能达成目标，对后续的影响很大，我们都没法向集团公司的领导交代。"

张家福说："好吧，后面我尽量多抽时间参加例会。"

在随后的两周中张家福参加了一次例会，并对陈延飞做了要求，但陈延飞做出来的东西仍然是乱糟糟的，这让唐风很是恼火。

一天，唐风对张彤彤说："我们3月份开了启动会，按计划在4月份应该开一次月度例会，由5个试点项目的组长向郑总汇报项目完成进度。

"结果，4月下旬由于郑总出差，这个会没有开。

"所以，5月份的项目月例会必须召开，我要给5个项目组长施加点儿压力。"

终于，在5月中旬，振中科技一次做对质量文化变革项目第二期的第一个月例会召开了，由5个试点项目组长向集团公司总经理郑仁刚汇报进度。

等到张家福上台汇报结束后，唐风拿起话筒，开始发言："张总，我们的项目从3月份正式开始，原计划在8月份开始验收成果。"

张家福说："是的。"

唐风说："我认为，我们的试点项目要取得成功，主要取决于三个因素。

"第一是公司领导的支持。

"第二是正确的项目推进方法。

"第三是项目团队的决心。"

"对于我的看法，您认可吗？"唐风问。

张家福回答："认可。"

唐风说："很好，现在我有几个问题想和您确认一下。

"第一个问题，郑总作为集团公司的领导，对于我们试点项目的支持力度是否足够？"

张家福回答："郑总对我们的项目很重视，他的支持力度绝对没有问题。"

唐风说："很好，下面是我的第二个问题，我作为项目指导老师，对项目的指导有没有问题？"

张家福回答："您的指导没有任何问题。"

唐风说："那好，我的第三个问题就是，项目团队成员，尤其是您本人有没有足够的决心去达成目标？"

张家福回答："我当然有决心。"

唐风说："您敢不敢承诺在8月份一定能达到项目目标？"

张家福回答："我承诺一定做到！"

唐风提高了声音："做不到怎么办？"

这是唐风的撒手锏，也是他蓄谋已久的策略。

张家福回答："刚才成套研究院张院长在回答您的这个问题时，我在下面进行了思考，准备好了我的答案。

"很简单，如果我们智能控制公司的试点项目无法达到目标，我承诺去做两件事。

"第一，与张院长一样，我每天上班时，在公司大门口做20个俯卧撑，连续做一个月。

"第二，我顶替清洁工，连续一个月打扫我们办公室2楼的卫生间，并拍视频发到一次做对质量文化变革项目微信群中。"

从此之后，技术配套BOM一次做对项目组终于行动起来了。

在6月初的项目例会上，赵金石告诉唐风："张总组织我们全体售前人员，对已签约但未发货的数十个合同进行重新核对，主动寻找合同中的错误。

"张总还承诺，如果主动发现了合同中的错误，并积极做出整改，会获得奖励。相反，如果在核对过程中敷衍了事，导致合同中的错误漏到客户处，则会受到严惩。"

结果不查不知道，一查吓一跳，居然从未发货的合同中查出60多个错误。

当赵金石将此消息告诉唐风时，唐风说："这就是领导的决心带来的效果。"

与此同时，售前主管陈延飞的态度大为转变，他按唐风的要求对售前过程中的6个子过程画出了过程模式作业表，认真分析每个要素存在的差距，制订相对应的消差计划。

终于在8月底，项目开展近半年后，所有的改善工作全部完成。

在项目周例会上，唐风宣布："我们的项目工作暂时结项，但是每个月必须开一次项目例会，检查目标达成情况，同时陈延飞和赵金石两位主管要定期抽查各自负责的各个业务过程的规范落实情况，确保工作一次做对。"

── 本章点评 ─────────────────────

● 如何基于过程特性来确定项目范围和项目周期？

在一次做对质量文化变革项目中，过程质量提升是一个抓手，在用项目的方式来提升过程能力时，要充分考虑过程的特性，以此来确定项目范围和项目周期。

另外，对于问题和结果反馈时间长的特殊过程，要加倍重视过程管控，确保每一个影响输出结果的过程要素都能得到有效管控。

{第十章}

苦尽甘来的零缺陷

如何组建一次做对质量改进团队并成功实施项目？

春去秋来，转眼间，唐风到振中科技集团当项目指导老师已经一年多了。

一天下午，二期项目小组长毕业答辩会在集团公司的多媒体会议室启动，由唐风和集团公司新上任的生产副总张金共同主持。

第一个汇报的是集团下属铸锻公司的总经理李明，他面向评委组开始汇报。

"经过 6 个多月的努力，我们铸造一次做对项目终于实现了项目目标，作为项目组长，今天我给各位汇报项目改进成果，以及分享我对一次做对的理解和感悟。

"我先介绍第一部分的内容：一次做对原理。

"一次做对是指第一次就把正确的事情做正确，这是企业的商业核心。

"我认为，一次做对包含三个层面的意思：首先是做正确的事情，这就要求管理层制定正确的战略。

"其次是正确地做事情。在我们这样一个铸造一次做对质量文化变革项目中，我认为，领导要深入地参与到项目中，以项目为载体提升过程管理能力。

"在 6 个多月的项目进程中，几乎每周的周例会，我都全程参与了。"

听到这里，唐风回忆了一下，似乎确实如此。

李明继续说："如何正确地做事情？我们小组将一次做对六步法和过程模式作业表进行了综合运用。"

说完，他打开 PPT（见图 10-1），继续说："一次做对六步法与过程模式作业表的综合运用是我们这个项目取得成功的重要手段。

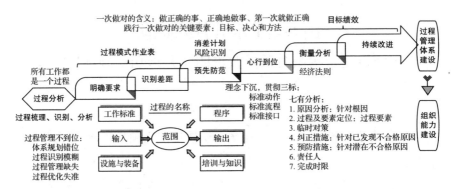

图 10-1　一次做对六步法与过程模式作业表的综合运用

"六步法中的前三步，明确要求、识别差距、预先防范，属于 PDCA 循环中的 P 阶段，第四步心行到位属于 D 阶段，第五步衡量分析属于 C 阶段，第六步持续改进属于 A 阶段。

"最后是第一次就把正确的事情做正确，这是我们铸锻公司竞争力的体现。

"如果每个员工都能达到这个要求，我们公司在行业内就有了充足的竞争力。

"如何实现这一点？我认为要结合实际制定一次做对的目标，通过改变组织成员的思想观念，避免因人员缺乏知识以及员工态度问题造成不能一次做对，我们必须让员工拥有一次做对的信心和决心。

"为什么要推行一次做对？从短期来看，就是减少产品质量问题。从长期来看，则是公司生存需要，它为我们打造差异化的质量与成本竞争力。"

说完，李明打开下一页 PPT，继续介绍："我们项目的名称是铸造一次做对，其目标用 4 个指标来衡量。

"冶炼钢水氧化末期终点碳含量合格率、粘砂不良率、气坑不良率、批缝不良率。

"如何达到目标？下面我给大家汇报项目开展的思路。

"在第一次项目例会上，唐老师说我们这个项目的本质是实现 8 个业务过程的一次做对。"

这让唐风想到第一次与李明开会的情景，当时唐风就是这样对李明说的。

李明播放下一页 PPT（见图 10-2），继续说："这是我们铸造的 8 个业务过程。

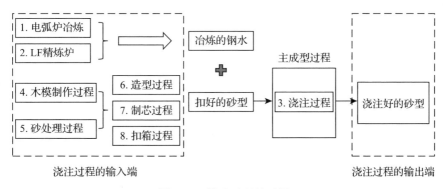

图 10-2　铸造过程关系图

"通过对质量管理成熟度模型的学习，我们发现公司基本处于觉醒期这个阶段。

"我们推行一次做对的目标，是使铸锻公司的质量管理成熟度从觉醒期到达智慧期，乃至到达确定期。"

听到这里，唐风点了点头。

李明继续汇报："在汇报项目成果前，我先介绍一下项目的立项背景。

"这个项目是集团公司领导郑总为我们铸锻公司选定的，他在铸锻公司工作了十几年，对我们的业务和痛点非常了解，所以挑选的项目及制定的目标，难度非常大。"

李明清了一下嗓子，说："我们这个项目有三个特点。

"第一，铸造属特殊过程，行业内尚无大规模使用陶瓷砂工艺的先例。

"第二，铸件外观问题反复出现，不良比例高，影响公司对外形象。

"第三，冶炼造型过程影响因素多，监控指标不够全面，出现问题追溯难度大。"

说到这里，李明看了一眼巩固，说："我们是集团下面独立的子公司，虽然也有自己的质量部，但无论是人员能力还是管理基础，都与集团公司有较大差距，这也是项目难度大的另一原因。"

他打开PPT（见图10-3），开始汇报项目成果："项目从去年9月启动，指标之一是氧化末期终点碳含量合格率大于95%，截至目前合格率已连续14周达到100%，达成了预期目标。

"这是4个指标中最早达成目标的。"

听到这话，唐风不由得想起了去年10月铸造项目例会上与李明的交流。

唐风问："为什么冶炼钢水氧化末期终点碳含量合格率的目标定得这么低，只有60%？"

李明回答："因为根据前期的数据统计，我们目前的合格率大约只有30%。"

这让唐风大吃一惊。

然而，更让唐风吃惊的是，项目开展几周以后，该指标的周合格率快速超过了80%。

于是在项目例会上，经讨论，李明宣布："冶炼钢水氧化末期终点碳含量合格率的目标后续调整为95%。"

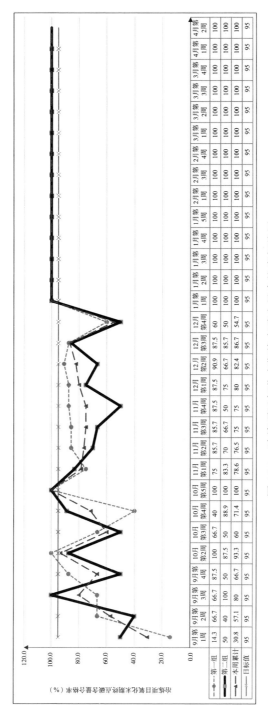

图 10-3 冶炼项目氧化末期终点碳含量合格率折线图

"该指标的达成对成本的节约产生了巨大影响，要知道，每返工一炉钢水要耗电近 2 万度，还有额外加碳的成本。"李明的话打断了唐风的回忆。

说完，李明打开下一页 PPT（见图 10-4），说："从去年 9 月到今年 4 月，在实现粘砂不良率小于 1% 这个目标的过程中，项目经历了 3 个阶段，从动荡波动到持续向好，最后实现连续 16 周清零，达成了预期目标。"

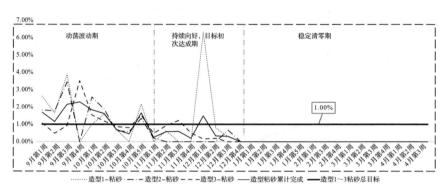

图 10-4　粘砂不良率折线图

李明接着打开下一页 PPT（见图 10-5），说："同样，从去年 9 月到今年 4 月，在实现气坑不良率小于 0.1% 的过程中，我们经历了 4 个阶段，实现断续清零 15 周，连续清零 11 周，达成了预期目标。

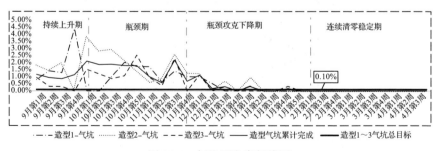

图 10-5　气坑不良率折线图

"气坑不良率这个指标涉及的因素非常多，项目开始时，我认为是最难达成目标的，但实际上是倒数第二达成目标的。"

说完李明打开下一页 PPT（见图 10-6），说："从去年 9 月到今年 4 月，在达成批缝不良率小于 0.1% 目标的过程中，中间经历了漫长的约 120 天的动荡、波动与问题爆发期，批缝不良率终于在今年 1 月首次降至 1% 以下，2 月第 4 周首次清零，截至目前实现连续 6 周清零。

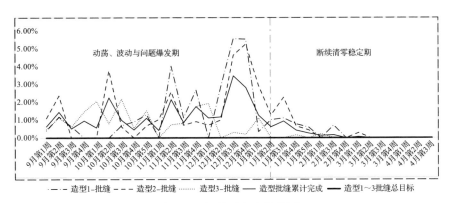

图 10-6　批缝不良率折线图

"以上是 4 个指标的完成情况，下面我来介绍第二项成果：管理规范的优化。"

李明暂停了一下，接着介绍："通过项目的实施，我们输出了一整套铸造过程管理规范，这对成果的维持起到了重要作用。

"在作业标准方面，总共优化了 16 项标准，输出了《气坑缺陷关键因子作业指导书》《陶瓷砂旧砂再生处理过程操作管理规范》《铸造木制模具制作过程操作管理规范》等。

"在制度规范方面，输出了 3 项规范，分别是《一次做对项目周例会制度》《一次做对二期项目激励与考核制度》《分层审核管理制度》。

"在实施执行方面，输出了 5 项方案，分别是《批缝行动计划及方案》《气坑行动计划及方案》《一次做对六步法培训方案》《七有问题分析方案》《问题快速解决方案》。

"在作业指导方面，输出了4项成果，分别是《吹氧技能作业要领书》《起型技能作业要领书》《木模检验技能作业要领书》《铸造缺陷不良动态驾驶舱》。

"在设备工具方面，总共做了16项改善，如冶炼设备、铸钢设备、造型设备、木模设备、生产用工装的改善及现场设备点检方案等。"

说完后，李明打开下一页PPT，指着图片说："气坑、粘砂缺陷消除后，表面粗糙度Ra从原来局部的50μm到现在整体的12.5μm，达到铸钢砂型铸造的最高标准。

"还有，通过项目实施，铸造成本与去年同期相比，按吨计算，下降了9.7%。同时，由于不良品基本消除，我们的清磨工区减少了一个班组，交付速度也提高了。

"这是一个很好的成果，它反映出一个事实，只要管理做到位，质量、成本、交付可以兼得。"

李明看了一眼张金和唐风，继续说："下面我来汇报一下项目执行情况。

"我们用的是一次做对六步法。

"第一步是明确要求，以上序的输出为下序的输入，明确过程的输入输出要求，识别的要求要量化、可检测、可追溯。"

李明指着PPT说："以浇注过程为例，主要输出物有三项：铸件、砂箱和质量记录。

"要确保输出的铸件无外观缺陷，输入物很重要。

"首先是钢水，钢水重量、牌号、温度、成分必须符合要求，而且在浇铸过程中不能断流，浇注速度不能低于标准速度。

"其次是砂型和砂箱，砂箱上要有重量、牌号的关键浇注信息，浇注系统规格符合开放式浇注系统的要求，而且砂型存放时长不能超过标准时间，否则可能会出问题。"

说完这些，李明打开下一页PPT，继续汇报："对于其他四个过程要素，如程序、设施与装备、培训与知识、工作标准，我们对其要求也进行了详细的识别。

"从9月初项目成立，连续一个月，我们项目小组都在做这项工作。"

李明有点儿感慨地说："刚开始时，我们输出的过程模式作业表存在很多问题，比如描述模糊、要求不明确等。

"经过前后四轮评审和修改，终于定稿，我们已尽可能将要求明确。"

李明打开下一页PPT，解释道："以上就是第一步的工作内容，总结起来就是一句话：明确要求。"

说完了这些，见评委们无异议，李明接着说："第二步是识别差距。

"明确了要求，接下来就是针对每个过程要素的现状进行识别，与标准对比找到差距，从而整理出每个过程的过程模式作业表。

"第三步是预先防范，就是以识别出的问题为依据，针对每一个问题，制订消差计划。"

说到这里，他开始解释："比如说砂型，工艺规范对通气孔的数量、孔径、深度都有要求。

"但实际上存在通气孔数量不够、砂箱排气不畅的问题。

"所以我们项目小组对通气孔的数量和孔径进行了研究，制定合理的数量和孔径要求，这就是我们的消差计划。

"我们总共实施完成了213项消差计划，才让项目达成目标。"

这时，李明似乎有点儿激动，他接着说："第四步是心行到位。

"我们通过宣誓承诺、领导感召、技能比武、领导巡视、学习分享等一系列的行动，让一线员工按要求做事，出现异常时及时反馈，把问题产生的根因调查清楚，确保问题不再重复发生。

"质量文化的建立，在我们这个项目中，经历了四个阶段：形成信念并达成共识、做出承诺、转化行动、持之以恒。

"在 6 个多月的项目周期中，每次项目周例会我都参加了，并且专门抽时间去现场，参与分层审核，检查消差计划的落实情况。"

听到这里，唐风点了点头。

李明的声音提高了一点儿："我认为，在一次做对质量文化变革项目中，领导的作用是第一位的。

"员工的思想和意识能不能真正转变，关键看领导。

"领导如果仅仅是口头支持，而不躬身入局，是无法得到想要的结果的。

"我觉得，这是很多企业在做质量文化变革时，无法达成目标的根本原因。"

见所有的评委都在点头，李明接着说："第五步是衡量分析，这一步也很重要，在这里，要感谢一次做对项目管理组的姜老师对我们的指导。"

听到这里，唐风的思绪不由得回到了去年 11 月底的项目例会上。

当时铸造一次做对项目组已经运行了近 3 个月，但是改进成果并不显著。

唐风经过分析，认为主要原因是项目范围比较广，涉及 8 个业务过程的优化，影响因素众多，而铸锻公司的管理基础比较薄弱，员工习惯按经验做事，制订的消差计划并不能满足要求，而结果不达标时，他们又找不到真实的原因。

于是在项目例会上，唐风说："各位，二期项目中，其他很多项目组的绩效已经有了显著改善，个别小组甚至已达成目标，而我们项目组的现状大家也看到了，根本没有突破性的改善。

"为什么会出现这样的情况？"

见大家不吭声，他接着问："我们的过程模式作业表和消差计划是谁负责制订的？"

现场站起来回答的是铸造车间的副主任孟三兵："是我组织制订的。"

唐风问孟三兵："消差计划是你组织制订的，如果员工把消差计划百分之百落实，你能担保我们一定能达成目标吗？"

　　被问到的孟三兵一脸的不自信："我不敢保证。"

　　于是唐风对李明说："李总，我有个提议，请考虑。

　　"我认为我们项目组需要增加一些成员，否则很难达成目标。

　　"第一是技术专家。

　　"铸造是一门古老的工艺，2000多年前就有了，但是要把产品做精，我们必须有人去研究过程、研究细节，技术能力是一次做对的基础。

　　"要实现一次做对，必须要知道该怎么干。"

　　李明说："这个有点儿难，我们公司的技术水平在行业内应该是比较高的了，要找到更厉害的技术专家，很有难度，我考虑一下吧。"

　　唐风接着说："第二是方法论专家，我的搭档姜老师精通特殊过程的不良问题分析，有科学的方法论，建议让他进入我们项目组，彤彤，你觉得怎么样？"

　　张彤彤说："这个没问题。"

　　从铸锻公司回来后，唐风立即给姜武打电话："姜老师，铸锻公司这个铸造一次做对项目组，运行了快3个月，但是效果不明显，我想让你加入这个项目组。"

　　姜武说："这种特殊过程的管理优化方案，必须由精通技术的人来做，我是搞焊接的，对这一块也不熟啊。"

　　唐风说："你先听我把话说完。

　　"项目目标不见改善，我认为根本原因有两点。

　　"第一是制订的消差计划不合理。我感觉消差计划纯粹是这班人坐在办公室里拍脑袋做出来的，根本不能解决问题。

　　"第二是他们缺乏分析问题的方法论，出了问题总是找不到根因。"

　　唐风接着说："技术方面由他们想办法，我们只提供管理咨询，我觉得你对特殊过程的问题分析很有一套，所以让你加入这个项目组。"

姜武说："好吧，我先从网上搜集一些铸造方面的知识，了解一下这项工艺。"

第二天，姜武就给唐风发来微信，讲述了铸件常见缺陷的产生原因及防止方法。

姜武在电话中对唐风说："有了这些基础知识，加上解决问题的方法论和工具，我们就可以解决问题。"

在12月初的项目周例会上，项目组增加了3个人：一个是已退休半年的前总工彭实，另一个是姜武，还有一个是技术员马全有。

李明对大家说："彭总是我们以前的总工程师，今年3月就退休了，因为我们项目组需要铸造技术专家，我就把他请回来了。

"马全有是我们技术部的技术员，以后由他陪同姜老师去现场，分析问题和跟进问题解决情况。"

那天晚上，彭实还和唐风、姜武一起吃饭，互相增进了解。

"姜老师对我们项目组的帮助很大。"

李明的话把唐风的思绪又带回了现场。

"自从姜老师在12月加入项目组后，针对铸件的气坑、批缝产生的关键因子和因素进行了识别，并组织逐个验证。

"比如，对于气坑的形成，浇注速度是一个关键因子。

"那么，什么样的速度是最合理的呢？

"经过现场的反复验证，制定出了标准。

"在铸件每箱钢水总重量小于1吨时，浇注速度不低于每秒A公斤。

"在铸件每箱钢水总重量大于等于1吨且小于2吨时，浇注速度不低于每秒B公斤。

"在铸件每箱钢水总重量大于等于2吨且小于3吨时，浇注速度不低于每秒C公斤。

"再如，砂型黏结剂的加入量也是一个关键因子，经过验证，我们也制定了相应的标准。"

说完这些，李明长出一口气，接着说："我们针对产生气坑的18个关键因子，均制定了相应的管控标准。

"在取得成果后，我们又用计划点检双圈图等工具，落实过程审核。

"在衡量分析阶段，我们针对每个过程，均制定了相应的衡量指标，以判断过程是否稳定。"

见评委们听得很认真，李明指着PPT说："比如钢水冶炼过程，我们用5大类指标来衡量。

"这些指标有钢水熔清碳含量合格率、配碳量、脱碳速度、吹氧时间、钢包滴漏率、浇注速度等。

"一次做对六步法的第六步是持续改进。

"这一步的重点是针对过程中的每个不达标项进行改进，直到实现零缺陷。

"还有，对于过程中所耗费的资源，要尽可能节省。

"对于过程的周期和效率一类指标，也要不断改善。"

讲完后，李明停顿了一下，接着说："最后我来谈谈心得和体会，主要有四点。

"第一，观念转变。

"领导者要率先垂范，打破固有思维进行创新，勇于试错，激励团队持续提升执行力，助力观念转变。"

见张金点头表示认可，李明接着说："第二，人才培养。

"推进一次做对的目的是育人造物，因此，项目组人才配备要合理，通过激发人员活力，打造有能力自主做项目的人才队伍，从而产生变革的内生动力。

"第三，工具应用。

"实现过程一次做对的基础是过程模式作业表和消差计划，要全员参与制订，且验证关键因子一定要重视'三现'原则：现场、现物、现实。

"第四，氛围营造。

"宣传和培训队伍是项目推进的先锋队，氛围营造的着眼点在于态度、知识和技能的短板。"

李明汇报结束后，接下来是评委提问，等到其他评委完成提问后，唐风最后一个提问。

唐风问道："我们这个项目，前面3个月进展缓慢，你认为根本的原因是什么？"

李明回答："我认为主要原因有三个。

"第一是项目成员的信心和决心不到位，过程模式作业表是坐在办公室里拍脑袋制作的，导致其根本不能支撑项目目标的达成，这主要是我的问题。

"第二是缺乏对于过程要求的认知。

"尤其是影响气坑和批缝的关键因素和因子，项目成员没有掌握验证方法。

"第三是问题分析能力不足。

"在目标迟迟无法达成的情况下，项目成员在技术上无法分析出产生不良结果的根因。"

唐风点头表示认可，接着说："这就反映出衡量分析的作用了，导致项目在前期不能按计划达成目标的直接原因有哪些？"

李明回答："我认为直接原因只有两个。

"第一是认知问题，体现出来的就是制作的过程模式作业表和消差计划效果差。

"第二是执行问题，也就是态度问题，一线员工没有严格执行过程模式作业表和消差计划的要求。

"所以，衡量分析的结果也要落实到这两个方面。

"1. 优化过程模式作业表和消差计划。

"2. 找到执行不力的员工并调查原因，解决执行力问题。"

说到这里，李明一脸感激："所以，在 12 月初姜老师和彭总加入项目组以后，我们的衡量分析能力有了显著提高，对于项目的成功起到了非常重要的作用。"

唐风接着又问："铸造一次做对项目的成功对于铸锻公司一次做对质量文化建设有什么意义？"

李明回答："我认为这个试点项目的成功有三方面的意义。

"第一是示范效应。它的成功为后续一次做对的推进树立了一个良好的样板，提升了全体员工推进一次做对的信心。

"第二是人才培养。要将一次做对在全公司范围内推进，我们需要一批合格的推进师，而试点项目开创了一个培养平台。

"第三是意识转变。通过项目的成功推进，中高层管理者的意识有了显著的转变，大家相信，只要有足够的决心并掌握了正确的方法，一次做对是完全可以实现的。"

唐风说："这些是我以前培训时讲过的，看来你领会得不错啊。"

接着又问："产品的零缺陷以及工作的一次做对，为什么是可以实现的？"

李明回答："因为我们采用了一次做对六步法和过程模式作业表。"

唐风说："你回答得不够准确。"

接着说："15 年前，我第一次接触克劳士比的零缺陷管理理念，我很认可。

"但是，如何把产品做到零缺陷，把工作做到零失误？我百思不得其解。

"如果一个理念没有落地的方法，那么大家会认为它只是一个洗脑的工具。"

李明说："是的。"

唐风说："我当时甚至也有过这样的想法，但是一想到美国克劳士比学院是一家上市公司，我的想法就变了。"

"大家想想，如果单凭一套洗脑的培训教材，克劳士比学院这家公司怎么可能上市？

"所以，我相信一定有方法可以让零缺陷落地，只不过我暂时没有找到而已。

"经过10年的摸索和实践，我终于摸透了零缺陷落地的内在逻辑。"

说到这里，唐风停了一下，解释道："我们得出一个结论，一般有两种方法。

"第一种是归纳法，是从特殊事件中得到一般性的结论。

"比如说，我在美国看到的天鹅是白色的，在中国看到的天鹅也是白色的，在加拿大看到的天鹅还是白色的，所以我得出一个结论：所有的天鹅都是白色的。

"这种方法可能会得出错误的结论，因为样本不完整，事实上也有黑天鹅的存在。"

说完后，他停了一下，接着说："第二种是演绎法，也就是我们常说的三段论。

"首先有一个大前提，其次有一个小前提，最后得到一个结论。

"只要大前提和小前提正确，结论就是正确的。

"为什么零缺陷和一次做对是可以实现的？我们可以用三段论来阐述。

"所有的工作都是一个过程，只要我们用过程模式作业表这一结构化工具，把过程中的每一个要素及其要求都识别出来，并且管控到位，就能实现过程的一次做对。如果每个过程都能实现一次做对，那么就可以实现产品的零缺陷。

"这就是零缺陷可以实现的大前提，大家有疑问吗？"

见大家有些疑惑，唐风又解释："在 ISO 9000 中有明确的定义，过程就是把输入转化为输出的一组活动，所以每个过程都包含三个要素：输入、输出、活动。

"大家想一想，我们做的哪项工作没有包含这三个要素？"

李明说："确实找不到。"

唐风说："所以这个大前提是正确的。"

接着问："小前提是什么呢？

"在铸造这个项目中，浇注是最后一步，它也是一个过程，对吗？"

李明说："对。"

唐风说："这就是小前提，因此我得出结论：只要我们把浇注这个过程中的每个要素及其要求识别出来，并且管控到位，我们就能实现铸造产品的零缺陷。

"这就是零缺陷可以实现这个结论的三段论。"

唐风接着又发问："为什么我们这个项目叫一次做对质量文化变革项目，而不是叫质量改进项目？"

李明回答："因为项目关注的焦点是人，这与集团公司提倡的造物先育人的理念是一致的。"

唐风点头，接着问："为什么项目结项后，要求核心成员必须通过一次做对推进师的毕业答辩，你明白了吗？"

李明回答："我完全理解。"

唐风又问："如何保证项目结项后，效果仍能保持？"

李明回答："关键是把现有的成果坚持下去。"

"如何才能有效坚持？"唐风反问。

李明说："主要靠领导层的督促。"

唐风说："我觉得可以从 5 个方面来实施。

"第一是文化宣传和下沉。

"我们这个项目之所以叫质量文化变革项目，而不叫质量改进项目，其关键在于一线员工思想和态度的转变，所以文化下沉是基础。

"第二是教育和培训。

"我们通过项目运作，输出了过程模式作业表和一整套过程管理规范，我们一定要把这些东西给员工进行培训，让他们掌握把工作一次做对的方法。"

唐风看李明在点头，接着说："第三是过程审核。

"规范要起到作用，关键在于落实，因此过程审核一定要到位，最好有基层班组长、工区主任和经理层面的分层审核。

"第四是管理好过程变异。

"过程中的每个要素，实际上都在变化，这就要求一线员工和管理者随时感知过程中每个要素的变化并及时做出正确的反应，以确保过程管控到位。"

李明说："这一点很重要。"

唐风说："第五是衡量分析和处置措施要到位。

"当过程出现异常，结果不达标时，要及时进行衡量和分析，找到变异点和根本原因，采取有效的处置措施，原因一般有两种。

"一种是认知问题。

"也就是说，以前我们在设计过程模式作业表时，遗漏了一些要素，或者识别出的要求不正确。

"针对这种情况，我们的处置措施是优化过程模式作业表和过程管理规范。"

李明说："您说得对。"

唐风说："另一种是变量控制问题，比如我们要求输入的原材料要达到标准，但实际输入时没达到。

"针对这种情况，我们的处置措施是培训员工，让他们有能力识别过程状态，并提升其工作态度。"

李明认真在笔记本上记下了唐风所说的东西，并说："感谢唐老师的指导。"

在唐风的提问结束后，主持人张彤彤说："下面请李总回避一下，由评委团进行评审。"

最后，由唐风代表评委团给出结论："李明总的答辩通过。"

现场响起热烈的掌声。

—— 本章点评 ————————————————————

●如何组建一次做对质量改进团队并成功实施项目？

一个一次做对质量改进项目的成功实施，除了使用正确的方法和工具外，项目团队的构成同样很重要，"领导者＋技术专家＋方法论专家＋一线见证者"的完美组合是项目取得成功的基础。

————————————————————————————

{ 第十一章 }

艰难的控制器质量改进项目

如何基于过程管理降低产品市场故障率？

这是一个周六的上午，在集团大楼的多媒体会议室中，振中科技一次做对项目组又安排了一场推进师毕业答辩会议，这次的答辩对象是智能控制器质量改进项目组的组长连春来，他是智能电控的总经理助理，主管研发和质量。

主持人张彤彤宣布开场后，连春来开始汇报："去年9月我们启动项目，到今天已经接近9个月，我们智能控制器质量改进项目组总算达成了短期目标，这个过程相当曲折，感谢唐老师和一次做对项目组的悉心指导。

"今天是我的毕业答辩会，下面我先谈谈我对一次做对的理解。

"一次做对的内涵就是第一次就把正确的事情做正确，如何实现这一目标呢？我认为关键点有三个。

"第一，统一思想，配置资源。在领导层确定了工作方向后，必须配置相应的资源。

"我们这个项目组中，汇集了来自研发、中试、质量、生产、采购等部门的管理者，阵容强大。

"第二，坚定信念。在明确了目标后，领导层一定要让全体项目成员相信，我们可以实现目标。

"第三，正确的方法。我们这个项目用到了一次做对六步法和过程模式作业表。"

见唐风点头表示认可，连春来接着说："我先来介绍一下项目背景，控制器是电控系统核心产品，产品集成度高，之前我们已经做过多次优化，但是由于缺乏过程管理方法，导致问题重复发生。

"比如说，在交付过程中，存在流程断点、流程不完善、线下办理多、资料交付不齐套、资料存储不合理等问题。

"在产品变更流程中，存在发起源头多、线下办理多、模板不统一、资料存储不合理等问题。

"在版本管理过程中，存在结构、软件、硬件的版本管理缺失，版本控制与生产脱钩，管理方式不当、管理职责不明确等问题。

"在装配、测试流程中，存在部分工序执行不到位、自动化测试程度低等问题。

"表现到产品上，问题就更复杂了，存在车载不通、模拟量值大、网口不通、闭锁急停、串口不通、显示异常、接口板不上电、端口无电压输出等各种各样的故障现象。"

连春来一口气说完这些问题后，接着说："我们希望借助集团公司推动的一次做对项目，对控制器这个产品的实现过程开展全流程梳理、优化，提升产品竞争力。

"我们这个项目最开始制定了 8 个目标，分别是产品设计质量问题归零、产品采购质量问题归零、产品生产测试直通率大于 99%、因产品版本管理导致的质量问题归零、产品安装调试阶段的故障率小于 3%、使用 3 个月内故障率小于 3%、使用 6 个月内故障率小于 5%、使用质保期内故障率小于 8%。

"因为目标太多、衡量方式没有界定，而且部分目标的达成周期很长，导致在项目启动后，前期的进展一直不顺。"

这让唐风的内心有了共鸣，他点了点头。

连春来接着说："后来根据唐老师的建议，将 8 个目标中最核心的指标抽出来并进行了调整，设置了 2 个短期目标，分别是产品生产测试直通率大于 99%、产品安装调试阶段的故障率小于 0.5%。

"同时，针对如何实现这两个短期目标，唐老师多次对我们项目组进行培训，提供了系统的方法指导。"

听到连春来的这番话，唐风的思绪不由得回到了去年 9 月智能控制器质量改进项目小组的首次周例会。

在会上，唐风对大家说："我们这个项目的核心指标是降低控制器在市场上的故障率，我有类似的项目经验。

"2 年前，我刚从爱必胜公司离职，重新回到咨询行业，就接到了一个项目，担任指导老师。

"这个项目是深圳某公司的光伏逆变器质量改进项目，目标是将光伏逆变器的年度市场故障率由 11% 降至 2%。

"我加入项目组时，项目实际上已经开展了近半年，但是有两个问题让项目组成员很困惑。

"第一是如何衡量目标的达成。要知道他们的产品是全球销售，有的产品发货到现场后立即安装，有的可能要三五个月后才能安装，就算是同一批产品，其故障暴露的时间也会有很大差异，再加上市场上的故障品在返回后，由于维修人力不足，要很长时间才能确认问题并维修，这就给售后故障的数据统计带来了大麻烦。

"第二是如何系统地开展工作来实现目标。他们没有明确的思路，主要靠经验来驱动。"

说到这里，连春来插话："我们这个项目也有这些问题。"

唐风说："后来，经过我的指导，项目终于实现了目标，在去年 1 月正式结项。

"我认为这个光伏逆变器质量改进项目与我们的智能控制器质量改进项目极为类似，现在我结合当时的结项报告给大家介绍一下项目开展的思路。

"首先，我们要定义我们要解决的核心问题，那么在这个项目中，我们要解决的核心问题是什么？"

说完，唐风打开一页 PPT（见图 11-1）。

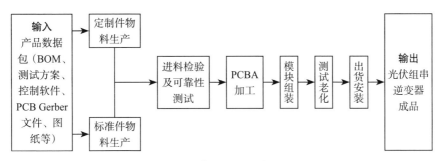

图 11-1　光伏逆变器生产流程图

对着屏幕，唐风开始解释："这是光伏逆变器的生产流程图，产品质量是由过程质量决定的，为什么该公司生产的光伏逆变器在市场上的故障率如此之高？

"我认为根本原因就是过程能力不足、管理成熟度低、过程风险识别不清导致管控不到位，这个产品生产过程的主要输入物是产品数据包，包含 BOM、测试方案、控制软件、PCB Gerber[⊖]文件、图纸等。

"根据我对电力电子行业的了解，产品在质保期内故障率高的核心原因就是这些输入物的问题，占比一般会超过 7 成。

"为什么输入物会有问题？因为研发过程的管理不到位。"

唐风问大家："那么其余的 3 成故障来自哪里呢？"

见无人吭声，他接着说："其中有一大部分来自定制件和标准件等物料从生产到出货的一系列过程管理。我当时要把定制件物料和标准件物料生产区分开，主要原因是对于定制件物料，公司要投入比较多的管理资源，严格管控其生产过程；而对于标准件物料，公司投入

⊖ PCB Gerber：一种文件格式，是线路板行业软件描述线路板（线路层、阻焊层、字符层等）图像及钻、铣数据的文档格式集合，是线路板行业图像转换的标准格式。

的资源就要少一些，主要依靠供应商自我管理。

"在项目组全体成员针对此问题达成共识后，我们这个项目的开展思路就清晰了，主要方向有四个。"

唐风娓娓道来："1.明确输出，优化输入。投入资源去优化产品数据包，建立正确的市场返修率衡量系统，并通过市场返修数据和分析结果来验证优化效果。

"2.识别过程要求，控制关键过程。尤其是定制件物料生产、PCBA[⊖]加工、模块组装等业务过程，很容易出错，针对这些过程识别出重大风险点，比如国产功率器件替代，对可能出现的问题事先进行预防。

"3.有效监控结果即市场返修率，同时关注过程数据，包括直通率、复测率、PCBA调测不良率和进料检验不良率等，通过对数据和问题进行分析，快速找出过程漏洞并优化，达到降低市场返修率和过程不良率的目的。

"要知道，这些过程指标往往能反映过程状态是否受控。"

见连春来点头认可，唐风接着说："4.将验证后确认有成效的对策固化为过程管理文档，确保过程绩效稳定。"

说完后唐风打开下一页PPT（见图11-2），说："这就是我们项目组细化后的工作思路，在我加入后，又经过半年多的努力，项目终于达标。"

最后，唐风用坚定的口气告诉大家："我们的智能控制器质量改进项目，从本质上讲，与这家公司的光伏逆变器质量改进项目是一致的。

"经过唐老师的指导，我们确定了工作思路，就是通过市场和制造过程中控制器的不良品数据分析，找到产生不良的背后原因，进行过程定位，再用一次做对六步法进行解决。"

连春来的话打断了唐风的回忆。

⊖ PCBA：将电子元器件组装焊接到印刷电路板（PCB）上的过程。

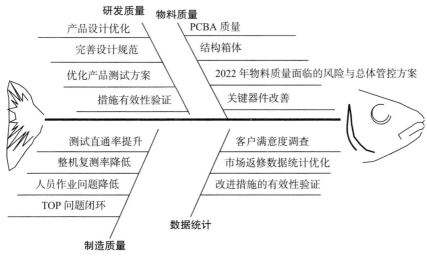

图 11-2　光伏逆变器质量改进项目主思路

说到这里，连春来打开下一页 PPT，他看着张彤彤说："这张图是一次做对项目管理办从网上找来的，我感觉它比较贴合我们这个项目的实际进展情况。

"刚开始时，我们整个项目组还是比较有自信的，相信可以达成目标。

"但随着项目的深入，很快遇到了困难点。"

这时，连春来似乎有点儿感慨，他说："首先，我们的目标是所有控制器质量指标的全方位提升，目标众多，短时间内提升难度大。

"其次，对过程模式作业表理解不透彻，过程分析不彻底。

"最后，随着项目的推进，出现了方向的迷失，比如说如何衡量项目的目标，如何找到改进的重点。"

说到这里，连春来对唐风说："感谢唐老师的专业指导，让我们摆脱了困境。

"首先，唐老师让我们先着眼于短期目标的实现，提升团队的信心。

"接下来，唐老师给我们培训了如何进行数据分析和问题定位以及过程模式作业表的使用方法，提升了我们团队解决问题的能力。"

听到这里，唐风的思绪不由得回到去年的 12 月，在一次项目周例会上，他对连春来说："连总，我们振中科技集团的一次做对二期项目，已经有好几个小组达成目标了，而我们团队进展缓慢。

"我认为，最关键的原因是前期制定的目标太多，导致精力分散，因此我建议设置两个短期目标。

"1. 产品生产测试直通率，现状是 97% 左右，建议目标调整为99%。

"根据我的经验，要实现这一目标，就必须进行产品的软硬件设计优化，改善原材料的来料质量，以及提升外协 PCBA 加工、内部组装等过程的质量控制能力。

"2. 产品安装调试阶段的故障率，你们以前设置的目标是低于3%，我认为目标设置得太低，起不到牵引改善的作用，根据我对这种产品的理解，将目标调整到 0.5% 是比较合理的。"

接着唐风问售后部门的代表："你作为售后部门的领导，我想了解一下你对这个目标调整的看法。"

售后部门的代表回答唐风："目前我们没有准确的数据，凭我个人的感觉，目前我们的产品在安装调试阶段的故障率应该在 5%~8%之间，如果能降到 0.5% 以下，那客户和我们自然是满意的。"

唐风问连春来："这两个指标我们目前可以准确统计吗？"

连春来回答："针对产品生产测试直通率这个指标，我们目前的衡量系统完全可以支持，但是对于产品安装调试阶段的故障率，因为涉及的应用现场太多，我们的货物发到现场后，可能会经历比较长的时间才能安装，即使有问题，故障数据也不会立即反馈出来。"

唐风说："我建议，抽查一定数量的有代表性的大项目，由专人进行统计，这样就可以保证数据的真实性，而且也不用投入大量的人力资源。"

经过项目组的讨论后，连春来宣布："我们用今年 3 月前下井的18 个大项目的实际数据作为样本，在 6 月底统计安装阶段的故障率，来衡量目标是否达成。"

唐风对售后部门的代表说:"从以往退回的不良品维修数据来看,有相当比例的不良品,在按公司的出厂检验标准进行检验时,发现其实是合格的。"

对方回答:"这是事实,但我们也不知道原因。"

唐风说:"我认为有两种情况最有可能,第一种情况是现场安装使用不规范,造成了良品被误判;第二种情况是我们在设计产品时未充分考虑现场的使用场景,导致产品不适应现场的使用要求。"

唐风提高了一下声音:"为了把产品在安装现场出现故障的原因尽可能查清,我对售后部门提出两点要求。

"第一,要对在安装过程中出现的每台不良品的故障现象进行详细描述并进行正确标识。

"第二,在一周内将不良品返回公司并交给设计该产品的研发人员,并且在返回前要确保包装到位,避免在运输过程中出现损坏。"

接着唐风对研发部的经理说:"刘工,接到不良品后,你们部门一定要在一周内组织分析,对问题进行定位,如果发现该产品是合格品,一定要与现场人员沟通,了解问题出现的场景,在必要时,要带着不良品去现场,复现不良出现的情景。"

唐风停顿了一下,继续说:"针对我们选定统计的这 18 个大项目,在项目组每个周例会上,售后部门要反馈本周出现的不良品数量及返回情况。研发部门要汇报这些不良品的分析结果,并汇报改进措施。"

后来,研发部通过对市场返回品的分析,果然有了大的发现,他们发现以前的产品设计方案其实在个别场景不适用,在这些场景中,因为电源的连接方式不同,导致控制器的输入电压接近其下限,从而反复报故障。

"我们从自信爆棚区到自信崩溃区再到自信重建区,花了 3 个月。"连春来的话打断了唐风的回忆。

"下面我来汇报一下项目成果。"连春来打开下一页PPT（见图11-3）。

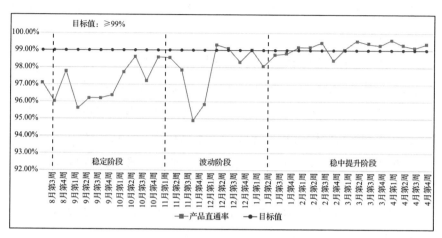

图 11-3 控制器产品生产测试直通率折线图

他对着PPT说："为了实现控制器产品生产测试直通率的优化，我们做了多方面的改进工作。

"首先是对PCBA外协厂家的管理。经过数据分析，我们发现PCBA的来料不良率特别高，有的厂家的不良率大约是1%，有的甚至达到了5%。

"我们根据唐老师的建议，和每个PCBA外协厂家签订了一个质量目标协议，要求其回货不良率不高于0.1%。"

这句话又让唐风想起了与三家PCBA外协厂家沟通时的情景，去年11月，按唐风的要求，由采购部出面，将智能电控公司的三家主力PCBA加工供应商召集到振中科技开会。

开场后，由采购部经理给三家供应商展示各家最近三个月的PCBA回货不良率，最差的大约为5%，表现最好的也超过了1%，接着给各家供应商正式提出目标：回货不良率不能超过0.1%。

接着唐风与三家供应商进行沟通，发现其中两家规模较大，管理水平也相当不错，它们给其他大客户加工的不良率大多在0.05%左右。

"自从我们与供应商签订了回货不良率低于 0.1% 的协议，并且每月与供应商在月度会议上进行检讨后，PCBA 的加工质量就稳步提升，从今年 1 月到现在，每月每家供应商都能轻松达成这个目标。"

"除了外协加工过程，针对内部的生产加工及测试过程，我们都用过程模式作业表这个工具，对每个过程进行了梳理，对识别出来的问题制订了消差计划，并严格实施。"

说到这里，连春来似乎有些感慨，他接着说："从这个案例来看，我认为质量的本质是管理。同样一家供应商，它的回货不良率可以是 5%，也可以是 0.05%，关键是我们如何去要求，下面我来给大家汇报一下控制器在安装调试阶段的故障率。"

说完，他打开下一页 PPT（见图 11-4），继续说："项目开始前，我们把安装调试阶段故障率的目标定为低于 3%，说实话，这个目标是拍脑袋定的，因为没有数据支撑。

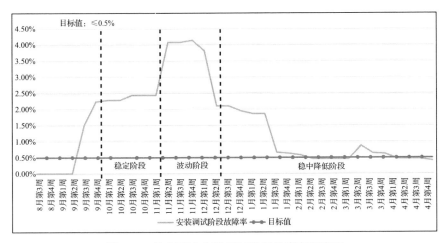

图 11-4　控制器在安装调试阶段故障率折线图

"后来，在唐老师的坚持下，我们将目标定为低于 0.5%，说实话我心里也没底，但是经过半年的努力，我们终于实现了这个目标。"

连春来的声音似乎有点儿得意："在上一次公司月度会议上，售后部门对我们项目组的工作进行了表扬。

"以前，控制器的故障率高，导致他们大多数的时间都用来救火，去处理现场的故障，造成其他正常的工作大受影响，无法按计划去巡检和维护保养我们的设备，这大大影响了客户的满意度。

"现在故障率下来了，他们的工作也恢复了正常。

"最后，我谈一谈我的心得体会。"

说到这里，连春来的声音有点儿提高了。

"作为项目组长，因为经常出差，我没有百分之百参加项目周例会，但是只要在公司，我都坚持参加。

"首先，我认为，面对一次做对质量文化变革，领导层要积极参与、主动投入，切实把精力投入进去，这样才有可能获得成功。

"其次，全员持续学习、分享一次做对的工作理念及工具方法，把一次做对意识融入工作的各个环节。

"最后，独木不成林，文化氛围很重要，我们要加大宣传力度，由领导层言传身教，持续打造一次做对的文化氛围。"

— 本章点评

● 如何基于过程管理降低产品市场故障率?

将产品生产视为一个大过程，产品在市场上的质量表现取决于这个过程的管理水平。

产品数据包（如图纸、BOM、控制软件等）是这个过程的输入，必须确保每个输入因素符合要求，并将产品生产加工的每一个过程管控到位，这样才能保证产品在市场上的质量。

{第十二章}

管理创新单元

如何通过管理创新单元的建设实现质量、
成本、交付、安全等全方位的一次做对？

6月27日这天，是两个一次做对精益班组试点项目结项验收的日子，它们都是振中科技一次做对质量文化变革二期项目中的子项目。

项目采取的是现场验收的方式，第一个参加验收的项目是结构件公司的下料一次做对精益班组。

在前往结构件下料一次做对精益班组的路上，唐风不由得想起这个项目从立项到实施的情景。

去年8月的一天，在集团总经理郑仁刚的办公室中，唐风和张彤彤向他汇报了二期项目的方案，闲聊中郑仁刚说："唐老师，我们公司11年前开始推行精益生产，已经有不短的时间了。

"通过举办精益案例大赛等方式，我们的员工具备了一定的改善意识，但是在日常工作中贯彻精益思想，让精益成为一种文化，大多数员工仍然没有完全做到这一点。

"对于如何突破目前的瓶颈，把一次做对和精益生产结合起来，你有什么看法？"

唐风说："我手头正好有一套方案，叫管理创新单元，它强调的是如何把工作一次做对，让质量、成本、交付和安全等全方位达标。

"我们一期的5个项目，关注的焦点是产品质量一次做对，我建议在二期项目中增加一个工作质量一次做对项目。"

郑仁刚说："好。"

汇报完后，在回办公室的路上，唐风对张彤彤说："从产品质量一次做对到工作质量一次做对，对我们一次做对管理办的要求更高了。

"这两个工作质量一次做对项目，建议从一期项目中表现比较好的单位中选取。"

于是在一次做对话事间，唐风与张彤彤等项目管理办人员开会讨论此事。

经过一番讨论后，大家最终决定在结构件公司和智能液压公司中推进管理创新单元试点小组，这两个单位参加了一期项目，基础条件比较好。

唐风说："一次做对管理办目前是挂在质量部下面的，直接管理成本、交付、安全，似乎有点责任错位，我建议这两个试点小组由精益办来主抓，我负责技术指导。"

巩固和张彤彤都同意了，于是唐风说："你找一个时间，请结构件公司的总经理银多多、智能液压公司的总经理王炎和精益办的负责人过来，我给大家介绍一下管理创新单元的运作方式。"

一周后，在一次做对话事间，唐风给大家讲解管理创新单元的相关理论，他说："管理创新单元，取其英文的第一个字母，叫U-Mi，它是一个由一人负责的班组，具有明确的工作任务，强调全员参与，注重内部与外部的直接交流。

"这个基本生产单元的组织方式适用于生产、供应及服务等各种活动，但不能完全照搬到其他行业。"

说到这里，唐风自问自答："为什么要建立U-Mi？主要原因有以下几点。

"1.让员工从单纯的关注产品质量转为关注全方位的工作质量，全面提升企业在质量、成本、交付、安全各方面的管理能力。

"2.激发员工活力，充分发挥和利用每一个人的潜能，让全体员工参与一次做对质量变革。

"3.使每个人都充分了解其所从事工作的最终目的、所在班组的共同任务和每个人为实现这些共同的目标所需要承担的责任。

"4.打造和提升班组能力，提升企业的凝聚力。"

说完这些，唐风看大家没有疑问，继续说："一个 U-Mi 只有一个领导，他和班组一起工作，有明确的生产任务。

"在运作方式上，有几点要求。

"要制订个人和集体的活动计划，要有改善的措施，包括目标和具体的实施计划。在这些计划中，必须有一个培训计划，以提供全体员工所需要的技能，还要有一个固定的活动场所，里面有介绍活动情况的展示板。"

银多多说："这些都很容易实现，这个项目对参与的人员有什么要求？"

唐风说："下面我来介绍 U-Mi 的成员构成，U-Mi 一般包含以下成员。

"第一个角色是班长，班长是班组里唯一的管理者，班长的工作热情与能力保证了班组工作的质量和良好的工作结果，他的职责体现在以下几个方面。"

见大家听得很投入，唐风继续说：

"1.完成生产任务。班长是保证生产的第一责任人，根据团队成员的能力来分配工作，使工作标准得到遵守，他在无法处理问题时要通知辅助部门和上级主管。

"2.实施持续改进。班长要在质量、成本、交付、安全和人体工程学等方面围绕改进目标，组织本班组成员积极参与改进，推进并发展群众性改善活动，以充分发挥所有人的能力，并根据工作需要提高自身多方面的技能，团结所有合作者并参与寻找解决问题的办法。

"3. 提高企业凝聚力。班长通过信息交流使每个人都参与班组活动，并了解每个人的贡献与工作状况。"

说到这里，他问大家："在我们振中科技，对班长的职责定义与此有冲突吗？"

王炎和银多多回答说："没有。"

唐风接着说："第二个角色是工段长，在我们振中科技，应该叫工区主任。

"他是成本、企业价值和工厂目标的管理者，要保证其下属 U-Mi 的日常运行并制订 U-Mi 的年度升级计划，他的职责与班长一致。

"第三个角色是操作工，他们在班长的领导下工作，去完成生产任务，实施持续改进，他们要遵守 U-Mi 的各项规章制度，参加各种会议。

"第四个角色是一类人，包括工艺人员、设备维护人员、车间物料员等，他们为完成生产任务提供各种协助和支持。

"一个 U-Mi 的正常运行需要得到其他各部门的支持，维修、物流、质量、工艺、人事等，这些辅助部门给 U-Mi 提供专业技能及工作方法，保证工艺、工作标准及规则的实施。"

王炎说："这个我能完全理解，就是要团队作战，但是它与我们前期推进的一次做对项目有没有什么不一样？"

唐风说："根据我对 U-Mi 的了解，我觉得 U-Mi 与我们前期的一次做对项目组的运作方式相比，其主要有以下特点。

"1. 强调员工自主管理。从设定目标到目标实现，主要依赖班组成员的主观能动性，在此过程中当然不排除外部的支持。

"2. 强调工作质量而非仅仅是产品质量。质量、成本、交付、安全等各方面的目标全部要达成。

"3. 组织方式上强调全员参与。对目标的实现进行全员承诺，并且每天检讨目标的达成情况，及时采取纠正行动。

"4.采用的基本工具是过程模式作业表，使用的基本方法是一次做对六步法。过程模式作业表能解决的可不仅仅是产品质量问题，它也能解决成本、交付和安全等方面的问题，因为所有的工作都是一个过程，质量、成本、交付、安全都是过程输出的不同要素。

"U-Mi 的发展可以分为 5 个阶段，在不同的阶段有不同的验收标准，关于这一点大家可以自己去看资料。"

最后，经过大家的讨论，决定成立两个 U-Mi 小组，为了结合振中科技精益推进的现状，大家将之命名为：下料一次做对精益班组和电镀一次做对精益班组。

"欢迎唐老师前来参加结构件下料一次做对精益班组的现场验收！"

离着好远，结构件下料工区主任李强就开始打招呼，他的话打断了唐风的回忆。

等唐风一行人到达结构件下料工区的活动室后，李强开始发言："经过 5 个月的推进，结构件下料一次做对精益班组终于迎来了验收的日子，今天的验收工作主要分为两项：书面汇报和现场结果检查。

"书面汇报内容分为三项：指标数据、建设思路和心得体会，汇报完后再请大家去现场验收。"

说完，李强打开 PPT（见图 12-1）。

李强继续说："这是整体目标的达成情况，除了转序缺陷率这个指标没有实现零缺陷，其他所有指标都达到了设置的目标。

"指导我们项目推进的主要思路就是唐老师提供的 U-Mi 手册，通过全体员工的主动参与，我们成功地实现了从产品质量一次做对到工作质量一次做对的升级，下面我结合每个指标的完成情况，介绍达成目标的逻辑思路，请唐老师和各位指正。"

说完李强打开下一页 PPT（见图 12-2）。

1 整体目标

序号	业务类别	指标名称	指标定义 / 计算公式	改善前	目标值	当前值	提升率
			下料一次做对精益班组目标设定				
1	设备	设备运行率	运行率 = 运行时间 / 开机时间	50%	≥70%	70%	40%
		设备故障率	故障率 = 故障时间 / 开机时间	15%	≤5%	2.8%	81.3%
2	质量	自检缺陷率	自检缺陷率 = 合格数量 / 抽检数量	≤0.5%	≤0.2%	0.19%	62%
		转序缺陷率	转序缺陷率 = 下序反馈异常数量 / 转序数量	≤0.1%	0%	0.022%	76%
3	生产	人均工效	人均工效 = 产出吨位 / 班组人数	8 吨 / 人 / 天	12 吨 / 人 / 天	13.6 吨 / 人 / 天	70%
		在制品率	在制品率 = 下序接收吨位 / 现场在产吨位	137.70%	90%	84.2%	38.9%
		制造周期	百架制造周期 = 完工交付时间 - 开始时间	10.5 天	7 天	6.9 天	34.2%
4	成本	单位费用	单位费用 = 制造成本 / 产出吨位	160 元 / 吨	128 元 / 吨	88 元 / 吨	45%
5	安全	隐患整改参与率	隐患整改参与率 = 参与人数 / 班组人数	90.50%	100%	100%	10.5%
6	会议	总结分析会议	每周定期召开	0	≥1	2	100%

图 12-1　下料一次做对精益班组目标设定

1.1 设备类目标达成情况

序号	业务类别	指标名称	指标定义/计算公式	改善前	目标值	当前值
1	设备	设备运行率	运行率=运行时间/开机时间	50%	≥70%	70%
		设备故障率	故障率=故障时间/开机时间	15%	≤5%	2.8%

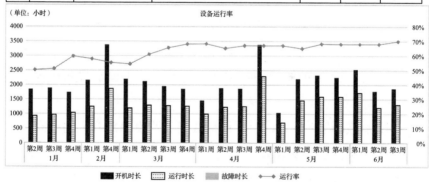

图 12-2　下料一次做对精益班组设备类目标达成折线图

李强开始介绍："这是设备类目标的达成情况，考虑到设备是影响下料过程工作质量的一个重要因素，因此我们设置了设备运行率和设备故障率这两个指标来衡量设备的运行情况。

"为了达成图 12-2 的目标值，经过全体员工的讨论，我们确定了以下思路。

"通过对过往设备故障的原因分析和数据统计，我们掌握了主要的设备故障模式，为达成设备故障率的目标，我们以此为基础制订了详细的消差计划。比如，针对采购周期长的备件制定了应急预案，包括建立库存、与设备供应商协商备货等措施。"

说到这里，李强看了一眼唐风，接着说："按消差计划的要求，工区对设备进行预防性维护保养，员工每日进行擦拭，每周深度维护，每月专项保养，保证设备运行良好。

"同时，通过设备自带的软件对设备运行情况进行日分析及周分析，分析波动原因，定人定机点对点解决问题，提高运行率。

"为了提升设备维修能力，工区内部培养维修人员，提升内部人员的设备养护技能，解决维修人员不足的问题，减少设备维修等待时间。

"以上所有措施的目标就是预防问题发生，下面我介绍质量方面的目标达成情况。"

见唐风在点头认可，李强打开下一页 PPT（见图 12-3）。

1.2 质量类目标达成情况

序号	业务类别	指标名称	指标定义/计算公式	改善前	目标值	当前值
2	质量	自检缺陷率	自检缺陷率=合格数量/抽检数量	≤0.5%	≤0.2%	0.19%
		转序缺陷率	转序缺陷率=下序反馈异常数量/转序数量	≤0.1%	0%	0.022%

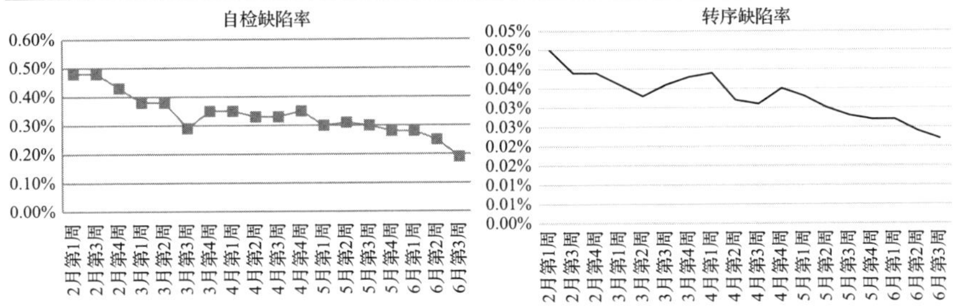

图 12-3 下料一次做对精益班组质量类目标达成折线图

李强继续说：

"我们参加了一次做对质量文化变革一期项目，所以质量类指标的改善完全按照一次做对六步法和过程模式作业表的套路来实施，在此不再做过多介绍，下面我给大家汇报生产类目标的达成情况。"

说完，打开下一页 PPT（见图 12-4）。

1.3 生产类目标达成情况

序号	业务类别	指标名称	指标定义/计算公式	改善前	目标值	当前值
3	生产	人均工效	人均工效=产出吨位/班组人数	8吨/人天	12吨/人天	13.6吨/人天
		在制品率	在制品率=下序接收吨位/现场在产吨位	137.70%	90%	84.2%
		制造周期	百架制造周期=完工交付时间—开始时间	10.5天	7天	6.9天

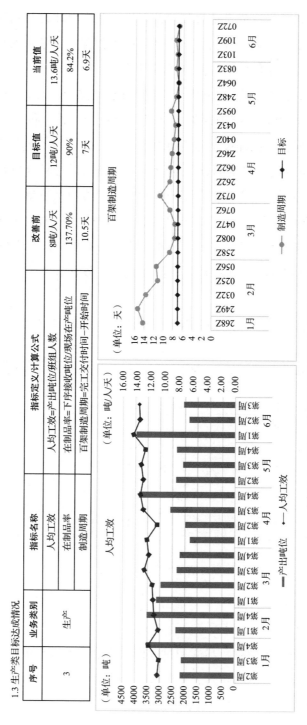

图 12-4　下料一次做对精益班组生产类目标达成折线图

李强说："针对生产类指标的达成，我们使用的主要工具是依然是过程模式作业表。

"如何保证人均工效、在制品率和制造周期达成目标？我们的结论是提升过程能力，因为所有的工作都是一个过程。

"基于这种思想，我们从过程的六大要素出发，对影响这三个指标的所有因素进行了分析。"

唐风说："请详细说说你的思路。"

李强说："先看输出这个要素，我们发现，质量一次做对是生产类指标达成的基础和前提。

"如果不能实现质量一次做对，那就必须实施返工和返修，有时还会产生报废，这对成本、效率和周期都有影响。"

唐风说："对。"

李强说："再看输入，我们下料这个过程的主要输入因素有钢板、加工图纸、排料图、日计划和周计划等。

"为了保证这些输入因素能持续满足过程一次做对要求，我们做了很多优化工作。比如，我们设置了专人负责与仓库进行交接，确保钢板能及时送到工区。

"针对图纸存在借用沟通不畅、错误多的情况，我们指定专人进行图纸管理，提前审核加工图纸，与成套研究院沟通，避免在生产过程中因为图纸问题影响生产。

"针对计划下发不及时的问题，我们开发线上飞书程序，实施计划无纸化发送。"

见唐风点头认可，李强接着说：

"针对其他几个要素，如作业程序、设备设施、员工能力、员工态度等，我们都制订了相应的消差计划，目的只有一个，让它们能满足生产类目标的要求，下面我介绍成本类目标的达成情况。"

说完打开下一页 PPT（见图 12-5）。

李强扫视一周，继续说："如何达成单位费用的目标？我们对工区的成本进行了分析。经过分析，我们发现，影响工区成本的几个主要可变因素分别是低值易耗品、氧气、电、天然气等的消耗。

1.4 成本类目标达成情况

序号	业务类别	指标名称	指标定义/计算公式	改善前	目标值	当前值
4	成本	单位费用	单位费用=制造成本/产出吨位	160元/吨	128元/吨	88元/吨

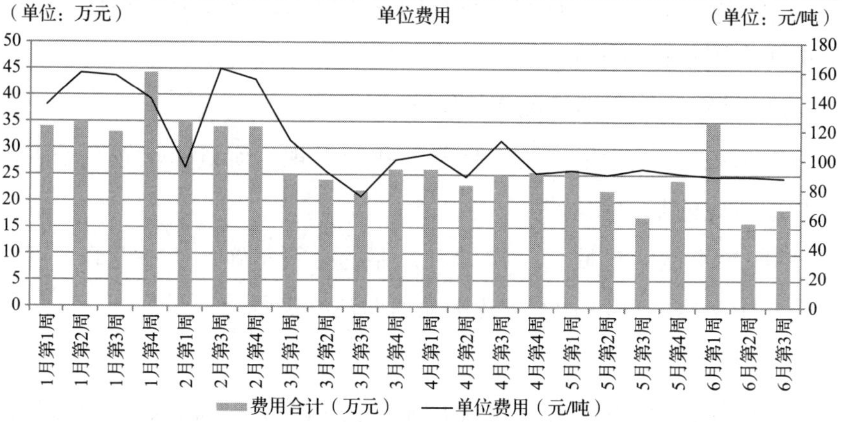

图 12-5 下料一次做对精益班组成本类目标达成折线图

"尤其是低值易耗品，占比接近 30%，于是我们对它进行精准管控，并设定了相应的指标。

"我们要求工区内部人员申领物品要在飞书中填写申领单，确定物品使用期限和使用频率，最大程度控制成本消耗，避免浪费，用数据说活，推动精益生产和一次做对相结合。

"对于安全事故，因为是小概率事件，我们设置的指标是隐患整改率。"

说完李强打开下一页 PPT（见图 12-6）。

李强继续介绍："通过对输入到输出每个环节的分析和排查，我们输出了过程安全风险清单。

"以此为基础，我们制定了工区安全管理制度，并输出安全检查要点。

"为了保证制度的落实，工区每天进行安全检查，并进行存档。"

说到这里，李强拿出一份检查表，递给唐风。

1.5 安全类目标达成情况

序号	业务类别	指标名称	指标定义/计算公式	改善前	目标值	当前值
5	安全	隐患整改参与率	隐患整改参与率=参与人数/班组人数	90.50%	100%	100%

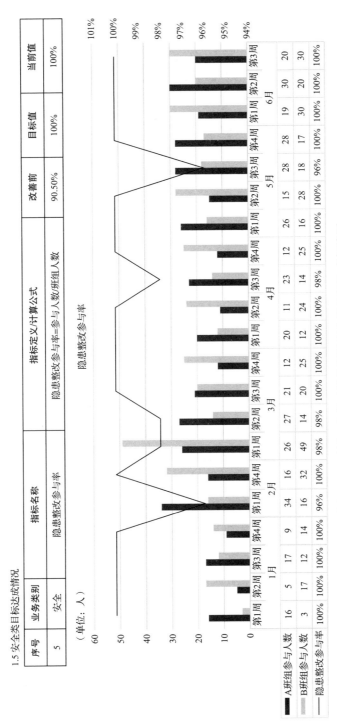

图 12-6 下料一次做对精益班组安全类目标达成折线图

唐风看过后，示意李强继续。

李强说："为了提升员工的安全意识，我们利用班前会对安全每日一课进行学习，保证人人懂安全，确保安全意识深入人心。

"同时，工区定期开展应急演练，全员参与，提高员工应急处理能力和响应速度，在出现问题时保证个个会应急。

"为了进一步做好安全工作，工区定期邀请责任领导对现场进行观察，对现场存在的问题进行分析和排查，保证安全无疏漏。

"我们管理安全的总体思路，也参考了过程模式作业表，以上是指标达成情况的汇报，下面我将介绍一次做对精益班组的建设思路。"

说到这里，李强清了一下嗓子，继续说："通过我们这半年多的实践，我认为一次做对精益班组的三大思想基石分别是自主管理、过程思维和差异化要求，对过程中的同一个要素，如质量、成本、交付、安全等的要求都不一样，其核心是过程一次做对。

"在方法和工具方面，也有三大样，分别是 U-Mi 手册、一次做对六步法和过程模式作业表。

"在整个项目实施的过程中，我最大的心得和体会就是，如何激发员工自主参与一次做对精益班组的建设？"

说到这里，李强似乎若有所思："在一期项目的毕业答辩会上，唐老师问了我一个问题：'如何促使员工一次做对？

"当时我的回答并不完整，后来唐老师告诉我，要解决这个问题，要从两方面入手，一方面是信念，另一方面是动机。"

唐风听到这里，竖起了大拇指："不错！"

李强说："在我们这个项目中，信念不是问题，通过前面的一次做对项目，团队成员对实现一次做对充满了信心，我们要解决的是动机问题。

"针对经济动机，我们出台了奖金的考核评比方案，确保表现优秀的员工能够多拿钱，而不搞平均分配，这个奖金来源于公司分配的优质优价奖金。

"但我认为这不是最关键的，因为奖金的数量毕竟有限，我认为更重要的是通过这种自主管理模式，我们充分聆听了每个员工的工作诉求，同时帮助他们去解决问题，并关注每一个人的工作表现，使大家感受到了前所未有的尊重。"

见唐风频频点头表示肯定，李强接着说："以上是结果汇报，下面我来汇报过程，我觉得我们项目小组已经达到了 U-Mi 的第五阶段。

"按照 U-Mi 手册，我们先评价第一个要素：与合作伙伴的联系。"

李强指着墙上的照片说："这是我们试点小组所有成员的照片。"

然后李强又拿来一个问题登记簿，对唐风说："我们白晚班交接时，员工会把所有的问题记录在这个问题登记簿上，在开早会时向班长反馈。

"对班组成员反馈的问题我们汇总成一个跟踪表，明确牵头解决这些问题的人员姓名和完成期限，并在展板上有一专门的位置用于张贴。

"班长组织员工针对所有待解决的问题制订了一个共同改进计划，这个计划经过充分沟通，让每个人都了解其中的意义，并且不断地更新和沟通。"

这时，李强看了看唐风，说："我们这样做的目的只有一个，那就是让大家的努力形成合力。

"下面我介绍第二个要素：指标的达成。

"我们现在的做法是每天统计指标达成情况，在早会上进行通报，当某个指标未能达成目标时，我们马上分析原因，并跟进所采取措施的效果，以确保员工每天都能达成目标。"

李强对唐风说："评价 U-Mi 活动效果的第三个要素是推进计划完成情况。我们针对制订的消差计划，每天都在早上的碰头会上由责任人通报进展。

"通过这种方式，我们所有消差计划都在规定的期限之前完成了，而且效果良好。"

说到这里，李强拿出一个登记簿，对唐风说："第四个要素是 5S

和改善情况。通过一次做对精益班组试点项目的推进，我们每个成员至少提出了 1 条合理化建议，并且极大地提高了员工素养。

"以前我们在现场，总能发现一些违规现象，现在这些问题已彻底解决，等一下大家可以去现场检查，而且欢迎大家随时来检查，我们会永远保持这个水准。

"我认为，从现场的结果可以反映出我们的员工在个人修养方面有了显著的提升。"

唐风说："这个我认可，我当过好多年的厂长，有类似的体会。"

李强说："最后一个要素是技能管理，我们所有的员工都经过了过程模式作业表和问题分析的培训，对输入、输出、作业程序、设备设施的作业要求完全理解，掌握了实现过程一次做对的所有技能。"

唐风说："这个我要抽查一下，请你们的班长来讲解下料的过程模式作业表，阐明它的内在逻辑。"

于是，下料班长上台，对过程模式作业表进行讲解，唐风看他理解得不错，就对他说："你要让你的每位员工也能像你一样，把这个过程模式作业表讲清楚，充分理解每个过程要素的管控标准。"

验收的最后一步是到现场检查，唐风一群人去现场仔细考察了一番，发现现场确实做得不错，于是他对李强说："关键在于保持，今后我们会不定时来抽查。还有，你要把你们试点项目的经验，配合精益办进行推广。"

—— 本章点评 ————————————————————————

● 如何通过管理创新单元的建设实现质量、成本、交付、安全等全方位的一次做对？

通过管理创新单元的建设，激励员工自主管理来提升过程能力，充分尊重员工的意见，发挥员工自主能动性，从产品质量的一次做对拓展到工作质量的一次做对，是达成质量、成本、交付和安全目标的有效手段。

{第十三章}

质量损失核算系统

如何通过 PONC 的核算来推动一次做对质量文化的建设？

二期项目启动 2 个月后，应唐风的要求，一次做对项目管理办组织了一次质量损失核算的培训，在集团办公大楼的大培训教室中，来自集团各个职能部门及子公司的相关人员齐聚一堂。

开场后，唐风说："振中科技请我来指导实施一次做对质量文化变革项目，是付了钱的，站在公司高层管理者的立场，肯定要计算项目收益。

"那么，如何衡量项目收益呢？"

见大家有些疑惑，唐风继续问："在项目开始前，我给大家培训过零缺陷管理的四项基本原则，不知道大家是否记得其中的第四项原则是什么？"

下面有人回答："用不符合要求的代价（PONC）来衡量质量，而不是经过妥协的指数。"

唐风点头回答："正确，从某种意义上说，质量应该用金钱来衡量，不符合要求的代价就是我们今天培训的内容：PONC，有些公司将之音译为'胖克'，它是英文 Price of Non-conformance 的首字母缩写。"

唐风接着说："我们一期试点项目的主要工作是为一次做对树立标杆，从二期项目开始，我们将导入PONC，为每个项目核算收益。所以今天培训完后，大家需要做PONC的核算，以评价项目收益。"

打开培训PPT，唐风说："事实上，关于企业质量文化的建设，有一个国家标准，叫作GB/T-32230。"

他指着PPT（见图13-1），开始进行讲解。

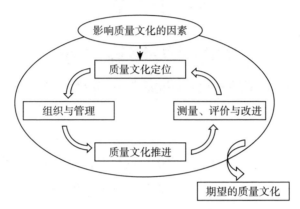

图13-1　质量文化建设工作框架图

唐风说："我们振中科技一次做对质量文化变革项目，也是按这个工作框架图来实施的。

"首先，我们明确了我们要打造一个什么样的质量文化，这个就是对于管理者和操作员工的四点要求。

"接下来，我们成立了一次做对质量文化推进项目组，负责项目的组织和管理。

"再下来，我们通过质量文化建设14步法，实施质量文化建设。"

说到这里，唐风暂停了一下，继续说：

"今天培训的目的，是帮助我们建立测量和评价的系统。

"在这份标准中，有一句话，企业应根据质量文化建设的目的与期望目标，设定可测量的指标和目标值，建立可用于评价质量文化建设工作成效的标准。

"依照标准，质量文化建设的成果，可以从五个方面来评价。"

唐风用一种比较慢的语速说："1.企业质量文化在精神形态、行为形态、制度形态和物质形态的体现。

"比如，项目开始后，我们组织全员参加一次做对的标语评选，从中挑选出多条标语，在各个车间进行张贴。

"后续，我们还要评比零缺陷工区，并发放标识牌。"

见下面许多人都点头认可，唐风继续说："2.员工对于质量理念和质量价值观的践行程度。

"比如，我们一期项目完成验收后，我专门找了参加项目的一线员工做了交谈，询问他们对一次做对的认可度。

"结果让我很是欣慰，所有员工都给予了正面的回应，他们都认为，把工作一次做对是员工应尽的责任，实现一次做对后无论对公司还是员工都有好处。

"在与这些员工的交谈中，我专门考查了他们对落地方法的掌握程度。

"结果很不错，几乎所有员工都理解了过程模式作业表的逻辑思想，并且严格按消差计划对影响结果的每个过程要素进行了管理。"

听到这里，许多参与过一期项目的人员都点头，表示认可唐风的话。

唐风说："3.质量行为规范及质量管理制度的健全程度。

"通过一期项目的实施，我们针对每个涉及的过程，制定了过程绩效指标和目标，并输出了过程管理规范。

"对于每个员工和管理者，我们都有四点一次做对行为规范要求。

"在此基础上，我们还输出了本单位的一次做对手册，极大地健全了质量管理制度，结构件公司是第一个做到的。"

说到这里，唐风还专门看了一眼结构件公司的总经理银多多。

他接着介绍："4.产品或服务的质量和效率水平。

"对于这一点，我们每个项目在完成验收后，质量改进的幅度都达到了80%，从数据上完全可以印证。

"5.利益相关方对于企业的满意程度。

"对于这一点，可以从客户派到我们工厂的监理们所给出的评价来验证。

"在项目启动前，无论是结构件还是油缸，我们在生产过程中都有许多地方管理不到位。监理到现场抽查时，都会发现不少问题。然而，经过项目的实施，监理人员现在到现场抽查，基本找不到什么问题了，他们还经常表扬我们公司，说我们的细节处理到位。"

唐风说："但是按这五个评价标准来全面客观地衡量质量文化建设的成效，实施起来难度较大。今天我介绍的，是一个比较简单的方法，就是我们这个PONC核算制度，可以把因工作没有一次做对而损失掉的钱统计出来。

"这种方法还有一个好处，就是更能引起管理层的注意，毕竟企业是一个营利性组织，赚钱是一个重要的目标。

"在这份质量文化建设的标准中，还有一个成效结果成熟度的评价准则。"

说完，唐风打开下一页PPT（见表13-1）。

表 13-1　质量文化建设成熟度

级别	级别描述	典型特征	得分比重
1	初始级	各项成效指标缺乏量化数据，虽有个别结果但水平较差。质量理念尚未形成	0～30%
2	应对级	各项成效指标的量化数据处于零星的、非系统的状态，在少数方面有一些良好的结果数据。质量文化形态初步显现	30%～50%
3	基本级	指标数据和信息完整，在多数方面结果数据良好，但缺乏改进和对比数据。质量文化理念完善、系统	50%～75%
4	完善级	能够提供比较完整的指标数据、信息及改进和对比数据。有证据表明随着企业质量文化的持续发展和优化，质量文化可以有力支撑产品和服务质量的提升	75%～90%
5	优化级	能够结合本行业和企业特点提供全面的结果数据、信息，反映出组织通过标杆对比、综合改进，质量文化各个形态的表现卓越，并构成质量文化软实力	90%～100%

"按这个表，我们振中科技的质量文化建设成熟度处于哪个级别？"

唐风指着巩固说："巩部长，请你来回答一下。"

巩固站起来回答："应该在基本级左右，因为我们有质量成本统计和核算系统，质量文化的理念也比较完整，但是缺乏改进机制，也没有与同行进行对比。"

唐风问："大家认可巩部长的意见吗？"

下面的人回答："认可。"

唐风说："我也认可，看来在这一点上，我们是有共识的，那么如何进入完善级呢？这就是我接下来要讲的内容。

"请让我先介绍 PONC 的基础知识，因为许多人对此并不了解，我先介绍一个案例。

"14 年前，当时我在 EE 公司担任供应链质量总监，公司召开供应商大会，我上台做报告。"

唐风似乎想起了当年的情景，接着说："我先给供应商们通报了一组数据，是供应商来料质量问题给 EE 公司带来的直接经济损失，2009 财年是 6656 万元人民币，2008 财年是 225 万元人民币。

"接下来我又通报了另一组数据，是供应商来料批次性质量问题，2009 财年是 80 批，2008 财年是 138 批。"

说到这里，唐风问大家："为什么 2009 财年的批次性质量问题下降了，反而损失金额大幅上升了呢？"

见无人回答，他解释："因为有一个光耦存在批次性质量问题，导致 EE 公司多个产品进行市场召回，造成的损失是 6300 万元。

"而公司给 SQE（供应商质量管理工程师）制定的绩效考核指标，是以来料批次性质量问题数量为基数的。"

说到这里，唐风停了一下，接着说："请问，2009 财年与 2008 财年相比，供应商来料质量是提升了，还是下降了？"

下面有人回答说："是上升了，回为批次性质量问题数量减少了。"

也有人回答："是下降了，因为损失金额增加了。"

唐风问巩固："如果让贵司的总经理来回答这个问题，他会怎么说？"

巩固回答："肯定是来料质量下降了，因为领导层要对公司的财务指标负责。"

唐风说："这就对了，对于企业来说，质量的表现应该用金钱来衡量，而不是经过妥协的指数。

"1991 年，质量大师朱兰等人发现，许多企业的质量成本约占销售收入的 25%，其中 75% 的质量成本属于隐性成本。

"制造过程的稳定、可靠是降低不合格品率甚至实现零缺陷的基本要求，在推行一次做对项目时，应当把过程控制作为核心内容。"

说到这里，唐风的音调提高了一些："大家都知道冰山模型，返工、报废、客户索赔、处理客诉、折扣损失等都是冰山上面的部分，可以看得到。

"但是，冰山下面的部分，如客户流失、库存过多、加工过剩、员工离职、信誉丧失、交付延期等造成的损失是不容易被发现的。

"但最糟糕的是，有 90% 的制造企业连统计数据都没有，这如何能正确衡量质量？

"在这里，我有一个问题要问大家：PONC 与质量成本有何区别？"

唐风环顾整个会场，见无人发言，就说："这二者区别很大，质量成本是企业为了保证和提高产品质量而支出的费用，以及因未达到质量水平而产生的损失之和。

"质量成本的出发点是产品质量，而 PONC 是指没有一次把正确的事情做对或做了错误的事情造成人财物的额外浪费，PONC 针对的是工作质量的衡量。"

见大家有些困惑，唐风解释："打个比方，A 公司在 2014 年上市后，花费 5000 万元收购了 W 公司，结果收购后发现 W 公司的产品无法与其形成协同效应，收购 W 公司本质上就是个错误。

"结果5年后，A公司不得不将W公司关闭掉并赔偿了一大笔员工的遣散费，总损失约6000万元。

"我想问大家，这6000万元的损失能计入质量成本吗？"

下面的人员异口同声："不能！"

唐风接着问："能计入PONC吗？"

下面的人员回应："必须计入。"

唐风说："所以我认为，PONC是一个管理工具，与财务核算有较大的差别，它适用于事后对工作的复盘，通过检讨得失来调整公司的管理行为，对于领导层是很有用的。

"因此，我认为PONC是基于文化变革的管理系统，而非仅是绩效衡量的工具。PONC是整个组织之间进行沟通的工具，而非个别人独享的报表，它为创建缺陷预防的质量文化服务。

"导入PONC的直接目的，主要有四点：引起关注、排列行动顺序、衡量进度、分享成果。

"前面我介绍了，PONC的核算基于工作没有一次做对来实施，它与质量成本不是同一个概念。"

说完，唐风打开下一页PPT（见图13-2）。

组织中的PONC要素举例

◆ 合同错误 ◆ 销售让步 ◆ 客户投诉 ◆ 应收风险 ◆ 过度的售服 ◆ 对账频繁 ◆ 订单变更	◆ 研发方向错误 ◆ 项目滞后 ◆ 重复验证 ◆ 需求不明确 ◆ 不适当的文件 ◆ 资料管理混乱 ◆ 设计变更	◆ 报废/重工/返修 ◆ 设备损坏/维修 ◆ 生产过多（早） ◆ 搬运浪费 ◆ 动作浪费 ◆ 等待浪费 ◆ 作业标准缺乏	◆ 废料分析 ◆ 再处理分析 ◆ 让步接收分析 ◆ 客户报怨处理 ◆ 重复检验 ◆ 未预先防范
市场营销	研发管理	生产管理	质量管理
◆ 离职率偏高 ◆ 人岗不匹配 ◆ 工安事故多 ◆ 管理幅度大 ◆ 知识技能缺 ◆ 心智模式差	◆ 应收账目错误 ◆ 应付账目错误 ◆ 费用报销错误 ◆ 盘点错误 ◆ 折扣损失 ◆ 报表延误	◆ 权限错误 ◆ 重复运行 ◆ 硬件停机 ◆ 调试时间长 ◆ 数据丢失 ◆ 数据不准	◆ 重新开发供应商 ◆ 采购变更 ◆ 紧急采购 ◆ 过量采购 ◆ 溢价采购 ◆ 现金采购
人力资源	财务管理	信息管理	采购管理

图13-2　PONC要素

唐风问："大家到振中科技上班，最主要的目的是什么？"

下面有人回答："为了钱。"

唐风继续问："钱从哪里来？"

有人答道："来自客户。"

唐风说："回答得很好，我想问问市场营销部门的人，是不是所有的客户都能带来利润？"

现场正好有营销中心的人员，他站起来回答："不是，有些客户在收到货后不按合同约定付款，可能导致公司产生重大损失。"

唐风说："对，选错客户导致应收造成的损失，应该计入PONC。

"在市场营销端，诸如此类的损失还有合同错误、处理客诉、客户流失、折扣让步等。"

接着他问人力资源部部长杨阳："杨部长，您是负责人力资源的，您觉得在这一领域，会有哪些PONC？"

杨阳回答："我觉得最大的损失来自用错了人，没有把人放到合适的岗位上，没有做到人岗匹配。

"可惜我们现在还没有一个核算系统，来计算由此产生的损失。"

唐风说："由于员工知识技能不足造成的损失，其数量也是惊人的。"

停顿了一下，他接着说："由于信息管理不当造成的损失，有时也相当大。

"打个比方来说，前些年中国某企业Z公司被罚款10亿美元，并被全方位制裁，导致Z公司差一点因为被切断供应链而休克死亡，这事大家听说过吗？"

下面有人回答："听说过。"

唐风说："大家知道这事是怎么发生的吗？事情的起源是Z公司的信息泄漏。

"这就是在信息管理这件事情上没有一次做对的代价。"

见大家议论纷纷，唐风说："下面我们讨论PONC推进方案。

"首先，梳理业务运营活动，输出业务过程关系图，识别出所有的业务活动。

"其次，通过提取信息，建立 PONC 核算系统，并计算结果。

"结果出来后，要进行衡量分析，找到产生 PONC 的业务过程和责任部门。

"在这一切工作完成后，就进入目标管理的范畴了。"

唐风打开下一页 PPT，解释道："关于 PONC 的核算，有以下几种方法。

"1. 会计法，就是直接从会计报表中提取相关数据，如报废损失、客户索赔等。

"2. 薪资法，通过计算投入的人工数量乘以单位成本，就可以得到。

"3. 劳务 / 资源量法，比如返工产生的电费，是可以计算的。

"4. 单价法，比如每个产品成本 10 元，报废 1000 个就是 1 万元。

"5. 理想偏差法，比如公司给 A 产品制定的目标成本是 1 元，本月实际成本是 1.1 元，差额 0.1 元就是 PONC。"

说完这些，唐风问："大家有疑问吗？"

下面的人回答："没有。"

唐风说："要成功推进 PONC 管理系统，一般经过以下步骤。

"1. 全员培训 PONC，并达成共识。

"2. 确定 PONC 要素，建议从客诉客退、产品报废、返修返工、重复检验开始，因为这些要素的数据统计起来比较容易。

"3. 明确计算公式，原则是先简单再细化，数据主要是用来管理，而非究责。

"4. 开始收集数据，客诉客退由质量部统一提供，工序 PONC 由各事业部每周填写，统一于每周一交质量部，过程中应不断完善。"

唐风的声音慢了下来：

"5. 每月召开质量例会，对比分析各部门的 PONC 值，确定整改措施。

"6. 制定 PONC 目标，在收集 1～2 个月的数据后，就可以制定 PONC 目标。

"7. 组织实施消减 PONC 的行动，管理类的 PONC 应列为优先解决项。

"8. 推行提案改善，鼓励员工发现 PONC，营造全员参与的改善氛围。

"9. 建立信息系统搜集 PONC 数据，借助 IT 系统的支撑，这个工作就容易推进得多。"

见大家有些困惑，唐风说："下面我举个例子来说明。"

说完他打开下一页 PPT（见图 13-3）。

数据收集表（正面）

×××部××班组 CIC（Continual Improvement Check）一次做对记录表

工序		项目		周一	周二	周三	周四	周五	周六
年　　　　周　　　　总一次做对率:									
×××	标准	1. 一次合格率（%）							
	应一次做对数	2. 生产总数量							
	非一次做对数	3. 产品返工数							
		4. 产品报废数							
		5. 复检数							
		6. 未一次做对数合计							
	一次做对数	7. 一次做对数合计							
		8. 日一次做对率							
小计		生产总数量							
		一次做对总数量							
		一次做对率							
班组长确认									

图 13-3　生产线 PONC 数据收集表（正面）

唐风解释道："生产线推行一次做对，做得怎么样呢，这是某企业用来衡量的表格，在表格正面有这样一些统计项目。"

说完打开下一页 PPT（见图 13-4）。

数据收集表（背面）
×××部××班组 CIC（Continual Improvement Check）一次做对记录表

日期	未一次做对问题描述	PONC 值	错误原因分析	再发防止措施	效果确认	确认人	是否重复
					□ OK □ NG		□是 □否
					□ OK □ NG		□是 □否
					□ OK □ NG		□是 □否
					□ OK □ NG		□是 □否
					□ OK □ NG		□是 □否
					□ OK □ NG		□是 □否
					□ OK □ NG		□是 □否

图 13-4　生产线 PONC 数据收集表（背面）

唐风说："这是表格背面的统计项，因为不同企业的情况不同，表格中的内容可能需要调整。

"但如果人人学会算账，并以此为基础寻找原因，推动持续改善，一次做对文化建设就落到了实处。"

见下面的人纷纷点头，唐风接着说："下面我用一个实际案例，来讲解如何运用 PONC 这个管理工具来推进一次做对质量文化建设。"

"某汽车制造企业 Y 公司的管理层在 2002 年经过零缺陷培训后，决定建立 PONC 核算系统，来提升运营绩效。

"他们决定以轿车厂为试点开始推进，于是从 2002 年 6 月起，组织了多次 PONC 研讨及核算的培训，明确了工作重点，以停台、废品、返修三个项目建立收集数据库，明确了 PONC 的计算方式。"

说到这里，唐风喝了口水，继续说："在 2003 年 1 月，推进小组又确定了 PONC 值的计算流程，明确了各车间的工作职责，详细规定了工作程序，于是轿车厂的 PONC 值计算工作正式启动。

"从 2003 年 1 月起，每月召开例会，分析各车间的 PONC 值 TOP（顶级）项，与上月进行对比并对问题进行检讨，确定整改措施。

"2004 年，他们建立了质量成本优化项目组，在全公司计算质量成本，并成立成本中心。

"Y 公司通过十几年的推进，在 PONC 管理方面取得了显著成绩，形成了自己的特色，具体表现有以下几点。"

唐风伸出手指，配合手势继续讲解："1. 建立模块，以数据说话。

"通过量化的目标设置，对降低成本的责任进行了层层分解，压力传导至每一位员工。

"这样一来，PONC 值变成了大家统一的工作语言，使大家能够采取统一的工作思路。

"2. 统一计量，量化对比。

"以前在汇报工作时，大家用百分率、不良率、合格率、小时分钟等方式来体现工作结果，各种术语和形式种类繁多，有时甚至难以沟通。

" PONC 值能将这些单位统一成一个——钱，让所有人都听得明明白白，都能立即发现问题的严重性。"

听到这里，巩固冲唐风点了点头，唐风没有停，继续说："3. 建立了基础数据平台。

"为了使 PONC 值的核算能执行统一的标准，轿车厂率先建立了自己的 PONC 值数据库，利用信息化技术来提高工作效率，实现知识共享，并提高信息透明度。

"4. 便于抓关键的少数。

"当钱成为衡量的标准时，任何人都知道应该节约浪费大的，对 PONC 值的大小进行分类，按二八原则把浪费大的 PONC 值产生的原因找出来，进行优化改善，以实现 PONC 值快速下降的目的。"

见下面很多人在点头，唐风接着说："如果不是用钱来衡量，可能会对一些浪费习以为常，任其发生。

"5. 易于操作，效果显著。

"把质量改进的工作用钱来衡量，让员工很容易理解和运用，促使大家快速解决问题、提高效率，在两年时间内将单台车的 PONC 值，从 280 元降到了 111 元。"

说到这里，唐风停顿了一下，说："当时我们去参观时，PONC推进小组的负责人还说了他的一些体会，具体有以下几点。

"1. PONC 值是目标管理的有效支撑。

"PONC 值工具的有效应用，使生产和业务运营过程中的浪费现象得到量化，形成可考核的经营指标，从而把浪费纳入目标管理平台进行管理，并进一步分解到车间、工区、班组。

"2. 形成经营氛围。

"PONC 用钱的概念将浪费体现得更直观，更有震撼力，使员工注意到每一处浪费，形成'人人心中有本账、人人会算 PONC 值'的氛围。

"当员工知道报废一个普通的焊接件价值上千元后，他逢人就会提醒：这么贵的东西，一定要小心。"

说到这里，唐风做了一个数钱的动作，接着说："这种关注成本的经营氛围，逐渐形成了轿车厂独特的文化，即事事都要问成本。

"例如，焊接车间 9 台焊机已使用了 20 多年，离合器老化，摩擦片严重磨损，串气严重，影响设备的正常运行。

"当员工了解到焊机报废后更新一台需要 19.4 万元时，他们就会不舍得花这么多钱，而是通过多方努力，找到了合格的零部件进行维修。

"仅此一项，就节省 PONC 值 156 万元。"

唐风把手伸出来，再次做了数钱的动作，接着说："3. 关注过程，以预防为主。

"PONC 值强调的是把积累的经验转化为预防措施，使员工更加关注生产过程中的浪费，同时在解决问题的过程中为预防落实积累经验。

"PONC本身只是一种结果的展示，但它要求员工要根据结果找出原因，要从根本上消除隐患，去检查工作中的每一个环节，寻找每一处的改进潜力。"

说到这里，唐风停了一下，似乎在回忆当时参观的情景，接着说："4.暴露矛盾，提高关注度。

"如果没有PONC值的统计，领导对质量工作中的问题带来的影响只是一个感性认识，虽然知道有问题，但是不知道成本有多大。

"或者在一些损失少的事情上大费力气，而真正浪费大的问题，却没有给予足够的重视。

"例如，在2003年PONC值统计出来后，发现金额如此巨大，那些隐藏在海面下的冰山如此之多，于是在2004年的工作计划中，针对这些问题成立了专门项目组来解决。"

这时，唐风再次拿起水杯喝了一口，继续说："5.领导推动，转变观念。

"企业任何一个战略动作的推行，都必须有领导层的高度支持和持续关注，否则不是半途而废就是流于形式。

"PONC值的推进历经多个阶段，每个阶段都有这样那样的困难，而这时领导层的支持和重视，就是一针强心剂。"

说完这些后，唐风逐个询问各个单位的负责人："你们单位在推行PONC管理制度方面有什么困难？"

所有被问到的负责人均回答："没有，可以执行。"

后来，在铸造过程一次做对项目小组的例会上，唐风问："我们以前的冶炼钢水合格率仅为30%，大家知道返工一炉钢水需要耗费多少度电吗？"

技术负责人回答："大约2万度。"

唐风继续问："折算为钱，数量是多少？"

另一人回答："2万多元。"

唐风说："我们把钢水合格率从30%提升到100%，每月省下的电费就有几十万元，这么大的浪费，为什么我们以前不采取措施呢？"

── **本章点评** ──────────────────────────────

● 如何通过 PONC 的核算来推动一次做对质量文化的建设?

建立 PONC 核算系统，让每位员工学会算账，并以此来找到质量改进的重点，在项目完成后也可以正确地衡量项目收益。

通过核算损失掉的金钱来提升和激发员工的一次做对意识，这是推进一次做对质量文化变革的有效手段。从这个层面来看，PONC 核算体系的建立，是质量竞争力平台建设的重要部分。

────────────────────────────────────

{ 第十四章 }

质量竞争力建设之员工能力建设

如何通过实施员工能力建设为一次做对系统推进打下基础？

12 月底的这天，唐风检查了各项目的实施情况，发现二期的大多数项目都快达成目标了。

于是，在一次做对话事间，唐风打开一个 PPT 文件，叫来张彤彤一起交流。

唐风说："通过一期和二期项目的推进，我发现振中科技存在一个比较大的问题，这个问题不解决，我们的一次做对项目很难在系统层面取得成功。"

他指着 PPT 上面的一次做对模型，继续说："我们从去年开始选择和实施的所有项目，几乎都遵循一个模式，那就是从产品质量到过程质量，通过过程质量的提升来实现产品质量的提升。

"但是，在推进的过程中，几乎每个项目做起来都不轻松，你知道是什么原因吗？"

张彤彤说："我也有同感，感觉这个问题比较复杂。"

唐风说："无论是结构件焊接项目，还是智慧园工厂焊接项目，影响项目进度最大的几个关键因素都相同。

"员工能力不足、质量意识欠缺、来料质量问题多、设备设施管理不到位、IT 与流程的结合能力弱等，你同意我的意见吗？"

张彤彤说："这个我赞同。"

唐风说："这些因素，总结出来就是一个问题：质量竞争力不足。

"套用杨国安教授的'杨三角'理论，我把质量竞争力分解为三个维度：员工能力、员工思维和员工治理。"

说完，唐风打开下一页 PPT，指着质量竞争力模型，开始解释："哪些因素影响员工能力？

"基于我数十年的工作经历，我认为因素是多方面的。

"比如任职资格管理，它将各个岗位的任职要求进行明确，以此为基础开展员工的招聘和培训，确保员工有足够的能力胜任岗位。

"再如团队建设和后备力量培养，我在跨国企业工作近十年，发现跨国企业对于业务增长目标的制定比较理性，比如 EE 公司，制定的年销售规模增长率的目标很少超过 30%，主要考虑了人员能力成长速度的限制。"

说到这里，唐风暂停了一下，接着说："另外，对于技术平台的建设，它对员工能力的提升作用显而易见。

"如果技术瓶颈都没有突破，一次做对显然是不可能的。"

说完了员工能力，唐风接着说员工思维。

"我认为，影响员工思维的最重要的因素有几点。

"管理层的行与言、公司的考核制度和薪酬制度、员工晋升和淘汰制度。

"这就涉及各级管理者的质量意识教育，要确保他们具备足够的质量认知。

"还有，质量政策和质量方针的落地实施，以及质量损失的统计和考核等。

"以上因素都会影响员工的思维方式，这也是质量文化建设的出发点。"

张彤彤说："这个我认可，意识不到位，别的条件再好，也很难发挥作用。"

唐风说："至于员工治理这个要素，它反映的就是公司的管理平台能不能支持员工把工作一次做对，当然影响因素也很多。

"比如说供应商管理，它对一次做对的影响主要体现在生产过程的输入能不能满足要求。

"试想，如果来料质量问题一大堆，你让员工如何一次做对？

"还有，如果设备的管理和维护不到位，三天两头出故障，员工如何实现一次做对？"

张彤彤说："这个当然做不到。"

唐风说："另外，组织架构和权责分配对于一次做对也有很大影响，官僚和僵化的组织架构会影响员工的工作积极性和效率。

"以前我在 EE 公司时，我们要求对每个批次性质量问题及重大质量事故都要做复盘，形成案例，作为员工培训的材料，这就是涉及知识管理的领域。

"这对一次做对能否实现也有影响。

"总之一句话，质量竞争力的建设决定了过程质量的高低。"

张彤彤说："这么多要素，看起来千头万绪，如何落地实施呢？"

唐风说："这就要从实际出发，找到对产品质量和过程质量影响大的因素，优先解决。

"从前面二十多个项目的推进情况来看，我认为员工能力对项目成功的制约很大，所以需要优先立项来解决。"

张彤彤说："我认可你的观点，但如何实施？"

唐风说："还是参考我们质量文化建设项目的思路，先试点再平推。"

张彤彤说："找哪个试点呢？"

唐风说："一线员工层面，我建议以机器人焊接和手工焊接为试点。

"这主要取决于你们公司的主要业务，贵司 5000 多名员工中，光焊工就超过 1000 人。

"提升焊工的能力，对于一次做对项目影响很大。"

张彤彤说："我赞同你的意见。"

唐风说："工程师这个群体，找谁当试点？"

张彤彤说："我建议找成套研究院模块化所。

"根据我对成套研究院的了解，其人员一般是这样流动的。

"大学生招进来后，先在模块化所画图，熟练后再去总体所，最后流到开发所。

"这样流动的结果就是模块化所新人多，出现的质量问题也多。"

唐风说："好，那就选模块化所当试点单位，你去和人力资源部沟通一下，由他们出面，成立员工能力一次做对试点项目。"

张彤彤说："好的。"

两周后，在集团办公大楼的大会议室中，振中科技员工能力一次做对试点项目第一次会议召开了。经过一番讨论，大家最终决定，由人力资源部出任项目主担当，结构件公司 9A 工区、成套研究院模块化所作为参与方，实施员工能力培训和考核系统建设的试点项目。

接下来是讨论实施方案，唐风说："如何建设员工能力培训和考核系统？我说说我的建议。

"我见过不少规模较大的企业，它们的员工入职后，会做很多培训。

"但是，有个问题，这些培训的效果有限。原因也很简单，这些培训课程是由人力资源部开发的，与实际业务的匹配度不高。

"大家知道，如果学到的东西不能与实际工作相结合，大概一周后就忘记了 80%，一个月以后基本上全部忘掉，白白地浪费了许多培训资源。"

看大家都在点头，唐风继续说："所以要避免出现这种情况，如何做呢？其实也很简单。

"就是先识别出业务过程的需求，画出过程模式作业表，从而界定员工的能力需求。

"再以此为基础制定岗位任职资格要求，作为培训和考核的目标。"

几天后，看过结构件公司提交的《9A工区焊接机器人操作工能力清单》后，唐风找来结构件员工能力试点团队，开始进行讨论。

唐风说："你们发过来的材料我看过了，对机器人操作工能力的界定很完整，内容都来自机器人焊接过程的要求。

"但是有一个问题，就是表现形式不太好。

"你们对员工能力进行了以下分类：安全类、质量类、按程序操作类、数字化类。

"这种分类不符合过程模式作业表的要求，而且互相之间有交叉和重叠，即使试点项目成功了，也不适合横向推广。

"我建议对员工能力进行这样分类：安全须知、理解工作标准、输入控制、输出控制、操作设备设施、按作业程序操作。

"其中，按作业程序操作这类，应该分为作业前、作业中、作业后的工作内容及能力要求。

"这样做的好处是结构化程度高，方便横向推广。"

大家表示赞同，于是一周后输出了新版的《9A工区焊接机器人操作工能力清单》(见表14-1)。

唐风说："你们这一版的试点工区员工能力清单做得有进步，具备成功后平推的条件，可以按此实施。"

与结构件员工能力一次做对试点项目组谈完后，唐风又与成套研究院模块化所进行交流，唐风首先介绍了《9A工区焊接机器人操作工能力清单》的建设方案。

听完唐风的介绍，模块化所的所长郭小红说："我来说说对员工能力建设的理解，请唐老师指点。

"员工能力的建设应该满足过程管理的要求，能支撑过程一次做对。

表14-1　9A工区焊接机器人操作工能力清单

序号	能力类型	能力分项	工作内容及能力标准	对应消差计划项目
1	安全须知	安全红黄线	熟知本岗位安全规范，确保工作现场安全	安全红黄线培训
2		安全起吊作业	正确使用地操天车	地操天车操作规范培训
3	理解工作标准	工艺纪律红黄线	本岗位质量管控应知应会	工艺纪律红黄线培训
4		识图能力	①根据图纸工艺识别焊缝、焊道大小 ②清楚使用焊丝类型和各部件预热情况	制定《图纸工艺审核标准》
5	输入控制	来料识别能力	①判断上序来料的拼装间隙、预热温度、支撑位置、拼装放置是否合规 ②判别焊丝，图纸是否合规	来料复检制度培训
6	输出控制	焊接缺陷识别能力	自检焊缝缺陷，对焊接缺陷未熔合、咬边、偏焊、成型差、气孔等问题有能力独立识别并进行标记	焊接缺陷识别能力培训
7	操作设备设施	数字化工具使用	①本工序完成后独立使用MES（制造执行系统）报工并保证报工信息准确性 ②独立使用离线程序下发设备	数字化工具使用培训
8		数字化设备维护	①数采设备，MES大屏等出现故障时1小时内报修 ②每天对数采设备维护保养	
9	按作业程序操作 作业前	焊接机器人基础知识了解	①掌握焊接作业指导书对于焊接电流、电压、气体流量、预热温度、焊接速度、焊接参数功能要求 ②了解焊接机器人示数器各功能使用 ③了解焊接机器人机械臂各轴、坐标系各作用 ④了解机械臂零点位置所对应的坐标数值，机械臂各轴零点状态下的刻度值 ⑤清楚机器人所有的急停操作按钮位置，对机器人安全操作规范有清楚的认识	机器人基础知识培训

序号	能力类型		能力分项	工作内容及能力标准	对应消差计划项目
10	作业前		焊接参数理解	①对焊接参数全方位精通，要求各类焊缝的焊接参数匹配 ②掌握特殊焊缝焊接参数快速调试能力 ③熟知机器人焊机的"JOB"通道和各类功能的运用 ④掌握中端和高端活件焊接参数快速切换	焊接参数相关知识培训
11			焊前清理	①掌握焊道打磨标准与角磨机使用规范 ②保证焊道20mm范围内露出金属光泽	焊前清理要点培训
12			机器人精度校准	掌握用仪器进行机械臂零点的校准，焊枪TCP的校准，机械臂各轴同步联动的校准，掉轴后区分360机器人和390机器人接轴方式和方法的不同	设备校准培训
13	按作业程序操作	作业中	机器人校点能力	编程时熟知各焊道的点码分布和焊枪角度的正确运用	校点、编程能力培训
14			编程能力	①掌握程序文本修改和校正的点码、传感 ②能够独立编写和校正完成，调用参数有效且正确 ③结合离线作业票能够独立完成所有流程的编程工作	
15			设备异常处理	①基本故障处理：撞枪恢复正常焊接；更换送丝管；水循环不通故障处理 ②具备更换焊枪上所有配件的能力 ③更换焊机内部电源保险和送丝保险机保险	制定《机器人设备异常处理流程》
16		作业后	设备维护及现场清理	关闭气路装置，切断设备电源，擦净机器人本体，电气箱等部位。将焊接区域内的焊屑、尘渣、杂物打扫干净，按设备点检卡及清扫标准卡要求做好点检记录	设备保养维护能力培训

"因此，首先，我们确定过程范围，画出过程模式作业表，识别出过程能力要求。

"然后，结合员工现有水平，制定与业务需求相匹配的能力清单，主要包括软件工具类、结构设计类、工艺设计类、生产服务类和流程规范类。

"我们是设计类工作，与9A工区的操作岗位不同，要求也不一样。"

唐风说："这个当然要结合岗位实际情况来定。"

郭小红说："根据能力清单，我们制订相应消差计划，针对技术操作、产品知识和业务流程等方面进行培训和考核。

"通过制订合理的培训计划，开展线上线下相结合的培训活动，建立培训资料库，主要包括基础知识、专业知识和标准掌握等，确保培训的质量和效果。"

见唐风在点头，郭小红接着说："根据工程技术中心的特点，我们制定一套完整的能力等级体系，将人员按能力分为不同的级别，如分为首席专家、专家、高级工程师、中级工程师、初级工程师等。

"最后，将人员能力建设作为所内常态化工作，持续投入资源和精力，形成持续改进的长效机制，并纳为院内人才培养和选拔计划。"

唐风说："好的。"

一周后，唐风收到了模块化所的员工能力清单，在项目例会上，唐风对郭小红说："这个能力清单做得很完善，现在的关键是执行，同时我会关注模块化所的工作质量状况，检查这套方案的实施效果。"

3个月后，员工能力建设的试点项目正式结项，在结项会议上，首先由模块化所的所长郭小红上台进行汇报："一次做对员工能力建设的目的在于提升员工的能力，从源头上减少问题的产生，确保每项任务都能够达到预期的效果。

"通过这个项目的实施，让员工掌握更扎实的专业知识和技能，减少在工作中的失误。

"这样就可以避免因错误导致的额外成本，如返工、重修、补充材料等。

"我们所这段时间的图纸质量提升很快，连续两个月实现了零缺陷，我认为与员工能力提升这个项目是分不开的。"

接下来是 9A 工区焊接机器人操作工的能力建设汇报，等到所有人员汇报结束后，唐风开始发言："随着一次做对质量文化建设的推进，员工的工作态度发生了显著改变。

"接下来的一项非常重要的工作，就是让员工有信心有能力实现一次做对。

"我要求成套研究院和结构件公司尽快将试点项目的经验进行横向推广，对推广的效果进行评估，并以此为基础优化员工能力建设的规范。

"同时，两个试点单位要制定员工能力的培训目标，达到人员专业化的要求。"

本章点评

● 如何通过实施员工能力建设为一次做对系统推进打下基础？

基于过程能力来制定员工的能力需求，以此为基础开展员工专业化培训和上岗考核，实现人员专业化，是一次做对系统推进的重要基础。

{第十五章}

质量竞争力建设之供应商质量管理

如何从系统层面推进供应商来料质量改进？

在振中科技一次做对质量文化变革二期项目中，供应商质量改进试点项目由集团采购部负责推进。

在采购部一次做对项目第一次沟通会议上，唐风开始发言："供应商质量改进试点项目，是由集团公司郑总选定的，他选定了两类供应商，一类是胶管，另一类是密封件。

"我想，郑总经常去拜访客户，倾听客户的意见，他的选择应该是有针对性的。"

采购部总经理刘一颂回应道："总体来说，我们公司的供应商质量表现尚可，每年因为供应商质量不良造成的客诉事故数量不多。

"但是管封件的来料质量在客诉中占比相当大，所以对郑总来说，可能印象比较深刻，他提出成立试点项目，我认为是比较符合实际的。"

唐风说："既然大家对郑总选定的试点供应商没有异议，那么我们接下来要做两件事。

"第一，是统计管封类供应商的来料质量数据，包括来料检验、内部制程、客户使用这三个环节的质量数据。

"第二，制定质量改进目标。"

一周后，在项目例会上，所有项目成员先看了 SQE 赵卫提供的管封件来料质量数据。

唐风说："从赵工统计的数据来看，管封件出现质量事故造成的质量损失绝大多数在售后。

"在过去两年半的时间里，密封件总共出现售后质量事故 57 起，平均每个月约 2 起，造成的直接损失为 270 万元，其中批次性质量事故 4 起，在质量总损失中占比超过 80%。

"而胶管出现质量事故造成的质量总损失为 166 万元，其中批次性质量事故 3 起，质量损失占比 87%。

"这个损失金额看起来不少，但是由于涉及多家供应商，分摊到每一家，其实损失金额很少。"

刘一颂回应道：

"我们的胶管供应商有 4 家，密封件供应商也有 4 家，所以对每一家供应商来说，每年的批次性质量事故平均不到 1 起。

"所以，如何实施这个项目，我实在没有头绪。"

唐风说："我们一期有 5 个一次做对试点项目，它们的目标都是相对于现状改进 80%。

"所以，我认为我们这个项目的目标，也可以按相对于现状改进 80% 来设置。

"因此，我建议项目的目标可以这样定：管封件物料售后批次性质量问题为 0。

"只要做到这一点，质量损失就至少可以降低 80%，而且还能大幅提升客户的体验。"

项目组其他人员均点头同意，于是唐风与巩固、刘一颂合计："这个项目的目标就按此执行吧。"

刘一颂说："这个项目共涉及 8 家供应商，以我们现有的资源，是不可能指导每一家供应商都去做质量改进的，那么问题来了，如何开展这个项目呢？"

唐风说："我的想法可以总结为12个字：四处撒网、重点捕鱼、逐个突破。

"首先，我们可以对近两年来胶管和密封件出现的售后批次性不良进行案例分析，输出书面材料发给各家供应商。

"同时，要求供应商针对其自身的产品实现过程进行风险排查，结合这些案例制定相应的预防措施，来我司交流，探讨如何实现售后批次性不良为零的目标。"

见刘一颂点头认可，唐风接着说："我们也可以用此手段来表明我司对于来料质量批次性不良的零容忍的态度，这就叫四处撒网。

"接下来，针对主力供应商，我们要组织相关人员去它们公司进行现场考察和交流。"

说到这里，唐风停了一下，继续说："解决产品质量问题有一个原则，就是三现主义——现场、现物、现实。

"我们必须去现场，看看供应商是如何实施质量管控的，并了解产品的加工过程及工艺特点，进而评估供应商的质量管理成熟度。

"以此为基础，我们才能制定有效的质量改进策略。

"这就是我说的重点捕鱼。"

见无人提出异议，唐风接着说："在这些主力供应商的质量改进取得突破性提高后，我们可以进行经验总结，将之推广到其他选定的供应商中。

"这样，我们不仅实现了售后批次性质量问题为零的目标，还可以培养出一批合格的供应商质量管理工程师，也就实现了郑总提倡的育人造物的目标。

"这就是我说的逐个突破。

"怎么样，大家对我的观点有什么不同的意见吗？"

这时，SQE赵卫问道："质量管理成熟度这个概念我们以前没有接触过，唐老师你能不能详细介绍一下？"

唐风说:"好的。"

说完,唐风把质量管理成熟度模型投到大屏上,开始解释:"这张表最初是美国质量大师克劳士比提出来的,我在他原来的基础上做了一些修改,以便更准确地评估当今中国企业的质量管理水平。

"我们在座的人员,有很多人应该参加了供应商的审核。"

赵卫说:"这事我们经常做。"

唐风说:"4年前,我刚加入爱必胜公司,就遇到了国内一家大型企业X公司的验厂,这家公司也是我的老东家。

"X公司的审核团队共有6人,对着查检表,在爱必胜公司的现场足足审核了3天,共花费了18个人天。

"这份查检表是针对LED显示屏生产厂家专门制定的,内容很详细,显然是熟悉LED显示屏生产和研发的内行人士所编。

"审核中一共发现了100多个问题,但是我认为最核心的问题他们一个也没有发现。"

见大家有些疑问,唐风解释道:"这个核心的问题是爱必胜公司的质量目标设置不合理,管理团队对于质量目标的实现缺乏正确的认知和共识。

"因为这些审核人员根本没有见到老板,怎么可能发现这些核心的问题呢?

"我想问一下,贵司在组织供应商认证审核时,一般会派几个人去,审核几天?"

赵卫回答:"一般3个人左右,现场审核时间不超过1天,大部分情况下是半天左右,因为实在没有太多的时间,而且我们也不可能有针对性对每家供应商编制现场查检表。"

唐风说:"这就是我们大多数企业在审核供应商时遇到的困难,我们不可能对某家供应商投入太多的时间和人力资源,也不可能有这么多的专业人士来编制有针对性的查检表,因为很多小公司连一个专职的SQE都没有。"

赵卫点头称是。

唐风话锋一转，接着说："还有，只要投入足够多的时间，就能发现足够多的问题，因此，不能以现场发现问题的多少来评判供应商的质量管理水平。

"那么，如何准确评判一家供应商真实的质量管理水平呢？"

说到这里，唐风停了下来，让大家思考。

过了一会，见无人回答，唐风说："质量管理成熟度模型就是一个有效的工具，这几年我已经用它来诊断和指导多家供应商实施了质量改进，效果显著。

"这个模型从七个维度来评估企业的质量管理水平，按评估得出的结果，将企业的质量管理成熟度分为五个阶段。

"它的意义在于，针对处于不同阶段的企业，应该制定不同的质量改进策略。"

听到这里，赵卫频频点头。

唐风说："我们给供应商做质量改进的指导，从本质上讲类似于中医治病，因为每家供应商面临的问题都不同，这张表就是中医号脉的工具。

"如果没有号对脉，就急急忙忙开药，是不可能把病人治好的。"

说到这里，唐风思考了一下，似乎在回忆往事，他接着说："多年前我从一家大型跨国企业离职，到一家中小型民企康利得公司中担任质量总监。

"入职后，我习惯性地套用大公司中行之有效的质量管理经验，希望以此来解决这家企业的产品质量问题。

"我去和老板说，我们要建立质量管理体系，推进过程管理，来彻底消除质量困扰。

"结果怎么样，大家可以想象吗？"

唐风笑着问大家。

赵卫回答道："估计不怎么样。"

唐风说："对，就是这样的。

"老板和总经理都认为我太理想化，他们习惯的套路是盯。

"总经理还直接对我说，我怎么管公司与你怎么管质量无关，你不需要告诉我如何来管公司。"

说到这里，唐风还用手势模拟了当时的谈话场景。

他继续说："10年后，在经历了三家企业的质量总监生涯后，对照这张质量管理成熟度表格，我终于明白了其中的关键。

"我当时入职的是康利得这家民企，其质量管理成熟度处于第一阶段，即不确定期，而全面推动过程管理是第四阶段质量管理的主要手段，通过过程能力的提升来保证产品质量，这是智慧期的典型特征。

"我用适用于第四阶段企业的工具和方法，为第一阶段的企业做质量改进，碰得一鼻子灰是再正常不过的事情。"

赵卫问："那么，对于这种处于不确定期的供应商，我们应该如何去辅导它呢？"

唐风说："对于处于不确定期的供应商，正确的质量改进策略是帮助其最高管理者提升质量认知，制定合理的质量目标，并引导主要领导层就如何达成目标形成共识。

"对于这一类供应商，我们的主要工作总结起来就是一句话：帮助供应商的领导层提升质量领导力，这是解决问题的关键。

"以此为基础，用过程方法进行试点，解决企业突出的质量问题，并形成示范。

"但是，以我当年的水平，远远没有达到这个境界，所以注定了在康利得这家民企中的质量改进以失败告终。"

说到这里，唐风似乎有些感触，他接着说："在洞察了质量管理成熟度模型的奥秘后，我在上一家任职的企业爱必胜公司中，用它来指导多家供应商实施质量改进，结果都取得了成功。

"过去是凭经验做事，现在有理论来指导，结果当然会不一样。

"在这里，我强调一点，没有哪家供应商不愿意把质量做好，来料质量出问题的根本原因是供应商的领导层缺乏对质量的系统认知。在面对供应商的质量不达标时，我们不要站在它的对立面，而应该与其一道分析出根本原因并找到解决问题的方案。

"因此，对于众多的供应商质量管理人员来说，如果你希望快速解决来料质量问题，必须要提升自己的质量认知和感召能力，能帮助供应商的领导层提升质量认知，并感召他们采取持续有效的行动。"

唐风看大家都在点头，就继续讲解："这个质量管理成熟度模型从七个维度对企业进行诊断和定位，其中最重要的一个维度就是公司最高管理者的质量认知和对待质量的态度。

"很多企业在更换了领导后，质量就开始走下坡路，其核心原因就是领导者的质量认知水平出现了倒退。

"处于不确定期的企业，这七个方面的典型特征如下。

"第一个特征，最高管理者不理解质量的本质是管理，将'质量问题'归咎于质量部门，只要不出大问题就不会主动关注质量，老板最关心的还是赚了多少钱。"

赵卫说："这个确实是这样的。"

唐风说："在康利得公司当质量总监时，我要召开月度质量例会，邀请老板参加，帮质量站台。

"结果到了开会这天，老板不是要见客户，就是要出差，找各种理由不参加。

"用一句话来表达，他们就是只管今天，不想将来。"

刘一颂回应："你这话说得很贴切。"

唐风说："第二个特征，质量部隶属制造部门或研发部门，质量部的主要职能是检验，比较注重产品的评估和分类。

"我见过很多企业，质量部是放在其他业务部门下面的，要么是制造，要么是研发，不对总经理直接汇报工作。

"屁股坐错了地方，说话自然缺乏公信力，没有办法组织实施质量预防的落实，只能做做检验之类的工作。"

赵卫说："我见过不少这样的企业。"

唐风说："第三个特征，员工基于经验工作，企业没有真正的质量管理体系，也没有清楚的质量标准，头痛医头、脚痛医脚，自然无法解决问题。面对客诉，组织内各部门互相扯皮，推卸责任。

"当然，ISO 9000 的证书企业肯定是有的，但是其作用也仅仅是应付审核。

"出现产品质量问题以后，基本不会从过程管理的角度来定位问题，处置措施只有纠正，也就是只对问题的结果进行处理，而没有对产生问题的原因进行彻底根除。

"一句话来形容，就是只有纠正动作，没有纠正措施。"

赵卫说："我估计大多数的中小企业都是这样的。"

唐风说："第四个特征，公司无质量成本报表，甚至没有质量月报，质量损失的数据未知，质量目标挂在墙上，从来没有对目标的达成进行认真分析，并提出纠正措施。"

赵卫说："以后在审核供应商时，我要重点审核质量目标及其实施的情况。"

唐风说："第五个特征，没有组织质量改进活动，也不了解这样的活动如何开展。"

见大家在点头，他接着说："第六个特征，公司领导层的质量心态可以用一句话来形容：我们不知道为什么总是有质量问题，但是现状还可以接受。

"一句话，就是公司虽然质量问题多，但是毕竟还是有利润，所以老板认为现状还可以接受。"

刘一颂回应："我接触过不少老板，他们的心态就是这样的。"

唐风说："10 多年前我在康利得公司担任质量总监，虽然每天被所谓的质量问题搞得满头是包，但是公司的总经理却对现状很满意，他对我说，别看我们质量问题多，但是公司的利润却创了新高。

"结果一年后，他就笑不出来了，因为几起研发质量事故，公司赔了一大笔钱，当年的实际利润是负的。"

刘一颂说："质量管理对公司经营的重要性，很多老板都缺乏足够的认知。"

唐风说："第七个特征，就是公司重视交付、成本和规模，质量排最后。

"当遇到交付、成本和质量相冲突时，往往是交付第一、成本第二、质量第三。"

赵卫说："现状是很多公司都这样做。"

唐风说："所以，处于不确定期的公司，其质量管理特点就是，产品质量问题多，没有质量目标，流程管理体系非常不完整，老板对质量的认知处于原始状态，昏昏然，茫茫然，自我感觉还不错。在质量管理层面，公司就像一个重度昏迷的病人，根本不知道自己有多糟糕。"

说完后，唐风喝了一口水，接着说："比不确定期好一点儿的是觉醒期，如同昏迷的病人觉醒了一样，在这一阶段，这七个方面的特征是这样的。

"第一个特征，最高管理者认识到质量管理或许有价值，但不愿亲自参与，因为他们认为质量管理这项工作可以由质量总监来代替自己，自己还有更重要的事情去做。"

赵卫说："估计有不少的老板都是这样想的。"

唐风点点头，接着说："第二个特征，公司任命强有力的质量负责人，但他的基本任务仍是使生产保持顺畅，质量管理的主要职能仍然是检验和救火。"

刘一颂说："你来我们公司之前，我们大概也是这样的。"

唐风说："第三个特征，公司组织质量工作小组来解决重大问题，却没有长远的整体处理问题的策略和方法。不过，这时候公司重视体系的建设，已经开始认真地建设流程体系，希望用体系来提升质量管理的水平。"

巩固说："我们公司面对一些大的质量事故，确实也会成立改进小组，但是效果一般，没有从体系层面来彻底解决问题。"

唐风说："按我的标准，贵司的体系建设问题很大，有待改进。"

张彤彤说："唐老师说得对，我挺有同感。"

唐风说："第四个特征，公司有了质量成本报表，但数据只反馈了小部分的质量损失，质量目标也进行了分解和考核。

"公司通过质量月报等方式，对质量目标的达成情况进行了分析，提出改进措施。"

张彤彤说："这一点我们也做到了。"

唐风说："第五个特征，公司会尝试组织一些短暂的改进活动，如质量月，但是没有长期的计划。"

刘一颂说："我们公司以前也偶尔搞一些 QCC 的活动，但都是一阵风。"

唐风说："第六个特征，面对质量现状，公司领导层经常思考一个问题：如何改变现状，彻底解决这些乱七八糟的质量问题？

"记得几年前，我的老东家爱必胜公司通过猎头公司把我挖过去。

"第一天报到时，我的直接主管带着我去拜访销售、财务等部门的领导。

"他们都对我说：'终于把你这个传说中的质量专家请过来了，这下公司的质量有救了！'

"一句话，公司管理层对于质量的态度就是，现状必须改变！"

巩固笑着说："我们郑总估计也是这样想的。"

唐风说："第七个特征，公司的质量管理特征就是一句话：重视产品质量及质量体系建设，也因此赋予了质量部门比较大的权力。

"记得我在爱必胜公司时，产品出现质量异常时，能否让步放行必须由我这个质量总监说了算，如果我没有同意，老板说了也不行。

"以上我说的，就是觉醒期企业的质量管理特征，如果一家公司的质量管理满足其中的大部分特征，那么它就处于觉醒期。"

刘一颂说："按你这种评价标准，你来之前我们整个集团基本上也处于觉醒期。"

唐风说："根据我这么多年来与中小型企业打交道的经验，大多数中小企业的质量管理水平均处于不确定期和觉醒期之间，我给振中科技诊断后得出的结论就是处于觉醒期。"

说到这里，唐风看了看大家，问："有疑问吗？"

大家回答："没有。"

唐风接着说："下面我介绍第三个阶段，即启蒙期的质量管理特征。"

"第一个特征，最高管理者会参加质量改进计划，对质量管理有较多认识，支持和协助质量改进项目的实施。

"第二个特征，质量部门直接对最高管理者汇报工作，所有产品的质量数据结果纳入正式报告，确保最高管理者了解质量现状，质量经理在公司中有一定的地位。"

说到这里，唐风以玩笑的口吻说："以前我在爱必胜公司时，很多人说我是公司里的大红人，说话很有分量。

"有一次我找采购部总监，讨论供应商质量管理的问题，对于我提出的要求，他是言听计从，还对我说，我们采购部是来料质量的第一责任人，希望你多多帮助我们提升供应商的质量管理水平。"

刘一颂回应道："我们现在也是来料质量的第一责任人。"

唐风说："第三个特征，对于问题的处理，公司建立了通畅的纠错活动沟通渠道，正视问题，并有计划地以过程思维对问题进行解决，以推动持续的端到端流程优化。

"如果一家企业，没有建立有效的流程管理体系，就不可能有真正的纠正措施和预防措施，针对问题的处理永远都是在救火，因为质量问题产生的根本原因是过程管理不到位。"

SQE赵卫说："许多中小企业做不到这一点，所以质量管理水平始终上不去。"

唐风点点头，继续说："第四个特征，质量成本报表持续优化中，且基于报表中的数据做出决策，质量目标设置得比较合理，且基于过程能力进行了管理。

"如果有质量报表，但是没有对报表中的数据进行管理，报表的作用就不能体现。

"如果不能将质量目标与过程管理结合起来，就不可能达成这些质量目标。"

赵卫说："看来我们以后去审核供应商时，要重点审核质量目标的策划和落实情况。"

唐风接着说："第五个特征，在质量文化建设层面，公司管理层完全了解并落实每一个步骤，以实际执行 14 个质量改进步骤。"

刘一颂接过话："实际上，质量文化如何建设，绝大多数的企业领导是不了解的。"

唐风点头认可，继续说："第六个特征，公司领导层对于质量的心态，可以用一句话来形容：经过管理层达成共识、做出承诺和质量改进活动，我们已经能够确定并开始解决我们的问题。

"这一点可以从我们的一期试点项目得到反映，当时郑总带领管理层做出承诺后，针对过去一直困扰我们的突出质量问题成立了质量改进小组，着手解决问题。"

见众人都在点头，唐风接着说："第七个特征，公司的质量管理特征就是，重视质量文化建设与员工参与。

"处于这个阶段的企业，其管理层已经下定决心，实施变革，并达成了共识。

"管理层的共识很重要，如果没有共识，质量改进就不能形成合力，试问一下，如果 8 个人拉车，有的往左，有的往右，有的往前，有的往后，这车能按时到达目的地吗？"

"当然不能。"大家都点头回应。

唐风继续说:"举个例子,前年深圳一家企业请我当顾问,指导企业开展质量改进活动,在签订合同前,我去现场做了一次诊断。

"诊断的最后一个环节,是管理层面谈。

"第一个与我交流的是分管制造的陈副总,我问:'您对企业的质量现状满意吗?'

"他回答说:'不满意。'

"我接着问:'您认为要如何改变质量现状?'

"他对我说:'目前公司质量管理方面最大的问题,就是研发问题太多,供应商来料质量问题太多,我们要对这两部分进行系统性改善,当然,目前质量部是挂在制造部下面的,工作做得不系统、不规范,质量完全依赖员工的个人能力,这也是一个问题。'"

见大家听得很投入,唐风继续说:"第二个与我交流的是采购总监,我对她问了同样的问题,对于第一个问题,她的回答与陈副总一样。

"于是我问第二个问题:'针对来料质量,您认为要如何改变现状?'

"她当时是这样回答我的:'我们要给供应商提供正确的图纸,图纸产生的不良占比约为50%,另外,我们的设计应该选择合适的工艺,因为沙铸工艺的不良率比较高。另外,我们还要管好供应商的生产过程。'

"我反问她:'如何管好供应商的生产过程?如何评价供应商的质量管理能力?'

"她告诉我,这个暂时没有想好。"

说到这里,唐风看了赵卫一眼,接着说:"第三个与我交流的是负责研发的张副总,当我问他对公司质量现状的看法时,他的答案是不满意,这个与前面两位一致。

"我又问:'您认为要如何改变质量现状?'

"他给我讲了几点。

"1. 要设置客退率目标。

"2. 要建设流程体系，对人员的数量和能力进行界定和培训。

"3. 加强对供应商的管理，提升来料质量。

"4. 质量部一定要主导问题的处理，对问题进行闭环。"

听到这里，巩固开腔了："我们成套研究院也有这样的想法。"

唐风说："最后一个与我交流的是公司的总经理王总，我问他：'王总，您对公司的质量现状满意吗？'

"他回答道：'其实与竞争对手相比，我们的产品质量还是不错的，公司目前最大的问题是制程故障率偏高，导致无法顺利出货，请你过来的目的是帮助我们做一些提升。'

"我问他：'为了把质量做得更好，您以前主要做了什么？'

"他告诉我：'我采取的主要手段就是换更好的质量经理。'

"后来，我私下里找他们公司质量经理来印证这一点，他告诉我，公司在 5 年里换了 3 个质量经理，他是半年前入职的。

"从这个案例中，我们可以看到，对于我的同一个问题，公司几位核心领导的意见分歧很大，这种认知水平如何能带领他们去改善质量？"

项目成员们纷纷点头，看得出来，他们对唐风的观点很是赞同。

唐风接着讲解："第四个阶段叫智慧期，处在这个阶段的企业，是质量管理的优等生，那么，它有哪些特征呢？

"第一个特征，最高管理者主动参加质量改进活动，完全了解质量管理基本原则，并充分认识个人在持续改进中的角色。"

张彤彤以玩笑的口吻说："我们郑总目前接近这种状态了。"

唐风说："第二个特征，质量经理成为公司重要的一员，报告工作的有效情况，组织实施预防措施。"

巩固说："我们质量部目前的预防工作做得还不太好。"

唐风说："第三个特征，流程管理成熟度高，过程管理比较到位，问题在其形成的初期就能被发现，所有部门都基于过程能力的提升来实施改进行动。"

说到这里，唐风停顿了一下，似乎在回忆过去，他说："我在外资企业 EE 工作近 10 年，在面对质量问题时，管理层都有一个共识，就是从流程上进行优化，力图实现不二过。"

见许多人点头，唐风接着说："第四个特征，质量成本报表接近真实结果，且基于报表中的数据进行了管理改进，质量目标设置比较合理，并从过程能力这个维度进行管理。

"第五个特征，持续实施 14 个质量改进步骤行动，并开始'走向确定期'。

"第六个特征，公司领导层的质量管理心态可以用一句话来形容：'缺陷预防是我们日常工作的一部分。'

"在这一阶段，每个人做事之前就要想清楚可能会产生哪些缺陷，并提前制定了相应的对策，以确保风险和隐患不会变成真正的问题。

"也就是要做好过程的风险管理。"

巩固接过话说："这点不容易做到。"

唐风说："是的。"

接着又说："第七个特征，公司的质量管理特征就是，重视过程改进与客户满意度。

"在这一阶段的企业，其管理者主动参与深化质量改进的工作，努力保持成果。

"如果一家企业能达到智慧期的水平，那它的质量管理水平已经是相当高了，14 年前我在 EE 公司工作时，公司聘请一家顾问公司来给我们做质量管理成熟度诊断，最后得出的结论是接近智慧期。

"而 EE 公司是当年电力电子行业的龙头企业，在客户心目中质量口碑良好。"

刘一颂说："要达到智慧期的水平，我们公司还有很长的路要走。"

唐风说："第五阶段是确定期，可以用一句话来描述公司的质量管理水平：'我们知道为什么没有质量问题。'

"因为该管的都已经管到位。

"当然这种企业数量极少，一般来说是行业标杆，其领导层对于质量的态度是居安思危，全力预防。"

讲完这些后，唐风对大家说："根据我对中医的理解，决定治病效果的核心因素是医生号脉的水平，所以请大家认真理解这个模型。"

接下来，由SQE赵卫牵头，将近两年来胶管和密封件在市场上出现的所有批次性不良进行整理，并输出报告发给各个供应商。

在报告中，振中科技同时还要求各个供应商，为确保实现售后批次性质量事故为零的目标，必须制定相关的预防措施，并输出书面的报告。

收到各个供应商的报告后，振中科技采购部一次做对项目组逐个对供应商进行交流。

在完成了与8家供应商的面对面沟通后，唐风说："从各家供应商提交的报告来看，大部分供应商提交的改进措施都很难支持项目目标的实现，我建议下一步我们组织项目组核心成员去供应商现场进行交流。"

这天下午，唐风、刘一颂、赵卫等一行5人起身前往河北，与一家生产胶管的供应商永旺进行交流，它是振中科技的主力胶管供应商。

当晚到达入住的酒店后，唐风对刘一颂一行人说："我们这次的主要目标是要和永旺达成质量改进共识，以实现其胶管售后批次性质量事故为零的目标。

"因为我们对胶管的制造工艺并不熟悉，所以明天到达现场后，先参观一下工厂，主要是了解产品和制造工艺。

"然后，由供应商介绍胶管制造工艺和质量风险管控要点。"

刘一颂说："这个没问题。"

唐风说："完成这些后，我们按以下思路开展工作。

"首先要做的是，质量管理系统有效性评估，具体可以从以下5

个方面来实施。

"1.质量目标的合理性。一般来说,质量目标可从以下指标中选取,如战略客户的质量满意度、关键战略举措的质量支持度、质量损失率或质量成本率、订单质量满意度、重大质量事故数、过程质量指标等。

"当然,最终需要选择哪些指标,要视具体情况来定。"

见赵卫在点头,唐风接着说:"2.质量目标的执行情况。需要随机抽查供应商的质量年报和质量月报,并从报告中发现的重大问题出发,检查供应商对重大问题的处置。"

说到这里,唐风解释道:"一般来说,对于自己的重大质量问题,供应商是不愿意告诉我们的,所以一定要随机抽查,千万不要提前告诉供应商我们要抽查哪个月的报告,以防供应商有时间修改报告中的内容。"

赵卫说:"如果供应商告诉我们,他们没有质量月报,我们怎么办?"

唐风说:"那就更简单了,我们不用查了,这家企业肯定处于不确定期。"

赵卫说:"那我明白了,你这招是一个阳谋啊,请继续介绍其他的要点。"

唐风笑了笑,接着说:"3.质量体系策划的有效性。重点看供应商是否基于产品实现过程来规划管理体系,是否输出了比较细化的过程关系图。"

他解释道:"识别产品实现的所有过程,是 ISO 9000 能够落地的基础,这一步没有做或者做得不到位,ISO 9000 质量管理体系的要求很难得到有效落实。"

见赵卫在点头,唐风继续说:"4.抽查对关键过程和特殊过程的定义,以及过程重大事故的处置结果。

"5.对关键过程的能力进行评价,包括指标设置和达成情况,以及关键过程的管理落实情况。

"这是关于质量管理系统有效性评估的 5 项主要内容，大家有疑问吗？"

说到这里，唐风有意暂停了一下，见无人提出异议，接着说："其次要做的是，质量竞争力评估，主要评估供应商管理平台的能力，可从以下几个方面来开展。

"1. 抽查人员流动率，可要求供应商提供近期的人事报表。"

他看着赵卫说："人员流动率高，意味着员工的能力很难得到保证。"

赵卫点点头："是的。"

唐风接着说："2. 抽查员工能力策划及执行的证据。具体实施时，可现场抽查某几位员工的培训记录。"

见大家有点疑惑，他解释道："为什么要在现场记下员工的姓名，然后让供应商提供这些人员的培训记录，主要是想掌握真实的情况，不给供应商造假的机会。"

见赵卫点头认可，唐风继续说："3. 抽查供应商质量管理团队的员工数量及重大来料质量问题的处置结果，以评估其来料质量管理能力。

"4. 抽查供应商流程管理团队的员工数量及流程 IT 化水平。"

说完这些，唐风停顿了一下，看大家有没有疑问，见无人发问，他接着说："最后，我们要与其高层进行质量交流，主要针对以下内容。

"1. 对达成质量目标的信心和重点策划方案。

"2. 对质量管理成熟度现状的认识。

"3. 对质量改进战略和方向的认知。

"4. 对质量管理原则的理解。

"5. 对其自身职责的理解。"

见大家有些疑惑，唐风说："我强调一点，如果通过第一项工作，即质量管理系统有效性评估，发现这家企业的质量目标设置得很随意，且完全没有基于质量目标输出策划方案，没有通过数据分析和问题分析来实施纠正措施，没有对过程管理进行优化，那么就可以得出结论：这家企业的质量管理成熟度很有可能处于不确定期，后面的第二、第三项工作都可以省略。"

第二天，唐风一行人到达永旺后，第一件事就是要求老板倪达和副总经理杜忠带着大家参观工厂。在参观的过程中，唐风发现工厂打扫得干干净净，所有物品摆放得整整齐齐，看得出来，为了迎接振中科技一行人，永旺事先做了精心的准备。

参观完回到会议室，双方开始交流。

唐风说："我们这个项目的目标是杜绝胶管的售后批次性质量事故，前期已经交流了一次，今天来现场的目的是要形成可实施的具体方案。

"首先我声明一点，我们的目标是帮助供应商提升质量管理水平，在项目实施过程中得到的信息不会影响采购份额，因此务必请提供真实情况。"

刘一颂接过唐风的话，对永旺老板倪达说："唐老师的意见就是我们振中科技的意见，请务必配合。"

倪达回答："这个必须配合。"

唐风说："因为我们对胶管的研发和生产并不了解，因此请贵司介绍一下胶管的生产加工工艺。"

听到这话，永旺的技术副总开口了："我先介绍一下胶管的生产工艺流程以及质量管控要点，请唐老师指点。"

听完他的介绍，唐风说："质量目标的设置和实施对于质量管理至关重要，因此请你提供上个月的质量月报，我要看看贵司是如何实施质量目标管理的。"

听唐风这样说，杜忠从电脑中调出一份 EXCEL 表，说是上个月的质量月报。

唐风看过后很惊讶："这就是你们的质量月报，怎么上面几乎没有任何数据？"

杜忠回答："是的，我们只有一个质量目标，就是客户满意度，最近没有客诉，所以数据很少。"

这有点出乎唐风的意料，无奈之下，唐风问："你们平时处理质量异常有记录吗？"

杜忠从电脑中调出另一张 EXCEL 表，说是质量异常处理记录，看来他早有准备。

唐风针对这个处理记录问了几句后，就不想再问了，因为他已看出，永旺从来没有针对质量目标进行认真管理。

倪达这会儿到外面接电话去了，唐风对杜忠说："一会儿等倪总回来，我先给他讲讲我对质量管理的理解，与他达成共识后，我们再来讨论下一步的质量改进方案。"

倪达回到会议室后，唐风对他说："根据我 20 多年的质量管理经历，我认为决定一家企业质量管理水平的核心因素，是其领导层的质量认知，对于这一点，您认可吗？"

倪达点头说："完全认可。"

于是唐风调出一个 PPT"让领导层正确理解质量"，并开始讲解："我的一位老同事是一家 PCB 制造企业的老板，因为公司质量状况不佳，请我过去指导。

"我对他说，作为企业的一把手，你对质量管理的认知，就是贵司质量管理水平的天花板。

"这个 PPT 就是我给他讲课的教材，今天我给你讲讲。"

唐风说："为什么很多企业的质量状况不佳，原因就是领导层不理解质量运营的逻辑，他的主要关注点集中在运营结果上，而对产生结果的原因不认真分析。

"质量管理系统性开展，应该分为四个层面。"

唐风娓娓道来："第一层是运营结果，比如客诉事故数量、质量损失率、产品报废率等。

"第二层是过程管理，质量问题产生的根本原因是过程管理存在漏洞。

"第三层是组织的质量竞争力，这是一种组织能力，与公司的经营状况密切相关。试问，如果一家企业濒临倒闭，员工人心惶惶，试问它的质量状况能好得了吗？肯定不会好。

"第四层是领导层的质量领导力，包括质量认知、质量哲学、质量战略、经营理念等。

"下面我重点介绍质量管理成熟度模型，请倪总结合贵司的实际情况，进行自我评价。

"我再次强调一下，我们此次来的唯一目的是帮助贵司提升质量管理水平，请务必诚实地回答我的问题。"

说完后，唐风打开下一页PPT（见图15-1）。

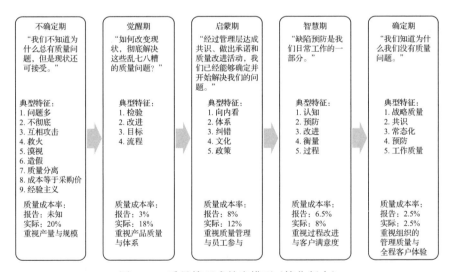

图15-1 质量管理成熟度模型（简化版本）

唐风开始讲解："这是质量管理成熟度模型的简化版本，美国质量大师克劳士比根据企业的质量管理水平，将之分为五个不同的阶段：不确定期、觉醒期、启蒙期、智慧期和确定期。"

停顿了一下，唐风接着说："处于质量管理不确定期的企业，我总结出 9 个特征。

"1. 公司质量问题多，客诉三天两头有，生产过程中质量异常多。

"2. 解决问题不彻底，基本就是头痛医头、脚痛医脚，好了伤疤忘了痛。

"3. 出现客诉等大问题后，各部门针对责任归属扯皮严重，甚至会互相攻击。

"4. 质量部门的主要工作就是救火，疲惫不堪却又无可奈何。

"5. 最高管理者对质量的态度是漠视，不出大问题就不会主动关注质量。

"6. 审核造假，客户来审核前，自己发现很多地方达不到客户的要求，怎么办？补记录、造假、粉饰太平。

"7. 质量分离，销售、研发、采购、计划、生产等部门负责量的工作，即把货交出去，质量部门负责质的工作，一旦出现质量投诉，前者就把矛头对准了后者。

"8. 选择供应商和合作伙伴只问报价，不管质量。

"9. 没有实用的流程体系，员工凭经验干活。

"这一阶段的企业，可以用一句话来形容：我们不知道为什么总有质量问题，但是现状还可以接受。

"因为公司还有利润，老板自我感觉还行，所以没有质量改进的动力。"

一口气说完这些，唐风问倪达："有疑问吗？"

倪达回答："没有，请继续说。"

唐风说："处于第二阶段即觉醒期的企业有以下几个特征。

"1. 公司虽然认为质量管理是有价值的活动，但是不知道如何做好质量管理，主要还是依赖检验来保证质量。

"2. 偶尔也做一些质量改进活动，比如搞个质量月、QCC 之类的质量改进项目，但是这些活动很难取得持续性的效果。

"3. 公司有明确的质量目标，并依此进行了数据统计、衡量分析，并提出和实施了改进计划。

"4. 公司开始认真建设质量体系，比如我以前在爱必胜公司时，一次内审就发现了 90 多个质量问题。

"总之一句话，在这一阶段，公司的主要管理层有一个共同的诉求：'如何改变现状，彻底解决这些乱七八糟的质量问题？'。

"表现出来的，就是重视质量目标的实施，并重视质量体系的建设。"

说完后，唐风把眼光移到倪达的脸上，见他没有异议，接着说："比觉醒期更高的阶段是启蒙期，在这一阶段，公司管理层已经就质量改进的紧迫性和如何实施质量改进达成了共识，并着手解决突出的产品质量问题。

"可以用一句话来形容质量管理的状况：'经过管理层达成共识、做出承诺和质量改进活动，我们已经能够确定并开始解决我们的问题。'"

说到这里，唐风决定不再往下继续介绍，他认定永旺目前的质量管理水平肯定不会超过启蒙期，于是问倪达："倪总，在我介绍的这三种情况中，贵司处于哪个阶段？"

倪达有些尴尬地笑着回答："处于不确定期，我们的质量问题很多，你讲的这 9 点特征我们几乎都具备，但是我对质量管理没有什么概念，请唐老师给我们指导一下。"

唐风说："第一点，要重新确定质量目标，贵司目前的质量目标只有一类衡量指标，就是客户满意度。

"这个指标不太好实施且不全面，因为客户满意度的调查，操作起来不太方便，不可能每个月都做，半年做一次就不容易了，而且客户的评价有时会比较随意。

"这样一来，该指标对质量改进的指导作用有限。

"因此，我建议针对质量目标的设置做一些优化，比如增加订单客诉率。

"还有，我们这个项目的目标是杜绝售后批次性质量事故，这必须作为贵公司的质量目标。"

刘一颂接过话："这个必须要有。"

倪达说："好的。"

唐风说："第二类是过程质量的指标，比如各个主要过程的不良率、产品报废率等。

"第三类是质量损失率之类的指标，分子是月质量损失，分母是销售额。

"以上是对质量目标和指标的优化，贵司认为怎么样？"

唐风问倪达和杜忠。

两人都回答："没问题，我们立即修改目标。"

唐风说："第二点，就是老板要亲自参与质量改进项目。

"而且，所有目标的设定与上一年对比，其改进幅度不能低于80%。"

这时，刘一颂补充说："我们公司推动的一次做对项目，改进目标没有低于80%的，我相信永旺也能做到。"

倪达回答："好的，我们也按此设定目标。"

唐风说："指标确定后，要统计数据明确现状，并进行数据分析，输出书面的改进报告，以方便进行下一次交流。"

倪达说："好的。"

唐风问："什么时间输出报告？"

杜忠回答："两周内输出，然后我们再交流。"

一周后，唐风就收到了杜忠的质量改进报告。

在采购部一次做对项目例会上，他对所有成员说："永旺发来的报告我看过了，他们重新制定了质量目标，针对如何达成目标这个问题，报告中主要列出了这么几项措施。

"统计质量损失、增加客户满意度调查的频次、对车间失效问题进行分析、加强质量点检、提升目视化管理、对员工的技能进行摸底。

"我认为这些措施缺乏系统性和逻辑性，是拍脑袋做的，根本不具备可操作性，因此，我建议让他们过来一趟，我和他们当面交流。"

接到振中科技采购部的通知，杜忠一行人从河北赶到振中科技。

在交流会上，唐风说："我们项目的目标是杜绝批次性售后质量事故，那么，如何实现这个质量目标呢？

"从贵司上次发过来的报告中，我认为大家没有把这个事情想明白，所以今天请大家过来交流。

"在这里，我给大家做一个示范。"

唐风打开电脑，调出一个PPT，接着说："我们一次做对三期的众多项目中，有一个是智慧园工厂的零缺陷项目，它生产的产品都是供总装厂使用的，它的项目目标就是供总装的产品零返修。

"这个项目与我们永旺的胶管市场零售后项目有很大的相似性，那么如何实现这个目标呢？

"我用这个PPT来说明。"

说完，唐风指着PPT开始讲解。"我讲解的主题就是，如何通过一次做对六步法和过程模式作业表的运用，实现产品在客户端的零缺陷？

"首先要做的是梳理过程，并对问题进行过程定位。"

唐风打开一页PPT（见图15-2）。

唐风对大家说："这是我们智慧园工厂的生产过程，它输出到总装厂的产品为什么存在质量问题，根本原因就是对这些过程的管理有漏洞。

"那么，哪些过程是问题高发的瓶颈过程呢？我们需要通过数据分析来识别，这就是下一步的工作。"

唐风点击电脑，打开下一页PPT（见图15-3）。

"这一步的工作量很大，我们需要组织各个工序的管理人员进行详细分析和定位。

过程定位

例：智慧园工厂一次做对三期项目：总装装配使用"零缺陷"。

①描绘流程图：将智慧园工厂的结构件生产过程流程图全部画出，包括检验等辅助流程，尽可能全面。

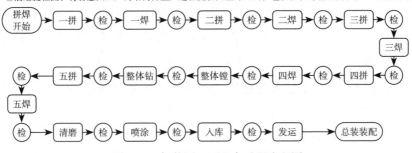

图 15-2　智慧园工厂生产过程流程图

过程定位

例：智慧园工厂一次做对三期项目：总装装配使用"零缺陷"。

②数据统计：对 2023 年智慧园工厂产品供总装的问题进行统计，并对问题进行分类及汇总分析。

施工号	发生工序	问题类型	具体问题	问题描述	数量	反馈照片 1	反馈时间	过程定位
008	拼装	变形问题	挂块变形	位置 C03 从东向西第 2 架，008 底座排污挂块变形	1		2024/04/11	五拼
008	焊接	焊接问题	开焊	008 掩梁管卡开焊	1		2024/04/09	五焊
008	焊接	焊接问题	焊肉	008 掩护梁，掩后侧推导杆锁销孔有焊肉，U 形卡砸不上，位置 C11 从西向东第 4 架	1		2024/04/09	四焊
008	底座拼装	拼装问题	拼反	位置 B17，008，从东向西第 14 架底调限位拼斜，底调装不上	1		2024/04/07	四拼
008	小件焊接	焊接问题	焊偏	排液管底座焊偏	1		2024/04/07	五焊
008	拼装	拼装问题	拼错	23-008，底座立柱压板限位板拼焊错，位置 B09，编号 0778	1		2024/03/28	五拼

图 15-3　智慧园工厂供总装问题定位

"接下来需要对已定位的问题进行汇总，找出瓶颈过程。"

说完后，唐风打开下一页 PPT（见图 15-4）。

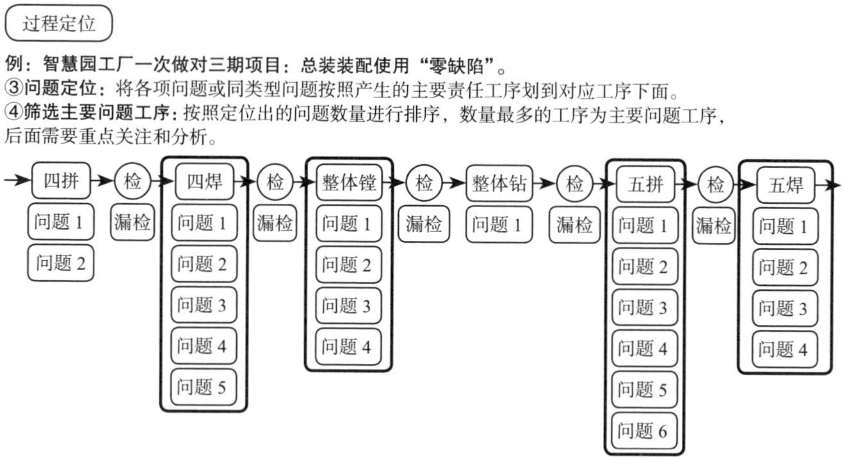
过程定位
例：智慧园工厂一次做对三期项目：总装装配使用“零缺陷”。
③问题定位：将各项问题或同类型问题按照产生的主要责任工序划到对应工序下面。
④筛选主要问题工序：按照定位出的问题数量进行排序，数量最多的工序为主要问题工序，后面需要重点关注和分析。
四拼
问题 1
问题 2
检
漏检
四焊
问题 1
问题 2
问题 3
问题 4
问题 5
检
漏检
整体镗
问题 1
问题 2
问题 3
问题 4
检
漏检
整体钻
问题 1
检
漏检
五拼
问题 1
问题 2
问题 3
问题 4
问题 5
问题 6
检
漏检
五焊
问题 1
问题 2
问题 3
问题 4

图 15-4　智慧园工厂供总装问题定位及汇总

唐风继续说：“做完这些工作后，就进入了针对过程进行改善的一次做对六步法。

“首先要做的是前面两个步骤：明确要求、识别差距。

“比如，通过前面的数据分析和汇总，我们发现四焊、整体镗、五拼、五焊这几个过程的问题特别多，需要重点优化。

“那么针对四焊这个过程，我们首先需要明确过程的要求，通过使用过程模式作业表，就能实现这一目标。”

唐风见杜忠在点头，接着说：“在确定了过程范围后，就可以确定此过程的输出物，再定义出过程的客户，进而定义出客户对于输出物和过程的要求。

“记住，谁使用过程的输出物，谁就是过程的客户。”

说完这些，唐风看了看杜忠一行人，见众人点头认可，他继续说：“通过统计数据和与客户交流，我们就能找到当前输出物存在的问题，这就是识别差距。

“做完这一步后，接下来要明确此过程有哪些输入、对每一项输入物的要求，以及目前输入物存在哪些问题。

“这些工作，就是针对过程的输入这个要素，明确要求和识别差距。

"按照同样的思路，对过程的另外四个支持系统，如工作标准、作业程序、设备与设施、知识与培训等，进行同样的操作。"

唐风打开下一页PPT（见图15-5）。

例：智慧园工厂一次做对三期项目：总装装配使用"零缺陷"。
对于智慧园工厂这样多工序的加工流程，在定位出问题较多的关键工序后，对这些工序要进行过程模式作业分析，需要将所有可能产生问题的因素找到。

图15-5 智慧园工厂供总装问题全过程分析

唐风继续说："就是这页PPT中的内容。"

说到这里，唐风故意停顿了一下，让大家有时间消化。

等了一会，他接着说："一次做对六步法的第三步预先防范，就是针对问题和隐患制订消差计划。

"我们要针对过程中每个要素可能出现的问题和隐患，事先制定对策，确保这些问题和隐患不会真正地发生。

"以整体蹚这个过程为例，为了做到这一点，可用以下方案来实施。"

唐风的声音慢了下来："1.使用符合图纸要求的来料工件，保证来料没有叠板之间的间隙超差、顶板不平、零件出现菱形以及孔内有凹坑等缺陷。

"2.按照完善可靠的作业程序来作业，包括作业指导书、设备点检维护规范、异常反馈及处理流程和首件确认流程等，这些都要提前完善。

"3.使用状态良好的设施与装备，包括双面镗床、正确的胎具、完好的量具和符合要求的刀具等，要维护点检达到规定的状态。

"4.要确保每位操作工具备达到操作要求的培训与知识，包括镗孔和识图等的知识技能、设备操作和点检维护的技能、来料和完工缺陷识别的技能以及程序校验和量具使用等其他辅助技能，对操作工要提前进行培训和考核，确保他们具备这些能力。

"5.要想方设法让操作工坚守工作标准，培养其具备良好的质量意识、效率意识和成本意识，不接受错误、不害怕错误、不放过错误。"

这时，唐风的声音开始大了起来："一句话，质量不是检出来的，而是干出来的，识别出差距后，就需要制订消差计划，确保对每一个过程要素都管控到位。"

赵卫问杜忠："唐风老师说的，你们都理解了吗?"

杜忠回答："完全理解。"

唐风说："一次做对六步法的第四步心行到位，就是要让每位员工对一次做对的理念和方法理解到位、认识到位、执行到位。

"当然，管理者以身作则、身先士卒是基础，我对管理者有以下四点要求。"

他一字一字地念起来："1.接到任务时认真识别要求，安排工作时明确说明要求，确保工作输出满足内外部客户的要求。

"2.高度重视过程管理，认真识别和管理每一个业务流程，主动识别过程风险，预防问题发生。

"3.不接受错误、不害怕错误、不放过错误，力求一次做对。

"4.出现问题时认真分析，找出原因，避免再犯。"

唐风对杜忠说："如果在每一项工作中管理者都能做到这四点要求，我认为他们就具备了一次做对的意识。"

见无人提出疑问，唐风继续说："一次做对六步法的第五步衡量分析。

"过程的输出物出现问题，不能满足要求，无非有两种可能。

"1.认知不到位，我们在制定过程模式作业表和消差计划时，漏掉了一些对输出结果影响较大的要素，这就导致过程管控存在漏洞。

"对于这种情况，我们要回顾并优化过程模式作业表和消差计划。

"2.过程中出现了变量。

"比如，我们要求全体员工具备一次做对的态度，但是实际上没有做到。

"我们要求员工具备一次做对的知识和技能，但是部分员工达不到这个要求。

"对于这种情况，我们要加强心行到位的工作。"

说到这里，唐风总结道："对于输出结果物不达标的处置方法，简单说就是两句话：重构方法，控制变量。"

等了一下，见大家都认可，他接着说："一次做对六步法的第六步持续改进。

"只要结果没有实现零缺陷，就要不断改进，直到实现零缺陷。"

讲完 PPT 中的内容后，唐风问杜忠："要实现胶管售后零批次性质量事故，用一句话来说，就是要把每个生产过程管理到位，确保过程一次做对，你还有疑问吗？"

杜忠说："我知道该怎么做了。"

唐风说："请参考我今天介绍的思路，回去后组织生产、质量、技术等部门，先梳理生产过程，画出生产过程图，然后对以往的售后质量事故和生产批次性不良进行分析和定位，找出影响质量的瓶颈过程，用过程模式作业表进行分析，并输出消差计划。"

杜忠回答："好的。"

两周后，通过视频会议，杜忠向振中科技采购部一次做对项目组汇报。

他说："感谢唐老师的悉心指导，我们这两周完全按唐老师的要求操作，今天我给大家汇报输出成果，请大家指导。

"我们对近两年的售后质量事故和内部批次性质量问题进行了汇总分析和定位，发现问题主要出现在以下几个过程：芯棒擦涂、内胶挤出、外胶挤出、硫化、编织、合股等。

"下面我以芯棒擦涂这个过程为例，讲述我对一次做对六步法和过程模式作业表的理解。"

说完，杜忠打开一个 EXCEL 表（见表 15-1）。

表 15-1　芯棒擦涂过程模式式作业表

过程名称：芯棒擦涂

作业程序	制定者	要求	存在的问题
安全操作规程	软芯车间	可操作性强，能清晰说明步骤，并能满足安全生产要求	安全操作规程指导性不强
芯棒擦涂作业指导书	工艺部	要有明确的操作步骤，注意事项、图片示例，应急位置	芯棒擦涂作业指导书可视化程度不高，隔离剂使用说明规定不到位

输出	使用者	要求	存在的问题
擦涂好的芯棒	内胶挤出	芯棒外径符合工艺要求，芯棒表面光滑，无凹坑、划伤、起皮等，干燥无水渍，无异物	芯棒外径个别点存在偏差，芯棒表面还达不到工艺要求，存在水渍、隔离剂堆积，回坑、裂纹等不良情况
	合股	芯棒每根连接良好，盘筐有序	芯棒盘筐时有错乱情况，影响挤出
	试压脱芯	米数准确，以便更精确地核算钢丝米数	无
工艺流转卡	内胶挤出	工艺流转卡填写完整，放置正确，相互对应	隔离剂存在擦涂不均匀的情况，还有过多的隔离剂，导致腐蚀胶管 / 无

知识与培训	提供者	要求	存在的问题
1808隔离剂使用说明	质量部	了解该种稀释剂配比方法，使用要求及摇匀标准	不了解1808隔离剂使用说明
1733隔离剂使用说明	质量部	了解该种稀释剂配比方法，使用要求及摇匀标准	不了解1733隔离剂使用说明
工艺流程卡填写说明	软芯车间	可通过流转卡了解芯棒需求，工艺要求及其他特殊要求	无
芯棒擦涂作业指导书	工艺部	掌握作业指导书的每一项要求	无
芯棒外观检验	车间	掌握外观检验标准	无
设备使用	车间	掌握所有设备使用知识和技能	无

工作标准	制定标准	要求	存在的问题
质量	质量部	保证芯棒擦涂一次做对，符合工艺文件	计件生产，员工重进度轻质量
进度	软芯车间	按计划要求擦涂完成	无
效率	软芯车间	符合效率要求	无

输入	供应者	要求	存在的问题
芯棒	供应商	外径符合合营要求	芯棒使用后冒有回坑存在，主要体现在10、13芯棒上
		芯棒表面光滑，无回坑、划伤、起皮	无
		米数大小一致，库扎结实，盘整齐有序，方便拿取	无
	试压脱芯	每种规格放置在一起，19毫米、25毫米及100米、120米分开	不同的规格放置在不同的放置架上，19毫米、25毫米芯棒盘筐按照长短进行放置
		漏水芯子及时挑出，无划伤、无毛刺	打断的芯棒或截短不用的芯棒没有进行报废或者标记，造成二次浪费
隔离剂	软芯车间	空芯芯棒打上钉子	无
		稀释剂和隔离剂配套	隔离剂有效性难以验证

设备与设施	提供者	要求	存在的问题
牵引机	设备部	运转正常，皮带无磨损	牵引机皮带磨损，导致小规格芯棒容易丢转，造成计米数不准
计米器	设备部	计米正常，误差在规定范围内	计米器使用一段时间后会长度不准
擦涂工装	软芯车间	正常使用	无
电钻	软芯车间	正常使用	无
绑定器	库房	软点儿，方便扩管	无
自攻丝	库房	各种规格都安备有，随用随有	无

杜忠开始讲解："芯棒擦涂是胶管生产过程中的一道关键工序，无论是售后不良还是制造过程中的报废，都与该工序有很大关系。

"芯棒擦涂是内胶挤出这个过程的重要输入，它的质量合格度对内胶挤出的输出质量影响很大。

"这个工序主要是把隔离剂擦涂在芯棒上，要求擦涂均匀但又不能堆积。

"如果芯棒某些部位没有擦上隔离剂，会导致后续内胶挤出时分离不彻底，易产生小孔，进而在使用过程中发生泄漏。

"但是隔离剂涂太多也不行，因为它会腐蚀胶管，影响产品的使用寿命。"

说到这里，杜忠暂停了一下，见唐风等人未提出疑问，接着说："由于技术限制，该工序目前只能由人工完成，而且人工擦涂的质量很难通过检验来保证，所以此工序是我们的关键工序。

"在这个过程中，人员的态度和能力至关重要。

"如何让芯棒擦涂过程实现一次做对？我们的对策是全力实施一次做对六步法，严格执行消差计划。"

时间过得很快，转眼间永旺的项目已实施一个多月了，这天在项目例会上，杜忠通过视频汇报了3月的实施情况。

他说："我今天的汇报内容分为四部分：一次做对原理的理解、项目成果、项目过程优化、心得体会。

"我认为一次做对就是第一次把正确的事情做正确，这样交付最快、成本最低。"

说完这些，杜忠话锋一转，接着说："我们为什么要实施一次做对呢？我们面对的现状很严峻。主要体现有3点。

"1. 车间报废率高，浪费大，成本高。

"大前年我们公司报废的胶管是108吨，前年是91吨，去年是71吨。

"我们想了很多办法来改进质量，但实际效果不佳。

"正当我们束手无策之时，唐老师带领振中科技一行人来到我们公司进行指导，无疑是雪中送炭。

"2. 交期长，客户满意度差。

"由于报废率比较高且质量波动大，导致交货周期很长。

"比如客户要一根 100 米的胶管，结果这根胶管的中间部位有小孔，在打压测试时出现泄漏，我们不得不将其切掉。

"这样一来，产出就不是 100 米了，我们只能重新再生产一根，这样交期被迫拉长了，而且对成本也有很大的影响。

"3. 竞争力下降，订单减少。

"由于质量、交期、成本相对竞争对手都没有优势，导致接单能力不断下滑，公司实际上已经没有利润了。"

讲完这些，杜忠停顿了一下，接着说："因此，我们希望通过推动一次做对项目，实现三大目标。

"1. 提高成品率，降低成本。

"2. 缩短交期，提升客户满意度。

"3. 提高核心竞争力，增加订单。"

杜忠的声音似乎有些激动："下面我来汇报 3 月的项目成果。

"1. 废品率下降：3 月共计入库胶管 660 297 米，废品 6 719 米，总体废品率为 1.02%，较同期下降 50%。

"按照平均每吨 1.8 万元计算，每月直接节约成本 6.21 万元。

"2. 效率提升，员工生产积极性提高。

"如果生产出来的是废品，员工不但没有工资收入，还要被罚款。所以在效率和质量提升后，员工收入增加了，他们的工作积极性明显提升。

"3. 过程管理规范的建设。"

杜忠对着 PPT 介绍："项目共制订消差计划 156 项，已完成 95 项，完成率约为 61%，剩余的正在推进中。

"制定文件与规范共计 24 项，如《锭子维修保养规范》《蓝、红、灰、黄等外胶生产过程水布使用相关规定》《订单包装相关规定》《芯棒使用相关管理规定》《挤出工序口型使用相关规定》《编织工序生产过程相关规定》《擦芯棒隔离剂使用方法》等。

"在此过程中，我们实施改善 21 项，组织培训 70 余次，主要通过每天早会及专项会实施。

"还发现设备隐患 15 处，维修完成 11 处，维修完成率 73%，剩余等待配件中。"

杜忠一口气说完这些，见无人提问，接着说："那么，这些成果是如何取得的呢？我来汇报一下项目实施的过程。

"第一步，我们制定了一个目标，编织车间不良率低于 1%，缠绕车间不良率低于 0.5%，每月进行质量考核，对未达标者进行负激励。

"第二步，明确要求、识别差距，用过程模式作业表，对识别出来的重点业务过程，如芯棒擦涂、内胶挤出、钢丝编织、外胶挤出、硫化、静压试验等进行分析，界定每一个过程要素的要求并识别差距。

"第三步，预先防范，就是针对识别出来的差距，制订和实施消差计划。"

说到这里，杜忠指着 PPT 中的图片说："我们利用早会等形式对全员进行宣传贯彻，结合消差计划表开展针对性培训和学习，并制定相应规范及标准，同时强化追溯体制，做到人人可追溯、事事可追溯、提高所有人的质量意识和质量责任。

"第四步，心行到位，总结出来就是 8 个字：认识、掌握、执行、提升。

"如何做到心行到位呢？"

杜忠自问自答："首先是领导带头，由经理带头学习、贯彻，充分发挥领导感召力，从上到下按一个标准执行。把'三零''四勤''五带'管理理念融入生产工作中。

"三零就是零借口、零拖延、零返工。

"四勤就是眼勤、嘴勤、脑勤、身勤。

"眼勤就是多看，通过观察来发现问题；嘴勤就是多问，确保时刻学习；脑勤就是多想，找到解决问题的办法；身勤就是多做，要发挥领导的模范带头作用。

"五带就是凡是工作必带目标、凡是目标必带计划、凡是计划必带方案、凡是方案必带检查、凡是检查必带结果。"

说到这里，杜忠停了一下，接着说："要做到心行到位，领导除了带头，还要做实事，通过对业务过程的深入分析，对员工进行培训，把应知应会的内容落实到实际工作中。

"通过员工质量意识的提高，实现了生产过程全方位的质量管控，产品质量也出现了明显改观。

"第五步，衡量分析。

"通过统计数据进行分析，废品率较同期有明显下降，这反映出我们前期实施的措施非常有效。"

说到这里，杜忠打开下一页PPT，解释道："比如，我们发现胶管的外径尺寸超标，问题比较严重。

"为什么会产生这个问题呢？

"经过分析，问题来源于外胶挤出这个过程，我们把不良品的外胶剥掉后，发现其输入即编织成品是符合尺寸要求的。

"为什么在过程中不能把正确的输入转化为正确的输出呢？"

杜忠自问自答："有几个要素出了问题，第1个要素是设备问题。通过排查，我们发现挤出机的电流不稳定，忽大忽小，进一步调查发现是挤出机的排线老化，于是我们采取对策将排线更换，并在设备点检表中增加对排线的点检，每周例行执行。

"第2个要素也是设备原因。挤出机上的口型在长时间的使用过程中出现磨损，与口型座产生了0.2～0.3毫米的间隙，使口型在挤出过程中被胶料顶得轻微晃动，导致外径不均匀。

"我们的对策就是对所有口型及口型座进行检查，发现不合格的立即更换，同时制定相应的使用标准。

"第3个要素是作业程序的问题。作业指导书上只规定了孔径的选择，未对口型及口型座外圆尺寸做出明确要求，因此我们在作业指导书中对上述内容进行了规范。

"现在我们对所有问题的处理，都按唐老师的七有分析的要求来做，即有根因分析、有过程及要素定位、有临时对策、有纠正措施、有预防措施、有责任人、有完成时限。"

说完这些，杜忠接着说："第六步，持续改进。

"通过PDCA循环，我们对各个过程进行持续改进，直到实现零缺陷。

"最后我来谈一点心得体会，我们一定要让不确定期成为历史，在觉醒期中制定目标、制定措施，积极改进，迈进启蒙期，最终实现确定期。"

永旺胶管售后一次做对项目正式开展4个月后，唐风认为可以组织验收了。

7月底，唐风与一次做对管理办、采购部总经理刘一颂等一行7人来到永旺。

上午9点，会议正式开始，由杜忠主持，他说："倪总临时有事，所以晚一点到，今天的会议由我主持。首先感谢唐老师和振中科技各位领导的指导，让我们的质量有了巨大的进步，对我来说，最大的收获是思想观念完全改变。

"以前我们都很想把质量做好，但是怎么才能做好呢？"

杜忠自问自答："大家没有认知，也没有共识，如同盲人摸象一样，无法找到正确的方向，也迟迟无法形成合力。

"下面我结合PPT，来汇报整个项目开展的情况，以及我的个人心得。"

他指着PPT（见图15-6）。

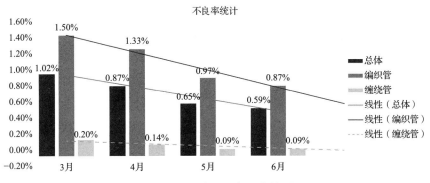

图 15-6　胶管不良率月趋势图

杜忠说："从 3 ～ 6 月统计的胶管不良率来看，经过 4 个月的改进，我们的生产不良率已降到改善前的一半，基本达到我们公司内部的要求，当然，也没有出现售后批次性质量事故。

"今天我的汇报内容主要有以下几项：一次做对原理、项目过程优化、项目成果、心得体会、下一步工作计划。

"因为前期已经汇报过多次，所以今天汇报的重点是最后一项：下一步工作计划。"

杜忠汇报完后，唐风开口了："杜总，你看我们今天总共来了 7人参加项目验收，可谓阵容庞大，为什么来这么多人呢？

"因为我们这个项目的目标不仅仅是为了实现胶管售后批次性问题为零的数字目标，还要培养出一支擅长供应商质量管理的队伍。

"所以项目成员要从头到尾地参与这个项目，以便完全掌握项目实施的理念和方法。

"永旺这样一家供应商，在振中科技的供应商中有一定的代表性。它的特征是公司规模不大，主要业务是给整机厂提供配套材料，员工数量在 100 人左右，质量部员工只有 3 人，内部管理不太规范，质量管理水平也不高。

"这类供应商在振中科技的供应商中占据了相当大的比例，如果通过一次做对项目的推进，能帮助永旺快速实现质量提升，那么对于其他的供应商，我们也能做到这一点。

"这就是永旺一次做对项目的真正意义。"

刘一颂接过唐风的话，说："确实，我们的许多供应商规模与永旺相似，管理水平也差别不大。"

唐风说："我们今天前来，主要有三项工作。

"1.结合永旺的现场汇报，我们一起来复盘项目实施的理论模型。

"我们这个项目，不是凭经验做事，而是用理论来指导实践。

"2.抽查前期消差计划的落实情况，并检查输出物，评定项目成果。

"3.与倪总单独交流，帮助永旺突破质量改进的天花板，以便顺利实施下一阶段的质量改进。"

说完后，唐风问 SQE 赵卫："赵卫，你说一说，我们在永旺一次做对项目中，运用了哪些理论模型？"

赵卫回答说："我觉得是质量管理成熟度模型。"

唐风说："你说得不完整。"

说完唐风来到白板前，画出一棵苹果树，然后说："我们这个项目运用的主要模型总结起来就是 1 加 3。

"1 就是这个一次做对模型，我们用苹果的大小来表示产品质量的优劣。

"决定苹果大小的是树枝、树干、树根，这三者对应着企业的过程质量、质量竞争力和质量领导力，这些因素均源于企业的组织能力。

"大家经常审核供应商，一般来说，小公司质量状况不太好，原因是什么？"

唐风自问自答："其实就是缺乏这种基于平台建设的组织能力。"

看大家都在点头，唐风继续说："为什么许多企业的规模已经很大，但是质量竞争力仍然不足？

"原因就在于一次做对模型中的最底层因素：质量领导力，它是这棵质量树的根。

"根有问题，当然无法为树干提供营养，所以树干无法长粗。

"因此，要彻底提升质量，核心在于领导层的质量认知和推动变革的决心，这在供应商质量管理中极其重要。"

说到这里，唐风笑道："昨天第一眼见到倪总时，我吃了一惊，因为他的体形变化太大了，据他自己说，他在 4 个月内瘦了 30 多斤。

"为什么出现这样的效果？吃饭时他告诉我，关键在于决心，他去医院体检后发现多项指标超标，于是决心通过减肥来改善健康水平。

"围绕一次做对模型的落实，我们又运用了 3 个模型。"

"哪 3 个模型呢？"唐风自问自答。

"第 1 个是质量管理成熟度模型，它起到的作用是诊断和定位。

"还记得我们第一次在这个会议室开会的情形吗？当时看完杜总提供的材料，我立马得出一个结论：永旺的质量管理成熟度处在不确定期。

"原因有两个，第一是贵司的质量目标只有一个，就是客户满意度。

"这个指标的数据统计不容易实施，而且很难客观地统计，因此不可能有效引导质量改进。

"第二是杜总提供的质量月报，上面几乎没有内容，也没有针对重点问题的改进方案。

"你们好不容易拿出一个问题分析的案例，结果分析得一塌糊涂，这种水平是典型的不确定期的体现。"

听到这话，杜忠尴尬地笑了。

唐风说："本来事先我准备了一串检查清单，结果发现用不上了，因为问题明摆在那里了。

"于是等倪总回到会议室后，我专门给他讲解了质量管理成熟度模型，让他进行自我评价。

"他当时显得很尴尬，因为我讲的不确定期企业的多数特征都和永旺对得上。

"在诊断这个环节上达成共识后，我接着要求永旺重新制定质量目标并明确统计方式。"

杜忠接着唐风的话，说："是的，我们以胶管报废率作为新的质量指标，这个指标比较能客观反映我们的质量现状，也方便统计。"

唐风说："我建议你们增加订单客诉率一类的指标，来反馈客户端的问题。"

杜忠说："好的。"

唐风继续说："第2个模型是过程模式作业表。

"首先我们画出了产品实现的过程关系图，然后用过程模式作业表这个结构化的工具对重点过程进行了梳理，输出了消差计划。

"这个表是一次做对落地的核心工具。"

杜忠回应道："的确如此。"

唐风说："第3个模型是质量竞争力模型。

"我们针对梳理出来的消差计划，梳理出共性的问题，如作业流程不清晰、作业指导书太空泛等。

"在此基础上，完善永旺的过程管理规范，制定员工培训和上岗考核制度，开始建设流程体系，从而着手打造永旺的质量竞争力平台。"

赵卫说："我明白了，以前我对质量竞争力模型的感受不深刻。"

这时，永旺总经理倪达推门进来了，唐风说："你来得正好，我刚给大家讲完我们这个项目实施的理论逻辑，我得重新给你讲一遍。"

讲完后，唐风说："在4个月内，我们将胶管的报废率降低了一半，成果还不错，同时这段时间以来，也没有售后批次性不良问题。但是我们振中科技的其他一次做对项目，改进幅度基本都达到了80%的目标，有个别项目的改进幅度甚至达到100%。"

唐风问杜忠："为什么你们这个项目的改进幅度只有50%？"

杜忠沉思不语。

唐风说："我认为核心问题出在员工思维的建设上，你们这个项目只有负激励，没有正激励，做不到要处罚，做到了不奖励，这是一个大问题。

"要知道，实现一次做对、次次做对，需要员工付出极大的努力，所以我们的讨论结束后，我和刘总要找倪总单独聊聊，这个质量领导力的问题不解决，永旺的质量改进难以持续。"

接下来是项目输出物验收，杜忠将各种各样的文档、照片投屏介绍，看完后唐风一行人去现场确认结果。

现场看完后回到会议室，唐风说："请将你们工厂每天的报废记录本拿给我看一看。"

看完后，唐风说："针对你们这个项目的输出，我觉得有两点需要改进。

"第一是输出的文件大部分以公司行政文件的方式下发，文档没有维护责任人、没有编号，更没有归口到具体的业务过程中，这给后续的执行和维护带来不便。

"我回去找一个过程管理规范制定的模板发给你们参考。"

杜忠说："好的，我们一定整改。"

唐风说："第二是衡量分析和持续改进做得不太好，在报废记录本上没有见到纠正措施。"

杜忠说："我们一般是每月开会检讨一次。"

唐风说："间隔时间太长，建议每周检讨并输出改进措施。

"还有，对于某些问题多导致损失大的瓶颈过程，要组织攻关小组来提升过程能力。"

双方的交流快结束的时候，唐风对倪达说："我们找一个安静的地方沟通一下，有些事情比较敏感，我和刘总要与你单独沟通一下。"

三人来到倪达的办公室，坐定后，唐风对倪达说："我们永旺这个项目，通过 4 个月的努力，将产品的报废率下降了 50%，你可能觉得比较满意，但距离我们振中科技一次做对项目的改善目标还有差距，我们每个项目的改善目标是 80%。

"我觉得造成这个差距的原因主要有两个，都与你有关。

"第一个原因是质量文化的打造，我想问问你，在这个一次做对项目中，你做了哪些工作？"

倪达老老实实地回答："我其实主要就是给杜忠他们提了些要求，要求他们认真按唐老师你的要求去推进项目，其他的事情我很少参与，因为我对胶管生产的工艺流程也不太懂。"

刘一颂说："质量文化的打造是需要一把手去宣传和推动的，在我们公司，每次中干会和生产大会上，总经理都会带领我们所有管理干部，围绕一次做对的四点要求进行宣誓承诺。"

唐风补充说："你是老板，你的一句话产生的效果，可能比杜忠他们说 100 句都管用。"

倪达说："好，今后我一定亲自去宣传。"

唐风说："不仅是口头宣传，更重要的是身体力行，按照一次做对的工作标准进行自我要求，这个更重要。"

话锋一转，唐风继续说："改进幅度只有 50% 的第二个原因，我认为可能是激励问题。我听杜忠汇报的时候说，在永旺一次做对项目推行的过程中，对于参与的员工，贵司只有负激励，没有正激励，我认为这对项目的推进效果影响很大。

"做到了不处罚，做不到要处罚，这对一线员工的工作积极性有较大的打击，因为要实现一次做对、次次做对，其实是很难的，员工必须付出巨大的努力才能做到。

"因此，我建议你们核算项目实际的收益时，拿出一部分钱来奖励表现优秀的员工。"

说到这里，唐风停顿了一下，接着说："比如振中科技一期结构件探伤不良率改进项目，因为以前几乎每件活都要返修，我们推进项目后，有 80% 左右的产品是探伤零缺陷的，于是结构件公司就针对每件探伤零缺陷的产品奖励班组 100 元，每月此项奖金合计有

5 万～ 6 万元。

"在项目结项后，我专门与部分参与项目的一线员工进行沟通，询问他们对一次做对项目的看法，结果 100% 的员工都希望项目能持续推进，因为他们得到了实惠。"

倪达说："好的。"

唐风说："决定一次做对能否实现的核心因素是领导者，领导者对于质量的认知和变革的决心至关重要，我单独与您沟通主要就是为了解决这个问题。"

三人沟通后，回到会议室参加验收会议，会议结束前，唐风对杜忠说："本周六，我们将在振中科技开展一次做对培训，由我讲解一次做对的核心理念和落地方法。到时候，还有数十家供应商的总经理和质量经理参加，我邀请你将永旺一次做对项目开展过程做一个分享，你的现身说法也许更有说服力。"

杜忠说："好的。"

从永旺验收回来后，唐风给采购一次做对项目团队出了一道试题，作为一次做对推进师的过关题目（见图 15-7）。

振中科技供应商管理类一次做对推进师考核要求

一、用 PPT 论述质量管理成熟度模型的运用

　　1. 质量管理成熟度模型各阶段的主要判定依据。

　　2. 如何运用质量管理成熟度模型对供应商的质量现状进行诊断?

　　3. 如何以诊断结论为基础，指导供应商制定正确的质量改进策略（含质量改进目标及实施方案）?

二、结合你参与的项目，用 PPT 阐述如何运用过程模式作业表与一次做对六步法指导供应商把工作一次做对

　　1. 该业务过程存在的问题。

　　2. 目标与优化思路。

　　3. 工作计划。

　　4. 成果。

三、用案例阐述如何与供应商高层就质量改进达成共识

四、运用七有分析的思路来判断供应商的 8D 报告是否可行及有效

图 15-7　一次做对推进师的过关题目

── **本章点评** ─────────────────────────────────

● **如何从系统层面推进供应商来料质量改进?**

基于质量管理成熟度模型,对供应商的质量管理现状进行评估,并以此为基础制定质量改进策略,以产品质量和过程质量为抓手,以领导层的质量认知为突破口,从产品—过程—质量竞争力—质量领导力四个层面全面优化。

───

{ 第十六章 }

全面质量竞争力建设

如何从系统层面全方位推进质量竞争力建设？

在振中科技一次做对质量文化变革三期项目启动大会上，主持人张彤彤说道："下面汇报的是三期的重点项目，它就是结构件公司的全员全过程零缺陷项目，请结构件公司的总经理李宽进行汇报。"

李宽上台后，说："在前任领导银总的带领下，我们结构件公司顺利完成了前面两期的一次做对质量文化变革项目，取得了不错的成绩。

"作为结构件公司新上任的总经理，我非常荣幸，有机会带领团队实施公司第一批全员全过程的零缺陷项目，下面我来给大家汇报方案。

"我们这个项目的目标主要有三项。

"第一项是反映质量结果的数字目标，归结起来就是四个零，即客户零投诉、总装零缺陷、下序零反馈、本序零返修。

"第二项是建立全流程的过程管理体系，确保过程能力满足一次做对的要求。

"第三项是从员工能力、员工思维和员工治理三个维度出发，建设组织能力，全面提升质量竞争力。

"项目的总体思路仍然基于唐老师培训的一次做对模型,从产品质量到过程质量,再到质量竞争力和质量领导力的提升。"

说到这里,李宽看了一眼唐风,接着说:"下面我来汇报项目的组织架构。我本人担任组长,项目成员按责任划分为:目标担当、宣传担当、学习担当、资料担当、纪律担当,整个大项目分为管理支持、技术支持、下料、配套、拼焊、整加、清磨、喷涂等各个小组来运作。

"产品质量提升项目的推进仍然借用前面两期的思路,即选择试点工序进行经验探索,然后固化经验形成过程管理规范,再将经验复制进行全流程推广,最后实现全员全过程的零缺陷目标。"

听到这里,唐风的思绪不由得回到3周前。

4月初的这天,按唐风的要求,一次做对管理办公室4个人举行内部会议,讨论三期项目的项目选择方案。

唐风说:"从数据来看,二期绝大多数项目已达成目标,我计划在本月底正式启动三期项目。今天这个会议是我发起的,目的是讨论三期项目的选择,我先说说我的看法,再请大家各自发表意见。"

见大家无异议,唐风接着说:"从一期的5个试点项目到二期的18个拓展项目,我们都沿着一个主线来选择,就是从产品质量到过程质量。

"比如结构件公司的UT探伤不良率优化项目,其本质就是通过下料、压型、坡口、拼装、焊接、探伤等一系列过程的能力提升,将不良率从15%左右下降到0.3%左右。

"在长达半年的项目实施过程中,我和姜老师带领项目团队耗费了大量精力,终于完成目标。

"同样,在铸造一次做对项目中,我们也是通过对冶炼、砂处理、模型制作、造型、制芯、扣箱、浇注等一系列过程的优化,实现了产品的零缺陷。

"但是,在这个过程中我感到很吃力,原因也很简单,就是管理平台的支持力度不够。"

说到这里，唐风停顿了一下，接着说："在结构件探伤不良率的优化项目中，通过过程模式作业表的绘制，我们找出了大量的过程隐患因素，其中最核心的因素就是员工能力和工作态度不达标。

"为了解决这个问题，我们项目组制定了培训方案和上岗考核方案，花费近 2 个月时间，对数十名一线操作员工进行了培训和考核，终于让他们有能力实现本职工作的一次做对。

"为了激励员工一次做对，我们采取了多种手段，比如评选一次做对员工、对每台探伤零缺陷的产品奖励 100 元等。

"这些措施极大地提升了员工士气，促使他们具备一次做对的决心。

"但是，事物都有两面性，从另一个方面来看就是我们目前的管理平台其实是不能支持员工实现一次做对的。"

张彤彤回应："确实如此。"

唐风说："我做过调查，我们公司针对操作类员工的培训，就是入职后给他指定一个师傅，让他跟着师傅干。

"这种培训方式比较粗放，培训效果完全取决于师傅的能力及用心程度。

"用一句话来总结，就是目前的培训制度能让员工知道怎么把产品做出来，但是不能让员工具备一次做对的能力。"

说到这里，唐风喝了一口水，接着说："再说说我们对员工工作态度的管理，我们以前有一个优质优价的政策，政策的本意是员工生产的产品达到质量要求后，工资能上涨 6%。

"但是实际上，无论是考核还是分配，我们的制度都有存在巨大漏洞，实际结果是把这笔钱当工资发了，导致其激励效果大打折扣。

"因此在三期项目中，我们不但要提升产品质量和过程质量，还要开始实施质量竞争力的平台建设，这是我的意见，请大家各自发表看法。"

接过唐风的话，张彤彤说："我认可唐老师的意见，的确无论一期还是二期，我们许多项目做起来都很吃力，根本原因就是管理平台的支持力度不够。

"但是，我们集团下面有近20个一级单位，各个子公司又有一定的自主经营权，如何实施质量竞争力的建设，这个需要讨论。"

唐风说："前些天，贵司新上任的生产副总张金说今年要在总装厂实施生产变革，从作业岛模式切换到流水线生产方式。

"从作业岛到流水线，这是一次重大的流程改革，对上序部门的输入要求提高了很多。

"以前在装配时发现零部件有问题，他们的做法就是通知相关责任部门来处理，然后装配人员可以去装其他产品，对总体效率影响不大。

"现在一旦出问题，整条流水线都不得不停下来等待问题处理完。

"因此，围绕总装流水线的建设，我建议三期项目中要有全面开展零缺陷的项目。

"从一期和二期的项目表现来看，结构件公司和智能液压公司这两个单位有条件开展全员全过程的零缺陷项目。"

张彤彤说："我赞同唐老师的意见，除了这两个单位外，其他的单位目前都不具备此条件。"

唐风说："按照我们试点先行、逐步推进的原则，我建议以结构件公司和智能液压公司为双龙头，全面推进全员全过程的零缺陷，获得成功经验后再复制推广到其他单位。

"要实现全员全过程的零缺陷，除了过程质量提升这个要素外，我们还必须开展质量竞争力的建设，确保管理平台可以支持过程质量的提升。"

张彤彤说："这点我认同。"

"下面我来汇报结构件公司的质量竞争力建设推进思路。"李宽的话将唐风的思绪拉回了会场。

"质量竞争力是一种组织能力，基于杨三角模型，它的建设可从三个方面出发，分别是员工能力、员工思维和员工治理。

"这段时间，我和唐风老师经常就质量竞争力的建设方案进行交流，这让我收获良多。

"在员工能力建设这个维度，我发现我们结构件公司有一个比较大的问题。

"我们有几十位基层班组长，因为只有大专学历，按公司人力资源部的原有规定不能继续晋升，这为他们的能力发展设置了天花板。

"为此，我去找集团公司的总经理郑总，要求给这些员工一个公平的发展机会，他同意了。所以借助质量竞争力建设的东风，我们接下来要针对不同的员工制定相对应的职业发展规划，帮助员工突破职业发展的天花板。

"除此之外，我们还要基于过程一次做对的要求，梳理各个岗位的能力需求，明确岗位操作技能，对不同岗位的员工进行培训，提升他们解决问题的能力。"

话锋一转，李宽打开下一页PPT，接着说："在员工思维这个维度，我们要组织实施各层级管理者的质量意识教育，因为员工的质量思维方式主要取决于管理者。

"可以说，有什么样的管理者，就有什么样的员工。

"除此之外，我们还要对目前的薪酬、奖惩、晋升、淘汰等各项人事制度进行优化，确保这些制度能激励所有员工具备一次做对的思维方式。

"至于质量文化的建设，我们会从前期的试点项目出发，从点到线再到面，将全体员工纳入一次做对质量文化建设的范畴。"

说到这里，李宽暂停了一下，接着说："在员工治理这个维度，我们将重点实施领导力培养、知识管理、责权匹配等工作，确保管理平台为员工一次做对的实现提供强力支持。

"以上是推进思路，下面我将汇报具体的推进方案。"

他指着下一页 PPT（见图 16-1），继续说："针对全过程的产品质量零缺陷，我们主要按此方案来推进。

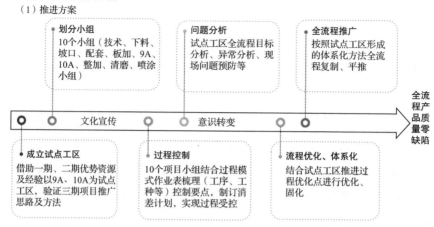

1. 全流程产品质量零缺陷
（1）推进方案

图 16-1　结构件公司全流程产品质量零缺陷项目推进思路

"首先，我们借助一期、二期项目组的优势资源及成功经验，在 9A、10A 成立试点工区。

"然后，基于结构件生产的流程，以过程为单位划分出 10 个小组。

"通过过程模式作业表这个工具，10 个小组对过程进行梳理，输出消差计划，进行过程优化，确保过程完全受控。

"接下来，我们要每周检查目标达成情况，进行异常分析，找出过程管理的薄弱点，制定纠正措施和预防措施。

"在验证措施有效后，我们将输出每个业务过程的管理规范，对流程进行优化和固化。

"最后，全流程推广，按照试点工区形成的体系化方法全流程复制、平推。

"这就是产品零缺陷的实施方案，底层逻辑就是全过程的一次做对带来最终产品的零缺陷。"

说完这些，李宽打开下一页 PPT，继续汇报："结合我们结构件公司的实际情况，下面我介绍质量竞争力平台的建设方案。

"按唐风老师提供的质量竞争力建设模型，我们从三个方面实施。

"首先是员工思维建设，我们从6个方面来开展。

"1.管理层沟通和意识教育。

"为什么要做这件事？"

李宽自问自答："因为对员工思维方式影响最大的是他们的直接管理者。

"所以要转变员工的思维方式，树立一次做对的理念，必须先让各级管理者完全认可一次做对的思想。

"2.质量政策的建立和完善。

"什么是质量政策？我认为就是公司要求员工把质量做到什么程度。

"我们要让一次做对的质量政策转化为每个岗位的工作标准，当然，零缺陷不是一蹴而就的，因此我们要针对不同的岗位制定相应的考核标准，引导员工逐步推进零缺陷。"

说到这里，李宽抬头往郑仁刚的方向看了一眼，接着说：

"3.公司级质量文化建设的全面推进。

"基于质量文化建设的14步法，我们要将全体员工纳入进来，通过各种手段，让他们参与一次做对质量文化的建设。

"4.绩效考核与激励的实施。

"前期对于每台实现探伤零缺陷的产品，我们都对班组奖励100元，这种制度要固定下来，让全体员工都能分享零缺陷推进的好处。

"5.薪酬制度、晋升淘汰制度的建立。

"对于在一次做对活动中表现突出的员工，除了及时的奖励，我们还要在薪酬、晋升等方面进行激励。

"6.工区级、班组级、公司级标杆树立。

"推行一次做对，样板和标杆很重要，我们要树立各种各样的标杆，让员工相信自己可以实现一次做对的目标。"

说完这些，李宽打开下一页 PPT，继续汇报："在员工能力这个维度，我们主要从以下 6 个方面来开展工作。

"1. 员工职业生涯的规划。

"对于管理层和执行层这两种类别的员工，我们都要制定相应的规划，帮助员工打破职业生涯的天花板，为公司的发展提供充沛的人力资源。

"2. 项目管理能力的提升。

"这里主要指一次做对推进师的训练，我们要以实战项目的方式，让所有的管理者和工程师理解一次做对的底层逻辑，通过推进师答辩，检验他们是否具备一次做对项目的推进能力。

"3. 人员技能培训。

"我们要将前期提升员工能力的成功试点项目进行推广，以过程一次做对的要求为基准，确保每位员工的能力都满足要求。

"4. 焊接工艺技术的研究。

"最能体现我们结构件公司技术能力的是焊接工艺，我们要通过焊接零缺陷项目的实施，将技术质量室的焊接水平提上去。

"5. 解决问题能力的提升。

"这主要从三个方面实施，一是设备工艺类技术问题解决能力的提升，二是现场问题解决能力的提升，三是特殊过程分析问题和解决问题能力的提升。

"6. 人才储备。

"一是车间管理类人才的储备，二是班组级管理人才的储备，三是工区工匠人才的储备，四是技术骨干人才的储备。"

说完这些，李宽停顿了一下，接着说："在员工治理这个维度，主要在以下 4 个方面进行建设。

"1. 领导力培养。

"这里主要指工区管理者和班组管理者领导力的培养，要想让员工实现一次做对，管理者给予的支持影响巨大，所以对工区和班组管理者进行领导力的培养很重要。

"2. 流程管理。

"目前流程管理上存在一个比较突出的问题，就是流程 IT 化率不高，这一块需要重点提升。

"3. 软硬件设备建设及管理。

"这一块目前有两个问题需要重点解决，一是一次做对如何与数字化相融合，二是设备设施如何支持一次做对。

"4. 信息获得与知识管理。

"我们希望对产品质量问题的传递路径进行梳理，建立质量问题专家库。

"对各个业务过程中存在的典型问题，组织专家进行分析，输出问题解决案例和检索方案，供员工查阅。

"对于常见的来料不良等问题，我们汇总数据后反馈给采购部，由他们与供应商协商解决。"

听到这里，唐风不由得想起与李宽讨论的情景。

这天下午，在一次做对话事间，唐风与李宽就员工治理这个维度展开讨论。

唐风说："按我的理解，质量竞争力的建设中有一项重要内容就是员工治理，即公司的管理平台能否支持员工一次做对。

"在前期的项目实施过程中，我觉得我们振中科技对供应商的管理似乎有些问题，因为来料的质量问题比较多。"

李宽说："的确，我们公司对于供应商的管理权限比较分散。

"我们有集团采购部，有些子公司还有自己的采购部，这些采购部会各自采购一些物料，而我们的生产制造部负责外协类供应商的管理。

"公司对于供应商质量管理的原则是谁采购谁负责，所以实施起来显得有些混乱，但是我们结构件的来料质量主要是集团采购部和生产制造部管理的，我没有管理权限，所以来料存在的质量问题我会反馈给他们去解决。"

李宽的汇报结束后,坐在唐风旁边的郑仁刚对唐风说:"这个质量竞争力的建设方案,我要仔细研究一下,麻烦你让李宽发给我看看。"

唐风说:"好的,这个方案如何落实,还需要细化。"

这天,唐风正在和结构件公司的组织能力建设项目组讨论落实方案,突然手机响了,原来是徐铮打来的,他问唐风:"最近又出现了几个重大客诉,我感到压力倍增,上次与您讨论后我想在公司内全面实施一次做对质量提升方案,这段时间做了一些尝试,但是由于种种原因均未能成功落地。

"作为质量负责人,很多同行都说质量工作不好做,质量经理的职业风险很大,我也有同感。我想请教您一下,在现在这种情况下,我要如何去做才能引领公司突破目前的质量天花板,进入一个新的境界?"

唐风说:"我最近正在实施质量竞争力的提升项目,有一些心得体会。过几天我回深圳后,你来我家,我们一起讨论这个问题。"

本章点评

● 如何从系统层面全方位推进质量竞争力建设?

基于质量竞争力模型,从员工能力、员工思维和员工治理三个维度出发,通过平台建设,为过程质量的提升保驾护航。

反思篇

Reflection
section

一次做对难在哪里

一

第十七章

质量总监为何阵亡率高

质量总监如何引领管理层实现质量变革?

"为什么质量工作不好做,质量总监阵亡率高?"

这天,徐铮来到唐风家里,问了这个问题。

这让唐风想起了多年前的往事。10年前的一天,他准备离开工作了十年之久的 EE 公司,于是打电话给一个做猎头的前同事:"管总,听说你开了一家猎头公司,恰好我最近干得不顺心,你看看手头有没有合适的职位,帮我推荐一下。"

管问唐风:"我记得你以前是厂长,现在管哪个部门?"

唐风说:"我现在是供应链的质量总监。"

管听后说了一句:"这就难怪了,质量总监这个职位在公司中的阵亡率是很高的。"

于是唐风把这个故事讲给徐铮听,徐铮听后,问:"为什么会出现这种情况?"

唐风说:"我认为主要原因有两点。

"1.几乎所有的公司中,都喜欢把客户投诉、来料异常或生产返工返修之类的问题归纳为质量问题。而一旦定性为质量问题,包括公司老板在内,大多数人都认为质量部应该对质量问题负责。虽然口头上宣称人人都要对质量负责，但是真的面对现实时想法就变了。

"2. 质量部的工作成绩不好衡量，不像市场部、开发部等部门，业绩很容易表现出来。虽然有些公司已经开展质量成本统计的工作，但是大多数中小型民企没有做这项工作，这就导致质量总监的工作绩效不好体现。在公司质量管理工作做得好时，老板会把成绩归功于研发、生产、工程等业务部门；而对质量状况不满意时，老板又会认为这是因为质量部的工作做得不好。

"说白了，在许多公司，质量部就是一个背黑锅的角色。"

徐铮说："这个我深有体会。"

唐风说："上次我和你说过我在一家民企康利得公司的一些事情，今天我再给你详细说说当时的情景。

"12年前，我空降到深圳康利得公司任质量总监，这家民企的创始人及核心高管几乎全部出身于我以前工作过的EE公司，主营业务是开关电源模块类产品，当时的年销售额约7亿元人民币，业务发展状况总体良好。

"我入职时，公司员工总人数在1000人左右，其中研发人员约200人。刚进入这家企业时，我的信心爆棚。"

唐风似乎想到了当年，他有些感慨地说："要知道，当时的我在质量管理、精益生产、项目管理、团队管理等方面都有比较丰富的实战经验。

"尤其是咨询顾问的工作经历，让我对零缺陷管理有了一定的认知，在质量管理的理论认知方面有了显著提升。

"因此刚进入康利得公司时，我认为，把这样一家企业的质量做上去，对我来说应该不是难事。然而我错了，而且错得很厉害。"

说到这里，唐风有些伤感，他接着说："最核心的原因是我无法影响老板，尽管他也是我在EE公司的前同事。

"他认为康利得的产品简单，质量管理很容易做。入职后第一次见面时，他对我说了一番话。

"他告诉我，以前公司规模比较小的时候，质量是他亲自去抓的，客户反馈很好。但这几年随着公司业务的扩大，他没有时间和精力再亲自去抓质量了，找来的几任质量经理能力都不行，导致质量状况每况愈下，现在已经严重影响到公司的业务发展，所以才请我过来担任公司的质量总监。"

徐铮说："估计很多老板都是这样想的。"

唐风说："老板当时又对我说，你不能把质量提上来的同时把我们的成本也搞上来，我们的产品毛利比较低，与 EE 公司不能比，所以不能用在 EE 公司时的办法来管质量。"

"怎么管呢？他给说了四字秘诀，你猜猜，是哪四个字？"唐风问徐铮。

徐铮摇头："这个以前好像没听您说过。"

唐风笑着说："前面两个字叫作'盯住'，他对我说，质量部现在有 70 来号人，你要把他们组织好，到产线上去把所有的不良品找出来，不要让它们交到客户手上，带来客户投诉。

"后面两个字叫'勤快'，你要多亲力亲为，多到生产线上去亲自发现质量问题，不要一天到晚坐在办公室里发号施令。

"老板这样要求，我有什么办法，只得硬着头皮去按他的要求做事，每天起早贪黑去生产线上找问题。"

说到这里，唐风似乎回到了当时的情景，他说："然而，问题是越找越多，而且根本找不下去，因为我的手机不停响起。

"一会儿是客户投诉，需要马上组织处理；一会儿是来料质量异常，影响上线，总经理指示我必须尽快拿出解决方案；一会儿又是我的检验员与产线班组长干架了，需要我紧急协调。

"有时候大半夜我还会接到总经理电话，要求我立即去外协加工厂处理质量异常，因为第二天就得发货。"

徐铮说："很多民企的情况就是这样的。"

唐风说："半年下来，我心力交瘁。为了说服老板，我亲自分析每一个重大问题，借此来找出公司在管理上存在的问题，希望能以此推动公司建立过程管理体系。

"我把这些案例汇报后，对老板和总经理说：'我们不能再这样管质量了，我们必须统一质量共识，建立过程管理体系，从根本上扭转质量现状。'

"但是我的老板和总经理只有一句话，你没有做好质量，关键就是你质量部的执行力不行，没有盯住，你说的这段话证明你没有理解我们这个行业的运作规律，没有真正入行！"

徐铮说："我想知道您是如何破局的。"

唐风说："我当时束手无策，只能被动应对，面对源源不绝的客户投诉，几乎夜不能寐。

"终于有一天问题爆发了，公司新开发的战略客户C发来投诉，说其生产线才使用公司第一批交货的15000块电源板中的500块，就发现有9块不良，问题原因都是电源端子插反。

"针对此事件，负责这个项目的销售经理谢某发邮件给公司各主要管理层：'这个邮件真是噩耗啊！这款产品共发给C客户15000台，现在500台试产里已经有9台不良了，我们完全有可能彻底出局。上周五临下班前，其采购处长致电我，承诺如果7月5万台订单交货及时且质量稳定，8月订单会在10万台以上。可现在连端子插错的问题都有1.8%，这怎么解释啊？这次我去C客户处本是为了疏通客户各流程节点的关键人员，但现在我要在那做产线工人了。'"

唐风说到这里，心情似乎有些低落，他接着说："针对此邮件，老板娘的回复是：'质量部最近战火不断啊'，一副冷嘲热讽的样子，其他部门更是异口同声，指责质量部不作为。

"老板也给我发了邮件：'唐风，质量问题一直没有大的改善，除了研发问题外，根本原因是你不进步、不下基层、不研究、不分析，这可如何是好！'"

徐铮说："面对这些情况您怎么处理？"

唐风说："这次的问题我也很清楚，是我们在顺德的外协加工厂高技给我带来的麻烦，这家公司管理混乱，为了降低成本，产线上的员工大多是少数民族，因为语言不通所以培训困难，员工能力严重不足。

　　"再加上其采用整体计件制的薪酬方式，导致每月发完工资员工就离职一大片。还有因为顺德离深圳比较远，物流费用相对较高，为了弥补这块费用，高技就从辅料上想办法降低成本。"

　　回忆了一下，唐风接着说："因为高技多次出现质量事故，所以作为质量总监，我不得不专门去它的现场考察。回来后我找了总经理，要求将这家外协厂关闭，但总经理认为这家外协厂成本有优势，不同意我的要求，他认为我们派到这里的质量代表只要努力去盯，质量就不会出大问题。

　　"对于 C 客户这类大客户的订单，总经理以前有过口头要求，不要发给外协厂生产。但是这个订单下达时计划部忘记了这一点，把它下给了高技，等到我知道这个消息时物料已发给高技，准备上线生产了。无奈之下，我只好让我的副总监与一位工艺部的经理前往顺德，盯住高技生产。

　　"他们两人连同我的驻厂质量代表在现场盯了一个通宵，然而第一轮生产出来的产品不良率高达 28%。按他们的要求，高技公司又组织了一轮全面返工挑选，他们这才允许发货，没想到客户第一轮使用就出了这个问题，看来是没有把不良品挑干净。"

　　说到这里，唐风停顿了一下，说："那天下午我的手机响了，是老板打来的。我当时心里咯噔了一下：'该来的迟早会来'。

　　"电话中老板极为愤怒：'唐风，为什么我们最近有这么多质量问题？你作为公司的质量总监，是干什么吃的！到底是你的能力有问题，还是你的态度有问题？！如果是别人有问题，你告诉我是谁，我把他开除！'"

　　说完这个故事，唐风对徐铮说："这是我在康利得这家民企中作为质量总监的真实写照，我的工作三部曲就是：擦屁股、背黑锅、挨板子。

"工作最累、挨骂最多、被罚最狠，是目前众多质量人的典型状况。"

徐铮说："您的比喻很贴切。"

唐风说："站在今天的角度来说，我作为公司的质量总监，为什么会面临如此困境不能自拔呢？"

徐铮说："这个我倒很想知道。"

唐风说："我认为，原因有两个。

"第一是当时的我能力不足，无法在纷繁混乱的情况下找出一个行之有效的解决方案，并通过自己的影响力说服老板支持我的方案。

"虽然之前我在大公司中担任过质量总监，但是小公司由于缺乏管理平台的支持，质量管理方法完全不同，对质量总监的能力要求更高。必须是能文能武，既要具备解决一线现场问题的能力，又要具备高瞻远瞩的规划能力，还要有足够大的感召力来影响管理层，客观来讲我当时的能力应付不了这么复杂的情况。"

徐铮说："这个要求的确太高了，您说的原因之二是什么？"

唐风说："第二，管理层沉醉于过去的成功之中，缺乏对质量的系统性认知。

"当时老板经常说的一句话就是，我以前也是这么做的，结果很好，你现在做不到，那就是你质量部的问题。

"所以，要带领康利得这类民企突破面临的质量困境，需要很高的水平。

"为什么质量总监阵亡率高，我想原因无非也来自这两方面，一方面是他们所面对的问题难度很高，另一方面是他们自己的能力不足。"

见徐铮点头称是，唐风接着说："离开了康利得这家公司后，我在另一家民企 S 公司中任质量总监。

"S公司的三个主要股东以前都与我相识，而且关系还不错，在入职的时候我想这家公司的质量工作应该好做一点了吧。

"然而，幸福的家庭家家相似，不幸的家庭却是各有各的不幸。

"这句话用来形容中小型民营企业的质量管理，实在再合适不过。"

徐铮说："这个我有同感。"

唐风说："我在S公司的境遇其实从一开始就注定了，因为这家公司的治理机制存在很大的缺陷。

"S公司由三位主要股东联手创立，当时三位股东在公司持有的股份分别是32%、17%、16%，任意两位股东的股份之和大于第三位股东所持股份，用他们自己的话来说，就是1加1大于1。从成立的那一天起，公司内的重大事情都是三人商量着来办，没有一个人能独自说了算。

"这种股权构架带来的另一大隐患，就是在公司内天然形成了三个山头。"

徐铮说："山头风气在许多企业中都存在。"

唐风说："销售、财务和人事的主要骨干全部是大股东的人，这群人在公司中说话最硬气。

"研发的大部分主要骨干是二股东的人，但也有一个产品线的研发经理被大股东通过各种手段拉到他的阵营中去了，用来制衡二股东。"

徐铮说："还有这事？"

唐风说："这位研发经理在公司中几乎是横着走的，记得有一次他研发的新产品在老化时经常炸机，调查行动几经周折却找不到原因。

"结果他做了一件事情，让我瞠目结舌。"

徐铮说："他怎么了？"

唐风说："他对我说，这批产品在试产时老化了10台，但没有出现炸机的情况，现在总是出现此类问题，肯定是 PCBA 外协加工厂家在加工时存在缺陷，导致产品老化炸机。"

说完，他用手指着徐铮，模仿着这位研发经理的口气说："因为我的设计方案没有改变，物料也没有变动，所以你唐风必须对这家PCBA 外协厂进行罚款，让它赔偿我们公司的损失！"

见徐铮笑了，唐风接着说："对于这类莫须有的分析结论，我当然不认可。

"结果，他指着我的鼻子说：'你唐风肯定拿了这家外协厂的好处，所以才帮他们说话。'

"这类冲突经常发生，质量部始终处于风口浪尖。"

徐铮说："我能想象您当时的心情。"

唐风说："当时三股东负责供应链，质量部隶属于供应链，我对三股东汇报工作，他是我在 EE 时的同事，与我的关系不错。

"入职后的第一年，我的工作做得还算顺利，因此三股东给我放权，我不但是质量总监，还兼任供应链的副总经理。

"基于我对质量的认知，我对供应链直接负责的业务过程如供应商来料、PCBA 委外加工、内部制造、计划、采购、仓储等进行了梳理并快速取得了成效。

"公司主力产品的市场年故障率快速从 8% 下降到 0.3% 左右，市场部对我的工作很认可。"

徐铮说："我相信您有这个实力，后面的情况呢？"

唐风一脸无奈地说："然而，一年后情况逆转，因为改革进入了深水区，必须从市场销售和产品研发等方面入手，而这两块业务是另外两个股东负责的，他们死活不同意我质量部门介入。

"公司规模不大时，三个股东齐心协力，矛盾看起来不明显。而随着公司业务的快速发展，大家对于权力和利益的争夺趋向白热化，质量问题变成了攻击对手的利器。

"如果我把生产制造产生的质量问题反馈给大股东和二股东，三股东就会不高兴，我如果把研发产生的质量问题通报出来，二股东不高兴。"

徐铮说："这是许多公司的常态，很多人不希望自己的问题被暴露出来。"

唐风说："在这种环境下，作为质量总监怎么可能有效开展工作？

"所以，在S公司的几年职业生涯我是高开低走，工作越做越没有成就感，而且经常遭到来自各个部门的攻击。因此最后当爱必胜通过猎头公司招募我时，我下决心离开了，因为我实在没有能力整合这三个股东的思想。"

徐铮说："估计没有哪个质量总监能解决这种问题。"

唐风说："我认为S公司的质量困境来源于治理机制缺陷带来的领导力缺乏和山头文化的盛行，因此我坚信一句话：质量的本质是管理，一家管理混乱的公司质量状况不可能好。

"担任以上两家公司的质量总监的经历，让我体验到了在中小型民企中质量工作为什么很难做，这是由系统决定的。

"当然，大公司的质量工作也不见得好做。举个例子，最近国外某著名飞机制造商陷入了麻烦，其飞机接二连三出问题。

"而就在几十年前，它还是一家在全球享有盛名的航空巨头，以制造最先进、安全的飞机而闻名世界。"

徐铮说："这个我也听说了。"

唐风说："为什么会出现这样的情况，网上是这样分析的。

"在更换了新领导后，这家**公司开始剧烈转型，从关注质量安全和创新研发迅速滑向了关注股价和生产成本**，过去几十年工程师始终掌握着发言权，但随着一批只懂金融不懂技术的高管加入后，**企业的工作氛围越来越向利润看齐**。用媒体的话说，就是'一切都必须考虑到成本合理''削减成本和提高效率近乎是一种信仰'。"

说完这些，唐风有些感慨："我没有能力去核实网上所列举事实的真伪，但我相信它分析问题的逻辑。

"当一家企业的最高管理者唯一的关注点只有利润而不把质量作为一种信仰时，它的产品质量出大问题是大概率的事。

"因为产品质量符合要求是原则问题，为了利润而牺牲质量，有了第一次就会有第二次。"

徐铮说："这个我完全赞同。"

唐风说："我认为，一个社会事件发生的深层逻辑往往由民众的思想所决定。在企业中，员工的思想往往取决于领导层的心智模式，所以改善领导层对质量的认知，对于质量变革至关重要。

"爱必胜公司的三年质量总监生涯让我充分领会到了这一点，因为我就是从领导层的质量认知入手的。"

看徐铮在点头，唐风接着说："3年前的1月1日，我正式走马上任，在此之前的一个月我都在了解爱必胜公司的基本情况。

"你是晚些时候由我招聘过来的，所以后面的事情你都知道了。

"你可能觉得我在爱必胜的质量变革推动起来很轻松，是吗？"

徐铮回答："我感觉您做事很有套路和方法。"

唐风说："其实最困难的事情，在你来之前我就做完了。入职后的第2个月，我给爱必胜的主要管理者做了一次质量意识研讨会，让管理层明白了以前质量做不好的原因，并就如何做好质量在管理层中达成了共识。

"这次研讨会阵势很大，自董事长以下的各个一级部门的领导几乎都出席了，这是我对总裁办公室提出的要求。

"我认为统一管理层的质量认知很重要，也很困难。

"研讨会上我的培训结束后，让老板进行总结性发言，结果他说了什么你知道吗？"

唐风回忆了一下往事，接着说："老板当时是这样说的：'原来我一直认为的产品质量问题，其实是管理问题。从这个维度来看，我们绝大多数的客诉产生的原因是我们对客户需求理解不清晰，是研发过程管理不到位，导致产品不能满足客户的使用要求。所以面对产品质量事故，我作为公司的最高管理者，要向内看，要以此来找出公司的管理漏洞并进行优化。'

"接着他又说，刚才唐风你说的那句话让我很有感触。你说，从来没有所谓的产品质量问题，我们要从问题产生的源头来定义问题，而不是把所有的研发问题、制造问题、来料问题、客户需求问题都打包为质量问题，然后反过来指责质量部门不作为。

"最后他对所有在场人员说：'我要求每位管理者都要对自己负责的业务过程所输出的问题真正负起责任来，眼睛向内看。我所说的负责，不是让你们出了问题主动去领板子，而是要找出原因，避免再犯。'"

徐铮说："这是爱必胜的文化价值观，公司本来就要求所有员工在工作中出了问题要向内看，在这一点上，老板的确是身体力行。"

唐风说："下面我结合我在几家企业任质量总监的经历，针对**质量总监如何引领管理层实现质量变革这个话题**，来说说我的看法。

"我觉得应该从以下几个方面来展开。

"**第一，认清质量总监的职责，对质量部的职能进行准确定位。**

"基于质量管理成熟度模型，我认为在不同的阶段质量总监扮演的角色也应该有所区别。

"在不确定期阶段，质量总监扮演的角色应该是保姆。"

徐铮说："这个保姆的角色要如何扮演啊？"

唐风说："比如 9 年前我进入 S 公司任质量总监时，发现这公司就是一个大号的游击队，员工数量只有 100 多人，年产值不足 1 个亿，质量部全体员工包括我在内只有 7 个人，其中 5 个检验员，1 个质量工程师。

"在这种情况下，我既是质量总监，又是部门经理、体系专员、客诉专员，还承担着质量工程师的工作。

"在这个阶段，公司规模太小，没有太多的资源来投入质量管理，所以一岗多职也是合理的。"

徐铮说："这点我认可。"

唐风说："**在觉醒期阶段，质量总监扮演的角色如同家长**，家长的一项重要工作就是帮助孩子树立正确的人生目标。作为质量总监，帮助企业树立正确的质量目标很重要。

"我的孩子在小学、初中、高中阶段的学习成绩都不错，我认为最关键的原因是目标的树立。"

徐铮说："这点我得学学，具体是怎么做的？"

唐风说："在每个学期初，我们都要一起讨论本学期的目标，当然达成目标后会有一些奖励。

"正确的质量目标对于质量管理来说非常重要，合理的质量目标，既可以正确衡量质量改进成果，也可以有效引导质量变革的方向。"

见徐铮在点头，唐风接着说："我问过很多企业的领导者，如果公司确定的每一个质量目标都达成了，领导层对于质量管理的结果是否就满意了？结果许多企业给出的答案是不一定，这就尴尬了。

"在觉醒期阶段，质量总监要开始规划质量管理体系，目的是通过体系化运作的系统来保证质量。

"我们很多中小企业有一个错误的做法，就是只拿 ISO 9000 证书，而不认真规划公司的流程管理体系，甚至很多公司的 ISO 9000 证书都是花钱买来的，内外审都是做样子。"

徐铮说："这种情况太普遍了，为什么会这样呢？"

唐风说："造成这种情况的原因我认为有两方面，一方面是 ISO 9000 体系的内在缺陷，它人为地将质量管理与公司的其他业务管理分开，似乎只要把体系中关于质量管理的这些条条框框都做到了，公司的产品质量就会有保证。

"殊不知，企业管理是一个整体，牵一发而动全身。

"因此，我更推崇卓越绩效体系，它更讲究全面性和系统性。

"但是，对于众多的中小企业来说，它们没有能力和资源按此体系行事，所以为了认证的需要，只得降低要求并缩小内容，这可能也是没办法的事。"

徐铮说："推行卓越绩效体系对企业的要求很高，一般的公司根本做不到。"

唐风说："ISO 9000无法落地的另一方面，是企业领导层的质量认知，他们没有真正理解质量对于企业的意义。

"在启蒙期阶段，质量总监扮演的角色如同中学老师，他要帮助企业指明前进的方向，包括如何达成目标、如何解决问题、如何优化管理系统等。"

徐铮说："您说得很形象。"

唐风说："在智慧期阶段，质量总监如同硕士生导师，他的工作重点是文化建设、质量绩效统计等务虚事务，大多数具体工作已由业务部门自行处理。"

说到这里，他似乎想起了以前，说："在EE公司时，我是供应链质量总监，手下管着近200号人。而我的业务主管，公司质量管理部的负责人，直接管辖的员工不到10个人。

"她的工作重心是给各产品线制定年度质量目标，每月统计质量成本，并组织月度质量例会向总裁汇报。同时，组织实施内外审，通过质量月等项目推动文化建设，以此来提升质量管理成熟度。

"我见过不少企业，质量管理成熟度越高，质量总监直接管的事务就越少。"

徐铮说："我也见过这种案例。"

唐风说："对于质量部的定位，随着企业质量管理成熟度的发展也会有所不同。

"在成熟度比较低的时候，它很可能被定义为一个检验中心，主要职责就是检验不良品和救火。

"随着质量管理成熟度的提升，质量部慢慢变成了一个能力中心，通过制定合理的质量目标、策划和优化管理体系、推动质量文化建设等手段带领其他业务部门去达成质量目标。"

徐铮说："我们爱必胜公司质量部目前的工作与此接近。"

唐风说："一些优秀企业甚至把质量部定义为一个价值创造中心，比如某著名的厨电品牌生产商，就以质量部为核心成立了咨询部门，帮助整条供应链降低质量成本，提升质量管理水平。

"因此我认为，质量总监这个角色一定要结合企业的实际情况找准自己的定位，这样才有利于引领企业实现质量变革。"

看见徐铮在点头，唐风继续说："**第二，制定合理的质量战略，这也是质量总监的一项重要工作。**

"一般来说，战略包括两部分内容：目标和实施策略，即达成目标的方式方法。

"我见过很多企业的质量目标都是摆设，主要目的是应付内外审，起不到引领企业改进质量的作用。"

徐铮说："我参加过不少外审，您说的是事实。"

唐风说："一个合理的质量目标，应该具备以下两方面的特征。

"1. 解决客户的痛点问题，有效支持企业的战略发展。

"比如，我正在做的振中科技一次做对质量文化变革项目，有一个子项目就是帮助它的胶管供应商永旺提升质量管理水平。

"这家公司的产品是供采矿和工程施工使用的，它的客户对于设备最核心的诉求就是安全、赚钱快、赚钱多。

"因此，它的质量目标应该聚焦于产品的可靠性和安全性，检验指标应当选取例如平均无故障间隔时间等可靠性指标，但由于各种原因，实际上没有往这方面去做。"

徐铮说："把客户的痛点变成公司的质量目标，这个需要功力。"

唐风说："再比如，很多公司的战略客户对企业的战略目标实现影响很大，那么质量目标就要反映出这些战略客户的质量满意度。

"一句话，质量目标要能引领企业的质量改进方向，并能有效衡量内外部质量结果。"

徐铮说："能做到这一点不容易，还有其他的特征吗？"

唐风说：

"2. 满足 SMART⊖原则，这一点网上解读很多，我不再过多地阐述。

"质量目标确定后，实现这个目标需要质量总监拿出合理的实施方案，这就是质量改进策略。

"这个策略要基于企业的质量管理现状来制定和实施，具体可以参考克劳士比提出的质量管理成熟度模型。

"质量总监要用中医治病的思路来制定质量改进策略，不能盲目抄袭其他大公司的做法。"

徐铮说："对此，我有同感。"

唐风说："以前我和你说过，我想把跨国企业 EE 公司行之有效的质量管理经验拿到民企康利得，结果碰得一鼻子灰。

"现在回过头来看，这种做法本身就是有问题的。对于康利得来说，它的质量管理水平处于不确定期。"

徐铮说："很多中小民企就是这种水平。"

唐风说："对于这些企业，管理层对于质量的认知水平很低，公司没有真正意义上的质量目标，老板的要求是质量不要太差，他最关心的是成本和交付。

"公司对待质量管理体系的态度就是只关注能否拿到认证证书，康利得公司的二股东、供应链体系的负责人甚至对我说：'客户要证书我们就给他证书，这就是满足客户的要求了嘛，你这么认真搞体系有什么用？'

"对于这样一家公司，我却想在其中大力推行过程管理，希望以此来提升质量，实际上不可行。"

⊖ SMART 原则：它是管理上经常用到的一种目标管理，或者说效率管理模型。SMART 分别代表了 5 个单词的首字母，也是目标管理的五大原则，也被称为目标管理的五个维度。

徐铮问："为什么会这样？"

唐风说："因为我既没有解决管理层对于质量的认知和共识问题，也没有帮助公司树立正确的质量目标。

"这也是我接下来要讲的第三点：**为了顺利引领公司实现质量变革，质量总监必须改变管理层的质量认知，并以此为基础协助一把手打造优秀的质量文化。**

"我进入质量管理行业已经20多年了，因为工作性质的原因接触了大量的企业老板和总经理。

"我发现他们中绝大多数都是重视质量的，'质量第一''质量是生命线'等词汇甚至经常出现在他们的口中。

"但是结果却令人失望，很多企业的质量管理水平极为低下。"

徐铮问："为什么会出现这样反常的情况？"

唐风回答："我认为最根本的问题就是这些企业的领导们对质量一知半解，不知道如何才能将质量做好，在质量、成本、交付等环节出现冲突时，不知道如何做出正确的抉择。

"事实上要做出正确的决定也很难，毕竟，大多数企业的领导者没有做过质量管理的工作。"

徐铮说："的确，没有几个做质量出身的老板。"

唐风说："**质量总监要改变领导的质量认知，首先要提升自己的认知。**应该说12年前，我加入康利得公司任质量总监的时候，在行业中有了比较高的资历。

"我担任过质量经理、工厂厂长、项目总监、质量总监，后来又和零缺陷咨询机构合作，参加了多个咨询项目，对零缺陷管理有一定的理解。

"这个工作经历应该说比较丰富了，但就算是这样，在进入康利得这样一家民企后，我仍然觉得困难重重，感觉自己的能力不足以解决它的质量难题。"

徐铮说："这种民企的质量本来就很难管。"

唐风说:"在经历了 2 家民企的质量总监生涯后,我来到了爱必胜公司,打算将这几年学到的东西在爱必胜这样一个平台施展一番,以此来检查我对零缺陷管理的理解是否正确。

"在爱必胜的 3 年时间,我终于成了一个合格的质量总监,公司上下都对我非常认可。我最大的收获是领会了克劳士比提出的质量管理成熟度和质量竞争力这两个模型,并在此基础上形成了自己的零缺陷理论体系,这就是我之前与你讨论过的一次做对模型。

"这个自我提升的过程非常漫长,从我踏入质量行业到完全悟透零缺陷管理,中间花费了足足 20 年,过程非常痛苦。

"作为公司的质量负责人,提升质量认知至关重要。"唐风对徐铮说。

"同时,要把自己的认知灌输给公司领导层,提升他们的认知,并提炼出适合企业自身发展的质量文化和价值观。

"爱必胜公司的一次做对质量文化变革项目,你基本上全程参与了吧。"

徐铮说:"是的,我觉得这个项目对于质量变革起到了决定性的作用。

"公司的核心价值观中有一条:质量是企业的生命线。这是正确的认知,但是如何落实这个价值观却没有方法,通过一次做对质量文化变革项目,公司终于把这条理念与业务运作结合了起来,在这个过程中,您作为变革的规划者和组织实施者,是项目的灵魂人物。"

唐风说:"为了实现质量变革的目标,我对质量总监的第四点要求,就是必须有能力指导下属彻底解决产品质量问题,确保同类问题不再重复发生。

"我担任振中科技的质量顾问已经快 2 年了,我解决产品质量问题的思路来源于一次做对模型。"

徐铮说:"您是如何处理的?"

唐风说:"最表面的问题是产品质量问题,看得见、摸得着,这是问题的第一层。

"大多数中小企业，面对产品质量问题的通常处置措施就是返工、返修、报废等。按 ISO 9000 的定义，这些只针对结果的处置措施叫作纠正，如果只做到这一步是无法解决根本问题的，这只是解决问题的第一层境界。"

徐铮说："很多企业只做到了这一层。"

唐风说："基于一次做对模型，产品质量问题的更深层原因是过程质量不达标。

"因此，我们要从产品质量问题出发，对问题产生的原因进行过程定位，找出导致问题发生的过程，进而定义出产生问题的具体要素。"

说到这里，唐风似乎在回忆往事，接着说："多年前，我在 S 公司刚入职担任质量总监就收到了市场部的反馈，说公司主力产品的故障率按年度计算达到 8%，这是一个非常糟糕的表现。通过对市场返回的不良品进行原因分析，我发现其中很大一部分是单板加工不良，如元器件虚焊、碰伤等，这类问题极难通过检验手段筛选出来。

"我去了解这些单板的加工流程时发现了一个让我吃惊的现象，就是这些板子居然是通过手工焊接完成的。"

徐铮问："这是为什么？"

唐风说："我去问生产线的主管为什么这些板不发给专业的外协加工厂贴片，他告诉我这些板子在 ERP（企业资源计划）中被定义为自制，生产线无法发给外协加工。

"我接着追查下去，发现根本原因是研发部认为这些单板的产量太少，每次外发加工都要付给加工厂 1000 元的额外加工费用，所以他们干脆将其定义为自制件，要求生产线的员工自行用烙铁进行手工焊接，这样既能省钱又能提高生产反应速度。"

徐铮问："您是如何解决这个问题的？"

唐风说："为了解决这个问题，我和计划员调来这些单板的月使用数量进行研究，最后决定将这些单板的属性定义为外协件，计划员一次性外发加工半年的用量。这样既能保证质量，又能控制加工成本。

"措施导入后，这些单板加工不良导致的市场故障品快速减少，下降幅度超过 80%。

"通过优化产品的加工流程来解决问题，这就是解决问题的第二层境界。"

见徐铮在点头，唐风继续说："后来，我希望由于单板贴片不良导致的市场故障率继续下降，就给外协厂制定了加工不良率目标，超过目标上限的不良品每片板子罚款 100 元。

"为了提升这家外协厂的质量管理能力，我专门去给他们公司的主要管理人员讲课，内容包括一次做对质量理念、质量文化建设的方法、零缺陷过程模式作业表的运用等。

"结果如我所料，这家外协厂的产品质量持续提升，顺利达成双方认可的质量目标。

"通过优化管理平台来提升产品质量，这是解决问题的第三层境界。"

徐铮说："做到这一点需要很强的能力。"

唐风说："后来我将此案例进行总结并在公司管理会议上进行分享，要求管理人员形成一个共识：质量是公司的底线，在降低成本和提高交付速度时不能以牺牲质量为代价，这是原则问题，不能简单通过某一个订单的得失来衡量。

"通过改变管理层的心智模式来提升产品质量，这是解决问题的第四层境界。"

徐铮说："我们大多数质量人在解决问题时都没有这么高的境界。"

唐风说："要做到这一步，对大多数质量人员来说要求确实比较高，但是我们在分析和解决产品质量问题时至少应该做到第二层境界，即优化过程管理。

"质量总监的一项重要工作就是策划和实施过程管理。

"你应该很清楚，我全程参与了爱必胜的流程优化项目，我们质量部与流程管理部一起，基于 POS（计划、运作和支持）架构，将公司的业务梳理成 16 个业务流程来管理。"

徐铮说："这个我也参与了。"

唐风说："然后，我们又将质量、健康、安全、有害物质管理、业务连续性管理等各种体系的要求融入这一张业务流程图中，确保这套业务流程满足方方面面的要求，是一张皮而不是多张皮。

"为了实现质量变革的目标，我认为质量总监的第五项工作是**帮助供应商提升质量管理水平**。

"对制造业来说，供应商的来料质量对于大多数企业的整体质量表现影响巨大。

"如何选择合格的供应商，如何把质量管理不合格的供应商整改为合格供应商，是摆在质量总监面前的必答题。"

徐铮说："要解决这个问题，难度非常大。"

唐风说："在我 10 多年的质量总监职业生涯中，与很多供应商进行了质量交流。

"近年来，随着我对质量管理成熟度模型的理解越来越到位，我对供应商质量评估和辅导的能力也得到了快速提升，有了自己的方法和套路，辅导的成功率也得到了空前的提升。"

徐铮说："也许除了您，没有人会用这种方法辅导供应商提升质量，大多数的人都是就事论事，没有从系统层面去解决供应商的质量问题。"

唐风说："为了引导管理层顺利实现质量变革，最后一点，我认为**质量总监的个人修炼也十分重要**。

"质量总监毕竟也是管理者，既然是管理者，就要做好这份工作，也就离不开管理水平的自我提升。"

徐铮说："我很想听听您的故事。"

唐风说："20多年前，我在 EE 公司被提拔为产品检验部经理，这是我平生第一次依靠自己的能力得到职位上的提升。

"现在回过头来看，当时的我就是一个原始人。以管理者的标准来看，我身上的毛病太多。

"因为家庭背景和个人性格的缘故，我性格内向、自命清高、行事冲动、不重视人际关系、沟通能力差，这些缺点对我的职业生涯来说很致命。"

徐铮说："这些毛病我也有。"

唐风说："但我也有优点，就是学习能力强，能通过现象看到问题的本质。另外目标感比较好，有恒心、有毅力，能自我反省，正是这些特质支撑我一路走到今天。

"回顾我的成长历程，有几个节点非常关键。"

徐铮说："我很想听听。"

唐风说："第一是 2001 年年底在 EE 公司被提拔为检验部经理，成为了管理者，这对仅入职 1 年的我来说是一个巨大的肯定。

"要知道，在此之前我在一家台资企业中干了 3 年的制造工程师，还连座位都没有挪动一下，我自认为我的性格不适合做管理。"

徐铮说："我也有过类似想法。"

唐风说："第二是 2003 年 10 月被提拔为了 UPS 工厂厂长，这对我是一个巨大的挑战。

"虽然管理的是一个不到 200 人的小工厂，但这是一个全业务团队，加之又远离公司本部，从一开始就面临重重困难。我每天倍感压力，有几次都快坚持不下去了，只因心中有个不服输的念头，才没有被困难击倒。"

徐铮说："刚上任的管理者，因为缺乏经验，或多或少都会遇到问题。"

唐风说："在担任厂长的 4 年半时间内，我完成了一个职业经理的所有转变。我研读诸子百家的著作，从中汲取优秀的管理思想，又广泛阅读众多伟人的著作和传记，比如毛泽东的《矛盾论》《实践论》，这些都让我受益匪浅。

"同时，我经常参加各种培训和讲座，听取专家的经验，并将之用到自己的管理工作中，思考其解决问题的底层逻辑。"

徐铮说："学以致用，是管理者实现自我提升的利器。"

唐风说："第三是 2009 年我被任命为供应链质量总监，同年正式接触零缺陷。我立下目标，在 50 岁前成为一位零缺陷管理专家。

"为了实现这一目标，我阅读了克劳士比的大多数著作，并以顾问的身份参加了几个零缺陷落地项目。"

徐铮说："您真的做到了知行合一。"

唐风说："经过 12 年的学习、思考、实践，将零缺陷理论学以致用并以一个质量总监的身份去解决工作中的问题，去年我终于系统理解了零缺陷落地的底层逻辑，这就是我之前与你反复讨论过的一次做对模型。

"在此过程中，我最大的心得就是，**问题和困难是提升能力的磨刀石。**"

说到这里，唐风的声音变得缓慢："所以我要奉劝质量人，面对困难不要焦虑，不要急躁，问题的背面是机遇，你解决了多大的问题，你就具备了多大的能力。"

徐铮说："这个我认可。"

唐风说："第四个节点是我在 2018 年年底加入爱必胜公司任质量总监。

"入职不到 2 个月，我就被公司安排参加真爱行项目，经过 104 天的严苛训练，我终于意识到了自己头脑中的很多问题。

"这场训练让我意识到，作为质量总监，带领企业实现质量目标是我应该承担的职责，做不到就是自己能力不足，缺乏足够的影响力。

"以前，我总认为质量是一把手工程，我只要把该说的都对老板说了，做不做得到是他自己的事。

"现在我不这么认为，老板不愿意按我的意思去做管理从而导致质量上不去，不是他的问题，而是我的问题。

"所以，我要不断地修炼，提升自己对质量的认知，并提高自己的感召力。"

徐铮说："我的感召力也需要大幅提高。"

唐风说："作为质量部门，我们不销售产品、不设计产品、不制造产品，质量工作的成果主要取决于其他部门的工作质量，所以感召力很重要。

"在面对困难和问题时要向内看，从自己身上找原因，而不是把问题归咎于外部因素。

"还有，我以前比较清高，好面子，总是不好意思为自己去争取利益，难怪第一次上课时教练就批评我，说我快50岁了还在打工而不是当上老板，这是根本原因。"

徐铮说："这也许是教练为了刺激您故意这样说的。"

唐风说："我从2001年成为一名经理，到现在已经20多年了，我觉得这4个节点对我的成长至关重要，这些经历促使我从灵魂深处决定自我革新。

"人是很难改变的，除非他自己意识到必须改变。作为质量总监，要顺利实现质量变革，我们一定要让一把手深刻地认识到，公司的质量现状不能满足战略发展要求，而变革的钥匙就握在他自己的手上。"

── **本章点评** ──────────────────

● 质量总监如何引领管理层实现质量变革?

质量总监要加强自我修炼，提升自身的管理水平、质量认知水平和影响力，深入理解公司战略和业务，基于企业的发展战略和质量管理成熟度现状，制定合理的质量战略，感召领导层躬身入局，从而打造优秀的质量文化，建设强大的质量竞争力平台。

{第十八章}

谁该对质量负责

总经理如何扮演好自己的角色?

听完唐风的话，徐铮问："您刚才针对质量总监的角色讲了很多，我也很认可，但是作为企业一把手的总经理，在一次做对质量变革这场大戏中，他应该扮演什么角色?"

唐风说："关于**总经理需要在质量管理方面扮演什么角色**，我从以下几点谈谈我的看法。

"**第一，他得从内心认可自己是质量的第一责任人**。因为质量的本质是管理，也就是说质量问题多意味着公司的管理问题多。

"总经理是最高管理者，是解决管理问题的第一责任人，所以他必须对质量负责。

"我见过很多老板，他们认为质量就是质量部的事情，所以当听到客户投诉产品质量有问题的时候，他们首先想的不是自己的管理有问题，而是认为质量部有问题，从而对质量总监痛下杀手。

"这就应了某位互联网大佬的话，你解决不了老板的问题，你就成了老板要解决的问题，于是质量总监就被解决了。"

徐铮说："很多老板都是这样想，也是这样做的。"

唐风说："我曾经直接问一位总经理：'王总，你对于公司目前的

质量状况不满意，那么请问你做了什么？'

"他的回答干脆利落：'我的对策就是把质量经理换掉。'"

见徐铮在苦笑，唐风接着说："事实上，质量管理是一个复杂的系统工程，影响产品质量结果的因素非常多。比如，因为外部经营环境恶化或者经营不善，造成业绩下滑，业绩下滑又导致公司效益和员工收入下降，进而影响员工的工作积极性和稳定性，而这往往又导致产品质量问题频发。

"你说，谁应该对质量问题负责？"

看徐铮有些困惑，唐风接着说："再举个例子，入职 S 公司后的1 年时间，作为质量总监，我的工作成效显著，因为当时的产品质量问题主要来自供应链，而供应链的领导对我的工作很支持。

"然而一年半以后，我遇到了大麻烦。"

徐铮问："什么麻烦？"

唐风说："当时充电桩的生意开始火起来，于是我们新招了一个研发经理，成立了一条充电桩产品线，产品推出后拿到了许多订单。

"但是这位新来的开发经理技术水平一般，设计出来的产品隐患很多，导致充电桩后来在市场上出现了好几次大批量的召回。单单一个充电模块，研发部就在一年内进行了多达 14 次设计更改，造成了极其恶劣的市场影响和巨大的质量损失，这也让我在 S 公司的职业生涯遭遇了滑铁卢。"

徐铮说："看来您又当了背锅侠。"

唐风说："当时招这个开发经理，有多个候选人，在做录用决策时，公司三个主要股东的意见分歧很大，有的认为应该优先考虑的是技术能力，有的认为要考虑性价比。

"当时，重大的决策都是这三位股东商量后做出的。"

徐铮说："很多小公司都有这种情况。"

唐风说："因为股权存在 1 加 1 大于 1 的关系，所以这三人明争暗斗，经常闹得不可开交，了解公司内情的人都开玩笑说我们公司每天玩的是三国杀。

"因此，在招聘这位研发经理的事情上，三人互相妥协，最终招来了这位'大神'，而他的工作失误产生的直接后果则由我承担，公司给出的解释是质量总监应该对质量结果负责。"

徐铮说："真是冤死了。"

唐风说："为什么我在S公司的工作表现先扬后抑？我认为最根本的原因是公司的股权治理结构存在缺陷导致领导力缺失。当然还有一个原因，就是我的能力无法整合三个股东的思想。

"因此，如果公司的领导层在面对产品质量问题时不从自己的经营和管理上找原因，不向内看，那么质量变革就不可能成功。"

看徐铮在点头，唐风接着说："对于总经理质量责任的第二点，是**总经理要参与质量战略的制定，并关注质量运营的结果。**

"质量要做到什么程度，才能有效支持公司战略目标的实现？

"对于这个课题，单靠质量总监一个人显然无法准确界定。"

徐铮点点头："的确不能。"

唐风说："我的老东家EE公司是网络能源行业的知名企业，它有十几条产品线，每条产品线的竞争战略都不一样，客户对质量的诉求也不一样，所以制定合理的质量目标是一个难度较高的工作。

"质量目标制定后如何实现目标也很重要，这就离不开一把手的持续关注。

"所以，当时质量管理部每月组织质量例会，向总裁汇报质量目标的达成情况，并对重大质量事故进行检讨。"

徐铮说："很多小公司的老板平时从来不关注质量，只有出大问题了才会动起来。"

唐风说："在这个会上，因为某些重大客诉，有时总裁还会大发雷霆，给各个责任单位施加压力，迫使大家重视质量。

"至于质量运营的结果，如果有总经理的激励和追责，对于各个业务部门都会是一个巨大的推动力。"

徐铮说："完全赞同。"

唐风说："第三，**总经理要亲自参与质量文化的建设。**

"很多总经理都相信，打造优秀的质量文化是解决质量问题的根本性举措。

"但是，他们中的很多人认为，建设质量文化、提高员工的质量意识是质量总监的事。

"爱必胜有一家地处西安的系统卡供应商，我去给它讲过课。"

徐铮说："我听说过。"

唐风说："最初邀请我去讲课的是他们的质量总监李东，后来他们的老板也专门打电话给我，强烈邀请我去他们公司给所有管理层做培训。

"去讲课之前，我和李东进行了深入的沟通。

"他向我吐苦水，说快干不下去了，因为压力太大。"

徐铮说："他是怎么说的？"

唐风说："他告诉我，他现在面临的问题主要是客诉比较多，总经理要求质量部查找根本原因，制定纠正措施，确保问题不再重复发生。

"但是质量部在牵头处理时缺乏业务部门的配合，各部门间推诿扯皮严重，大家都认为质量问题就是质量部的事，这样的认识导致分析出来的原因和对策一塌糊涂。面对这样的结果，老板只责骂质量部，业务部门在一边袖手旁观、暗自发笑。

"老板经常说，给你立法权，给你执法权，质量做不好就是你质量部的事。"

徐铮说："估计很多公司都有这种情况。"

唐风说："我问李东，业务部门的这种质量意识，老板知道吗？

"李东回答我，老板知道大家缺乏质量意识，公司缺乏优秀的质量文化。但是老板其实并不关心这些问题如何处理，他要求质量部建立质量文化，但是这种虚的事情，我们质量部实在做不来啊。"

徐铮说："换我也做不来。"

唐风说："我又问李东，老板对质量有明确的认识吗？他知道自己该承担什么样的职责吗？

"李东告诉我，老板对这些问题没有认识，他认为质量部就应该对公司质量文化的建设负责。"

徐铮问："后来您是怎么帮他解决问题的？"

唐风说："我去他们公司给管理层讲课，并把这些问题拿出来进行了研讨，帮助他们形成了质量共识。

"半年后，我对李东做了回访，他告诉我，自我讲完课后，公司的质量工作推进容易多了，老板亲自参与质量文化的建设，其他高层也比较配合。"

徐铮说："难怪他们这两年很少出问题。"

唐风说："回到我正在做的振中科技一次做对质量文化变革项目，虽然他们的总经理花费在此项目上的时间不多，但我认为他对项目能成功落地实施的贡献最大。

"首先，在大会小会上，他都要求所有员工对待工作必须一次做对，会严格按我这个顾问的要求带头参加各种宣誓等仪式。

"另外，每次我组织的一次做对质量文化变革的重大会议他都主动参加，对项目进展不达标的单位领导人提出强烈改进要求。"

唐风停了一下，说："质量文化也是一种文化，必须由总经理亲自来推动建设，这是我的体会。"

徐铮说："您这番话，可谓切中要害。"

唐风暂停了一下，接着说："对于总经理质量责任的第四点，是**总经理要保证质量相关的资源投入**。

"事实上，很多企业把质量管理定义为一种检验和救火，看不到质量工作的价值，不愿意投入资源来提升质量，这样就很难把质量做好。

"克劳士比有一本书叫《质量免费》，但我认为，除了工作态度是免费的外，其他的要素都不免费。"

徐铮说:"我也有类似体会。"

唐风说:"比如,我们采购高质量的原材料和设备设施,付出的成本肯定要高一些。我们要招一个技术水平高的工程师,给出的待遇肯定要好一些。

"所以,从过程管理的几大要素来看,输入、工作能力、作业程序、设备设施这几个要素都不免费,都需要花钱才能达到目标。

"而要做到这一点,管理层必须重视质量。有一位质量大师说过一句话:'**要继续生存,质量必须从董事会的会议室开始。**'"

徐铮说:"这就是领导作用的体现吧,对总经理的要求还有其他的吗?"

唐风说:"第五,**总经理必须明确各级管理者的质量责任,要求各级管理者在出现质量问题时要向内看,主动改进而不是推诿扯皮。**

"一个质量管理水平高的组织,每个管理者必须对本部门的工作结果负责,对自己所主导的业务过程的输出物负责。在此基础上控制输入,推动上游过程进行优化。"

徐铮问:"什么叫负责,是出了问题后愿意接受处罚吗?"

唐风说:"我说的负责不是愿意接受处罚,而是如爱必胜老板经常说的,面对问题,每个管理者要反思一句话:'你做了什么,你没做什么,才有这个结果!不是抱怨别人,更不是抱怨自己,而是在这一刻,基于这个现状,你应该采取什么样的行动。'

"如果每个管理者都能做到这一点,我相信这家企业的质量管理水平肯定不错,但这种责任感来源于总经理的言传身教。"

徐铮说:"这就是我们爱必胜老板提倡的向内看。"

唐风说:"振中科技一次做对质量文化变革项目到现在为止,已经是第三期了,公司领导层对项目结果还是很满意的。经过核算,一期5个项目每年直接节省下来的质量成本约1200万元人民币,二期18个项目每年省的质量成本约为3800多万元人民币,更重要的是,两期项目共培养了近200名一次做对推进师。

"上周我去质量部部长的办公室，问他还有没有比较大的质量问题需要解决，他告诉我，经过近 2 年的一次做对质量文化变革项目，所有的大问题基本已解决，集团各子公司的质量提升很快。

"另外，我的徒弟、一次做对项目办公室主任告诉我，她对一次做对的底层逻辑完全理解了，希望有些项目由她独自指导去完成。"

徐铮说："的确成效显著，那么，这个项目您是如何去做的呢？"

唐风说："这个质量变革是沿着这条线进行的，首先通过领导层的质量研讨，达成了质量共识，接下来是从产品质量的短板出发，找到关键过程进行优化，形成一期的试点项目和二期的重点推广项目。

"通过前面两期项目的成功落地，一次做对文化在集团内部形成了良好的示范效应，并且在培养出一批一次做对推进师后，三期项目开始推行全员全过程的一次做对。"

徐铮说："原来这样，后面还要做些什么？"

唐风说："要做到全员全过程的一次做对，必须打造质量竞争力建设平台，这项工作规模宏大，一般需要 3 ～ 6 年的时间才能完成。

"在整个过程中，质量文化建设一直在进行中，这也是项目能否取得成功的关键。

"总结起来就是一句话，变革先从质量领导力出发，再从产品质量到过程质量，最后是质量竞争力平台建设。"

— 本章点评

● 总经理如何扮演好自己的角色？

总经理才是最好的首席质量官！总经理必须是质量第一责任人，他的质量认知决定了公司质量管理的天花板。他要亲自参与质量战略的制定，要求全员对自己的工作输出负责任，遇到问题向内看，打造一次做对的质量文化。

在运营方面，通过设置足够高的质量目标并关注日常质量运营目标的实现，实施激励和追责，保证足够的资源投入。

{ 参考文献 }

[1] 邱昭良.如何系统思考 [M].2 版.北京：机械工业出版社，2021.

[2] 水藏玺.业务流程再造 [M].5 版.北京：中国经济出版社，2019.

[3] 杨国安.组织能力的杨三角：企业持续成功的秘诀 [M].2 版.北京：机械工业出版社，2015.

[4] 克劳士比.质量免费 [M].杨钢，林海，译.太原：山西教育出版社，2011.

[5] 列维特，都伯纳.魔鬼经济学：揭示隐藏在表象之下的真实世界 [M].刘祥亚，译.广州：广东经济出版社，2006.

[6] 勒庞.乌合之众：大众心理研究 [M].冯克利，译.北京：中央编译出版社，2005.

[7] 秦邦福，秦秋玲.质量总监成长记 [M].2 版.北京：机械工业出版社，2024.

[8] 秦邦福.质量总监炼成记：艾比森质量精进之道 [M].北京：企业管理出版社，2021.

[9] 陈扬菊.一次做对 [M].北京：中国青年出版社，2005.

[10] 克劳士比.质量无泪：消除困扰的管理艺术 [M].零缺陷管理中国研究院·克劳士比管理顾问中心，译.北京：中国财政经济出版社，2005.